船舶碰撞诉讼证据采证规则初论

Preliminary Discussion on Rule of Evidentiary Admissibility
and Weight in Respect of Ship's Collision at Sea

马得懿 ———— 著

上海远东出版社

图书在版编目(CIP)数据

船舶碰撞诉讼证据采证规则初论 / 马得懿著.—上
海：上海远东出版社，2022
ISBN 978 - 7 - 5476 - 1843 - 1

Ⅰ.①船… Ⅱ.①马… Ⅲ.①船舶碰撞—国际法—民
事诉讼法—研究 Ⅳ.①D997.3

中国版本图书馆 CIP 数据核字(2022)第 163971 号

责任编辑 曹 建 陈 娟
封面设计 徐羽情

船舶碰撞诉讼证据采证规则初论

马得懿 著

出 版 **上海远东出版社**
　　　　　 (201101 上海市闵行区号景路 159 弄 C 座)
发 行 上海人民出版社发行中心
印 刷 上海中华印刷有限公司
开 本 635×965 1/16
印 张 21
插 页 3
字 数 210,000
版 次 2022 年 10 月第 1 版
印 次 2022 年 10 月第 1 次印刷
ISBN 978 - 7 - 5476 - 1843 - 1/D·37
定 价 98.00 元

上海高水平地方高校创新团队"中国特色社会主义涉外法治体系研究"项目
华东政法大学建校 70 周年纪念文丛

国家社科基金重大项目"军民融合战略下海上通道安全法治保障研究"(18ZDA155)阶段性研究成果

目 录

Contents

绪 论

一

　　笔者很早就注意到船舶碰撞诉讼证据规则的重要性,同时,也关注到相关学者涉猎船舶碰撞诉讼证据规则而形成的学术研究成果比较薄弱。作为海上特殊的侵权行为,船舶碰撞责任的认定依赖于船舶碰撞诉讼证据规则,而在船舶碰撞诉讼规则体系中,船舶碰撞诉讼采证规则居于核心地位,属于船舶碰撞诉讼活动的关键环节。然而,船舶碰撞诉讼活动有别于一般的民事诉讼活动,具有比较独特的渊源、发展趋向及发展规律,尤其是船舶碰撞诉讼证据规则不同程度受到大陆法系国家和英美法系国家不同的证据规则理论与实践的影响。一般来说,两大法系之下的船舶碰撞诉讼证据规则呈现出巨大的差异性。无论是关于船舶碰撞诉讼证明的标准,还是对船舶碰撞诉讼证据的证据能力的认定,都在船舶碰撞诉讼实践中形成了不同的体系和标准。

如果要深入理解和认知船舶碰撞诉讼采证规则的发展规律,那么洞察其产生的历史背景是非常必要的。笔者长期跟踪和关注船舶碰撞法的发展,越发认为要想深度认知船舶碰撞诉讼采证规则,应该将其置于英美法系国家司法实践的相关语境之下,才是全面的和深刻的。

普通法是现代英美法系的母体。中世纪英国普通法的兴起是西方法律发展史上的重要篇章。作为普通法兴起的关键内容,普通法司法体系逐渐适应诺曼征服后英国特殊的封建社会土壤,并在与传统司法体系的竞争中茁壮成长。普通法司法体系的建立奠定了近代以后英国司法现代转型的基础,是深入认识英国乃至整个英美法系国家司法制度的前提。诺曼征服是普通法发展的转折点,它为普通法的发展创造了必要的政治和社会条件。"征服者"威廉(1066—1087 年在位)通过军事手段结束了盎格鲁-撒克逊时代英国长期分裂割据、屡遭外侵的历史。亨利二世(1154—1189 年在位)统治时期,安茹王朝空前统一和强大,普通法的形成进入关键阶段。亨利二世明确了世俗和宗教司法管辖权的界限。1166 年,亨利二世发布《克拉伦敦法令》(Assize of Clarendon),明确世俗司法权和教会司法权的基本范围。亨利二世将全国所有自由土地保有人对土地的占有纳入王权保护之下,将陪审制推广到所有诉讼案件中,并且将巡回法官制度常态化。在上述法律改革的基础上,普通法终于渐渐形成。亨利三世（1216—1272年在位）统治时期，普通法继续大踏步发展。普通法法院迅速成为最重要的世俗法院。普通法法院体系的建立是普通法成熟的重要标志（邵政达，2016年）。这为英国形成独特的船舶碰撞诉讼活动程序奠定了司法背景和基础。

二

英国海事法院的建立与海盗活动息息相关。海盗的猖獗促使海事法院的诞生。普通法赋予了英国海事法院除了租船合同纠纷外的所有管辖权。国王亨利八世建立了皇家海军，并作为正规部队，随后，国王赋予海军将领很大的海事管辖权。对于直接授权于国王的特权法院，普通法院极力反对海事法院的扩张，并通过颁发禁令等各种方式阻碍海事法院管辖权的行使。1873年，英国颁布了《法院组织法》，结束了海事法院在法院体系中的独立地位，也奠定了英国海事法院在英国司法体系中不可或缺的地位。由于船舶碰撞纠纷通常都是跨界的，属于典型的国际私法案例，这导致英国的船舶碰撞诉讼证据规则明显与大陆法系国家的实践格格不入，也产生了较大冲突（刘慧茹，2014年）。为此，英美法系国家和大陆法系国家在船舶碰撞诉讼的程序探索上，开始寻求殊途同归的尝试。

历史上，英美普通法体系下衍生的巡回法官制度促进了职业法官群体的形成。伴随着巡回审管辖权范围的不断扩大，需要大量职业法官加入。通常法院体系中必须要有来自财政署或王座法院或普通民事高等法院的两名法官,因为这些案件的专业性使得行政官员无从介入,最终巡回法官必须为职业法官。普通法下的巡回审判的主要贡献在于通过司法权力建立、加强中央与地方的联系。总的看来,巡回审判的意义,一方面在于为王室法官了解地方习惯法提供便利的途经,另一方面还在于为王室势力向地方渗透创造机会(张秋实,2010 年)。事实上,很少有学者关注巡回法官制度这一历史要素对于海事法院审理海上侵权案件产生的潜移默化影响。然而,根据笔者研读英国劳氏法律报告,发现普通法下的巡回法官制度对船舶碰撞诉讼采证规则产生了很大的影响。

三

当然,在笔者探究船舶碰撞诉讼采证规则中,无法忽视英美普通法下颇具有特色的对物诉讼。关于对物诉讼的认知有利于理解船舶碰撞诉讼规则的形成背景和根源。对物诉讼制度应当发端于 19 世纪英国普通法院和海事法院之间的管辖权之争。在中世纪的英国,普通法院、海事法院与商事法院之间的管辖权极易发生冲突。为了缓解冲突,在理查德二世时代,议会颁布禁令限制海事法院对对人诉讼的管辖权,而海军上将仅仅被允许提起对物诉讼。由此,对物诉讼便在海事法院系统下蓬勃发展起来。最初对物诉讼仅针对与船舶所有权和船舶优先权有关的海事请求,后来海事请求范围不断扩大,最终发展成为现在的对物诉讼。

对物诉讼的产生得益于普通法下人格化理论的支持。该理论认为船舶应被当作"人"来看待,赋予其相应的法律人格,对物诉讼是一种针对物的权利,并且这种权利自引起债权的事故发生时起就依附在船舶本身。在航海事业诞生之初,英语就用"she"来指代船舶,而不是用"it"。霍姆斯（Holmes）认为,船舶具有相应的人格,能够承担侵权责任和违约责任。人格化理论一度在英美海事诉讼中处于压倒性地位,直到19世纪中期,该理论在英国逐渐走向衰落。19世纪末,伴随着人格化理论的衰落,程序理论开始受到人们的关注。程序理论认为,对物诉讼仅是一种通过扣押物来强迫责任人出庭应诉的程序性手段,真正的被告应当是责任人。在the *Dictator*（1892）一案中,程序理论被最终确定下来。Francis Jeune 法官在对对物诉讼的历史发展脉络进行回顾后认为,如果船舶所有人在对物诉讼中选择出庭抗辩,那么他就必须对海事请求负责,这无异于对人诉讼,因此,这被认为是有关程序理论的权威界定。

对物诉讼作为英美法系特有的一种程序性制度,其现实性价值在于利于程序正义的充分实现,这与奉行程序本位主义的英美法系传统是相吻合的。当代海商法呈现出的国际统一化趋势要求两大法系之间不断加强交流、融合,以减少海事法律冲突,其中就包括船舶碰撞法的冲突（王国强,2015年）。

四

事实上,国际社会为了构建一个普世的船舶碰撞诉讼规则,曾尝试多次。然而,由于两大法系和世界范围各个海运国家的证据规则差异极大,其效果并不佳,这种状况一直持续到1972年《国际海上避碰规则》(International Regulations for Preventing Collision at Sea, 1972)的问世。从某种意义上,1972年《国际海上避碰规则》以特有的国际立法形式,有效地缓解了两大法系在审理船舶碰撞案件中运用证据规则上的冲突,尤其是在船舶碰撞诉讼采证规则上的冲突。

学者很早便关注到1972年《国际海上避碰规则》在船舶碰撞诉讼采证活动中的地位。1972年《国际海上避碰规则》是一项重要的海事规则或航行规章,它已经得到国内外与海运有关的广大海员和岸上人员的普遍认可。然而,《国际海上避碰规则》的性质如何,即它是一种技术规范,还是一种法律规范,亦或是兼有技术规范和法律规范双重性质,曾经备受争议。追溯海上碰撞法的起源,有文字记载的最早资料是两千多年前出现的《罗得海法》(Rhodian Law)。该法主要涉及航运经济,如货物运输、商人和船舶所有人的权利等,但在《罗得海法》第36章第3节中提到了船舶碰撞问题。随着历史的演进,基于海上避碰和碰撞的经验和教训的总结,以及各国对海上碰撞案件的司法实践,海上碰撞法的这方面内容不断充实和完善,最终在1910年布鲁塞尔国际海事会议上达成两个国际协议:一个是1910年《国际海上避碰规则》,另一个是1910年《统一船舶碰撞若干法律规定的国际公约》。由此可见,关于海上船舶碰撞的法律规范,从一开始就包括避碰和碰撞两个密切相关的方面,虽然它在1910年分成两个独立的法律文件,但丝毫不影响海上碰撞法的统一性和完整性。

历史上,世界上第一个成型的海上避碰规则是 1840 年英国伦敦引航公会(Trinity House,London)起草的 1840 年《汽船航行规则》(Navigation of Steam Vessel)。当时这一规则并不具有法律效力,但由于它常常被英国海事法庭当作权威的证据,以至于成为当时海员的通常做法。1846 年英国议会就此颁布 1846 年《汽船航行规则法令》(Act for the Regulation of Steam Navigation),并赋予其法律效力。从此,海上避碰规则从技术规范性质转变成兼有技术规范和法律规范双重性质。

在英国,海上避碰规则实际上首先被当作强制法律规范看待。1860 年,英国和法国两国政府商订了一个新的海上避碰规则。该规则于 1863 年生效,并于 1864 年年底,被世界上 30 多个海运国家接受,成为第一个具有国际法性质的海上避碰规则。在英国航海技术界,海员出身的学者也在其避碰专著中大量引用海事法庭的判决解释海上避碰规则。典型的著作是参加当年修订国际海上避碰规则的英国船长科克罗夫特(A. N. Cockcroft)和荷兰船长拉迈杰(J. N. F. Lameiier)合著的《海上避碰规则指南》(A Guide to the Collision Avoidance Rules)。该书在世界海运界颇有影响,旨在通过各种词句的讨论和提供法院的解释,促使大家对规则条文有较好的理解。

1972 年《国际海上避碰规则》共有 5 章(38 条)和 4 个附件。虽然避碰规则的内容涉及海上避碰的各个方面,然而它的主要内容归纳起来只有三个:①关于避让责任的规定;②关于避让行动的规定;③关于避让信号的规定。其中关于避让责任的规定又是这三者的核心。避让责任、让路责任，或称为避碰责任，用避碰规则的用语来说，是"船舶之间的责任"。一般说来，普通法律可分为实体法和程序法。实体法规定该法调整关系的权利和义务，程序法为保证实体法规定的权利和义务关系的实现而制定的有关诉讼程序。作为海上碰撞法来说，1972年《国际海上避碰规则》规定了当事船舶的权利和义务，这主要表现为让路船的让路义务和直航船的直航权利，故应属于实体法的范畴。其中，《统一船舶碰撞若干法律规定的国际公约》中关于确定船舶碰撞责任的原则和碰撞后的救助责任的内容也应属于实体法的范畴。早期我国有学者从不同角度对1972年《国际海上避碰规则》的性质进行了初步探讨，认为该规则具有法律规范和技术规范双重性质，并着重论证了该规则的法律规范性质（吴兆麟，1986年）。

五

在持续关注船舶碰撞规则的学术发展进程中，本书注意到中文文献对于船舶碰撞诉讼采证规则的研究呈现学术断层的状况。本书基于对中国知网的考察，中文文献关于船舶碰撞诉讼采证规则的初略研究中，不仅相关研究成果少，而且研究成果的质量不高，学术影响力小。作为构筑船舶碰撞诉讼证据规则体系的重要一环，研究船舶碰撞诉讼证据采证规则，对于丰富船舶碰撞诉讼证据采证规则的理论，指导船舶碰撞诉讼实践具有不可忽视的重要地位。本书在民事采证理论和英美法系证据规则的视域下,同时兼顾船舶碰撞法的新发展,以船舶碰撞诉讼证据的独自特征为基础,力求探析船舶碰撞诉讼证据采证规则。

本书第一章为船舶碰撞诉讼证据采证规则的内涵、界定与问题。主要梳理了船舶碰撞诉讼证据规则的变迁规律,同时也阐明了船舶碰撞诉讼证据采证规则的内涵,并且探究了船舶碰撞诉讼证据采证规则的法律价值所在。本书在提炼中外文献研究基础上,将船舶碰撞诉讼证据采证规则的内涵置于大陆法系证据规则语境下进行解读和界定。这也是对中国海事法院法官审理船舶碰撞案件的实践经验的总结。经过多年的司法审理活动的沉淀和积累,船舶碰撞诉讼采证规则必然也受到人工智能、无人船舶技术以及民事证据规则变迁的影响,船舶碰撞诉讼采证规则面临新问题也是可以预期的。

第二章为船舶碰撞催生海事请求类型化的船舶扣押管辖权。本章主要展开实证分析,以船舶扣押的国际公约发展为经纬,总结了船舶碰撞引发海事请求类型化的趋向,进而探究了海事请求类型化的船舶扣押管辖权问题。为了让读者更加深入地把握船舶碰撞诉讼规则赖以存在的历史背景和前提,本章对于英国法下的法院管辖权规则进行评介,这有助于人们对英国法下船舶碰撞案件的管辖权基础的认知。从一定程度上看,船舶碰撞诉讼采证规则与船舶扣押等问题息息相关,互为一体。故此,本章探究了基于海事请求类型化而催生的船舶扣押的管辖权问题,这为深度理解船舶碰撞诉讼采证规则提供了佐证。

第三章对船舶碰撞诉讼证据加以考量。本章以裁判者的采证行为为视角，力求对船舶碰撞诉讼证据的独自特征进行概括。作为一种特殊海上侵权行为，船舶碰撞所衍生的各类船舶碰撞证据，其证据能力和可采信的法律效力存在差异。船舶碰撞证据具有一般民事证据规则的特征，亦有一般民事证据规则无法兼顾的属性。本书对于船舶碰撞诉讼证据的考量，为进一步探讨船舶碰撞诉讼采证对象和采证标准奠定了基础。

第四章阐释了船舶碰撞诉讼证据采证的对象。本章重点论述船舶碰撞诉讼证据采证的对象是船舶碰撞诉讼证据材料，以及采证对象的内容是船舶碰撞诉讼证据的证据能力和证明力。船舶碰撞诉讼证据规则没有形成国际规则，然而1972年《国际海上避碰规则》的通过和实施，对船舶碰撞诉讼采证对象的明确产生重大影响。船舶碰撞诉讼采证对象不仅受到一般民事诉讼采证对象关于证据能力和证明力的影响，更是受到诸如1972年《国际海上避碰规则》的深刻影响。随着船舶建造技术、航海技术以及人工智能技术对船舶航行的深入影响，船舶碰撞诉讼采证的对象日益复杂。

第五章以自由心证的历史变迁为突破口采用例证法，论述了船舶碰撞诉讼证据采证标准的确定和采证逻辑方法。船舶碰撞诉讼证据采证标准深受航海活动和有关船舶碰撞规则的影响，同时，本章也关注智能因素引发的船舶碰撞诉讼规则的变革。在审理船舶碰撞案件中，计算机模拟（CGS）对船舶碰撞诉讼采证规则产生了很大影响。本书认为应当通过立法明确海事法院可以依职权启动获取计算机模拟证据。对《海事诉讼法》第八章第一节"审理船舶碰撞案件的规定"的修改中应当为计算机模拟证据证据留有空间。对于数据模拟分析的轨迹与真实轨迹是否有误差,可由当事人各方对演示的船舶碰撞轨迹进行确认或提出相反证据。计算机模拟证据的作用仍然是辅助法院查清事实,举证责任仍应由相应的当事人承担,但也应注意到并非每一起船舶碰撞纠纷都有必要通过海事法院启动计算机模拟船舶碰撞。因此,海事法院虽然具有依职权调查获取计算机模拟证据的权利,但并非完全没有前提条件(王东,2021年)。

第六章作为本书研究的结论,笔者从以公法、私法互相融合的角度阐释了海上执法中船舶操控方式的合法性。这与船舶碰撞诉讼程序信息相关,实际上揭示了1972年《国际海上避碰规则》对于国际海洋秩序或者海洋执法的日益渗透和影响。当然,本书对于该问题的研究尚处初步阶段,仅仅作为抛砖引玉之探。

需要特别说明的是,就关涉船舶碰撞诉讼规则的国际法而言,其理论与立法发展缓慢,历经20余载而没有拓展。各国证据规则的冲突导致尚未形成具有影响力的、统一的船舶碰撞证据规则的局面,而就各个海运国家的相关理论、立法与裁判实践而言,关涉船舶碰撞诉讼规则的专门立法亦是尚付阙如。就笔者的学术经历和亲身体验而言,大约20年前,笔者开始关注船舶碰撞诉讼证据规则,并零星完成了若干篇学术小文。这些针对船舶碰撞诉讼证据规则的初略研究,虽然总体质量一般,但是一定程度上弥补了该领域学术研究相对薄弱的缺憾。今天看来,船舶碰撞诉讼证据规则的学术研究仍旧处于笔者在前文提及的"学术断层"境地。某种意义上,本书的出版,不仅是对笔者前期相关研究的梳理和总结,也是笔者尝试弥合和填补相关研究"学术断层"的努力。

第一章
船舶碰撞诉讼证据采证规则的内涵、界定与问题

第一节　船舶碰撞诉讼证据采证规则的内涵

一、船舶碰撞诉讼证据采证规则的内涵

　　船舶碰撞诉讼证据采证规则的模式选择,是以一般民事诉讼证据采证基本理论为基础而构筑的,并且在构筑船舶碰撞诉讼证据采证规则的过程中,形成了以船舶碰撞诉讼证据独自特

征为根基的特征。船舶碰撞诉讼证据采证,是指在船舶碰撞诉讼过程中,特别是在当庭的审判过程中,裁判者就船舶碰撞诉讼当事人的举证、质证、法庭辩论过程,对所涉及的与船舶碰撞待证事实有关联的船舶碰撞证据材料加以审查认定,以确定其证据能力上的可采性(Admissibility of Evidence)、证明力(Weight of Evidence)的大小与强弱并决定是否采信,以及如何采信的诉讼行为与职能活动。简言之,船舶碰撞诉讼证据采证,就是对船舶碰撞诉讼证据的采纳与采信。船舶碰撞诉讼证据采证规则是指裁判者在船舶碰撞诉讼活动中进行采证活动所应遵循的规律或规范准则。

研究船舶碰撞诉讼证据采证规则,应该研究船舶碰撞诉讼证据采证的主体、采证的对象以及采证标准等相关问题。船舶碰撞诉讼证据采证的主体应是裁判者,即裁判者的采证行为,而不是其他诉讼参与人的采证行为。采证是裁判者在船舶碰撞诉讼活动中行使审判权的职能活动,是具有特定法律效力的司法行为,故采证的主体只能是裁判者,其他诉讼参与人都不是船舶碰撞诉讼证据采证的主体。有学者认为,采证的主体是人民法院,即是参加法庭审理活动的独任裁判者和合议庭全体成员,以及有些情况下审判委员会的委员。我国实行裁判者依法独立审判原则,采证作为一项职能活动,须以受案法院的名义做出。①

本书认为,持船舶碰撞诉讼证据采证主体是裁判者的观点与持船舶碰撞诉讼证据采证主体是人民法院的观点,其实质上

---

① 艾军:《论法官认证规制》,吴家友主编:《法庭论证据》(第一辑),法律出版社 2002 年版,第 89 页。

是相同的,即二者具有实质的同一性,并不存在实质分歧,只是二者看问题的视角或侧重点不同。认为船舶碰撞诉讼证据采证主体是人民法院的观点是考虑到了目前我国人民法院的审判体制特点,即存在"审而不判,判而不审"的情况;而认为船舶碰撞诉讼证据采证的主体是裁判者的观点是从采证行为的本质的视角出发而言的。因此,本书认为没有进一步探讨二者区别的必要。

船舶碰撞诉讼证据的采证与船舶碰撞诉讼证据的审查判断既相互联系又有区别。一方面,船舶碰撞诉讼证据的采证以船舶碰撞诉讼证据的审查判断为基础,前者离不开后者;另一方面,船舶碰撞诉讼证据的采证与船舶碰撞诉讼证据的审查判断在主体和法律效力上都是不相同的。就目前我国的民事诉讼模式而言,法律规定有权力使用船舶碰撞诉讼证据的人,都有必要对船舶碰撞诉讼证据进行审查判断,这些人包括船舶碰撞诉讼的当事人或其律师、第三人、裁判者。而船舶碰撞诉讼证据采证的主体只能是裁判者。就法律效力而言,船舶碰撞诉讼当事人或其律师或第三人对证据进行审查判断的结果却不具有裁判者采证的性质和法律效力。

船舶碰撞诉讼证据采证的对象应重点研究船舶碰撞诉讼证据的"证据能力"(Evidentiary Admissibility)和船舶碰撞诉讼证据的"证明力"(Evidentiary Weight)。构建体系化的船舶碰撞诉讼证据采证规则,还必须在明确船舶碰撞诉讼证据采证的主体和对象的基础上,对船舶碰撞诉讼证据采证的标准进行深入的探究。

二、与船舶碰撞诉讼证据采证规则内涵相关的问题

（一）船舶碰撞的界定

船舶碰撞是一种海上侵权行为，即行为人由于过错侵害他人的财产和人身，依法应当承担民事责任的行为，以及依法律特别规定应当承担民事责任的其他损害行为。① 船舶碰撞这种侵权行为最初是受民法的侵权行为原则规制的，但由于船舶碰撞自身的特殊性和复杂性，民法的侵权原则不足以调整船舶碰撞，而且各国法律对船舶碰撞的界定不同。因此，船舶碰撞成了海事国际公约和各国国内立法关注的重要问题。探究船舶碰撞诉讼证据采证规则，必须明确船舶碰撞诉讼证据自身的特征，故而首先要对船舶碰撞予以界定。

船舶碰撞的概念是不断发展着的，而且理论上也从不同的视角对其进行界定。就广义上的船舶碰撞而言，有学者称为航海技术角度的船舶碰撞，由船舶间有接触、存在损害、发生在船舶间等为构成要件。② 而狭义上的船舶碰撞，或称海商法意义上的船舶碰撞，通常是特指对当事船舶给予限定的船舶碰撞。③ 狭义上的船舶碰撞概念也是发展变化的，而且探知船舶碰撞诉讼证据采证规则，必须以狭义上的船舶碰撞为切入点。1910

---

① 王利明、杨立新：《侵权行为法》，法律出版社 1996 年版，第 1 页。

② 傅廷中：《海商法律与实务丛谈》，大连海事大学出版社 2001 年版，第 278页。

③ 司玉琢、胡正良、傅廷中等：《新编海商法学》，大连海事大学出版社 1999 年版，第 316 页。

年,《碰撞公约》第一条对船舶碰撞的界定为海船与海船或海船与内河船发生碰撞。同时,该公约不适用于军用船舶或专门用于公务的政府船舶。为了统一海上一切侵权行为所引起的损害赔偿,适应海上侵权行为多样化的情况,国际海事委员会(CMI)在 1985 年草拟出《确定海上碰撞损害的国际公约草案》(Preliminary Draft International Convention on the Assessment of Damages in Maritime Collisions)(简称《里斯本规则》),草案规定了船舶碰撞的新概念。新概念规定具有不需船舶实际接触、船舶外延扩大以及强调过失因素的变化。[①]

国际海事委员会于 1957 年着手准备船舶碰撞损害赔偿的国际公约,《里斯本规则》于 1987 年讨论修改一次,但至今尚未通过。《里斯本规则》确定了海上碰撞损害赔偿的基本原则。第一,恢复原状原则(Restituio in Integrum)。《里斯本规则》第3 条规定:"碰撞损害赔偿应使索赔方尽量接近索赔事故发生之前的状况。"这一原则长期以来为各国处理船舶碰撞案所遵循,它冲破了严格限制赔偿范围的"遥远损失"(Remoteness of Damages)不赔的原则,体现了法律的公正性。因此,对受害方的利益起到了保护的作用。在船舶碰撞案件中,这成为受害方追偿损害的尺度与标准。关于这一赔偿原则,各国法律基本相同。第二,直接损失赔偿原则。《里斯本规则》第 5 条规定:"除了公约另有规定外,碰撞直接造成的损害方可追偿。"这是碰撞损害赔偿普遍遵守的另一原则。判断某一损失是否属于碰撞

---

① 司玉琢、吴兆麟:《船舶碰撞法》(第 2 版),大连海事大学出版社 1995 年版,第 10 页。

直接损失,应该强调损失必须是碰撞的直接后果,如碰撞直接造成的船货损失或人身伤亡等。

我国《海商法》在界定"船舶碰撞"时,充分考虑了各国的相关立法和国际公约对船舶碰撞的规定,并结合船舶碰撞法的发展趋势,将船舶碰撞界定为船舶在海上或者是在与海相通的可行水域发生接触造成损害的事故,并且对船舶的范围予以规制。同时,船舶因操纵不当或者不遵守航行规章,虽然实际上没有同其他船舶发生碰撞,但是使其他船舶以及船上人员、货物或者其他财产遭受损失的,也适用船舶碰撞的规定。对此,最高人民法院《关于审理船舶碰撞和触碰案件财产损害赔偿的规定》将"船舶碰撞"界定为:"船舶碰撞是指船舶在海上或者与海相通的可行水域,两艘或者两艘以上的船舶之间发生接触或者没有直接接触,造成财产损害的事故。"这项规定明确了船舶碰撞的法律内涵,也是明确船舶碰撞诉讼证据自身特征的基础,因此也成为了探知船舶碰撞诉讼证据采证规则的基础和前提。

(二)船舶碰撞诉讼证据的实质

理论上,裁判者的采证行为应涵盖两个层面的内容:其一是确认某个证据能否获准进入诉讼的"大门";其二是确认某个或某组证据能否作为定案(res judicata)的根据。[①] 船舶碰撞诉讼证据的证据能力和证明力实质上也是从这个角度进行确定的。船舶碰撞诉讼证据的证据能力的主要内容应是有关船舶碰撞诉讼证据的合法性的范畴;而船舶碰撞诉讼证据的证明力

---

① 何家弘、高憬宏:《刑事审判认证指南》,法律出版社 2002 年版,第 3 页。

的主要内容是有关船舶碰撞诉讼证据的真实性和关联性或证明价值的范畴。从这个意义上,被裁判者所采证的船舶碰撞诉讼证据实质是不同阶段的两种证据,这两种证据的转化如图1-1所示。

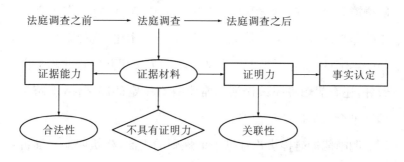

图 1-1　两种阶段的证据在采证行为中的转化

从船舶碰撞诉讼证据采证的历史渊源上看,决定船舶碰撞诉讼证据采证规则或模式的因素也是复杂的,如船舶碰撞诉讼模式的因素、裁判者整体素质的因素,以及公众对裁判者的审判信任度的因素等。从总体上看,两大法系在船舶碰撞诉讼证据采证上都或多或少受到自由心证理论(Principle of Free Intention)的影响,这也是历史的必然,其原因是船舶碰撞诉讼证据采证活动的本质属性决定了其与自由心证理论的天然联系。自由心证在不同国家采用不同的具体模式,有些国家实行完全的自由心证主义,即将证据的取舍和证明力的大小,以及对案件事实的认定等完全赋予裁判者自由判断。有的国家则融入了法定证据主义的因素,即以证据方法作为约束裁判者的手段,因此,认定某种事实就必须备齐某种证据,或者有一种证据就必须认定某一事实。

当然,当事人主义(Adversary System)与职权主义相互融合的趋势,使证据认定模式凸显了自由心证与法定证据主义在同一个诉讼体制中"共存共荣"的特征,除了英美法系国家外,法国的证据制度就经常被国外学者当作这种结合的典型。① 船舶碰撞诉讼证据采证规则受自由心证主义与法定证据主义的影响非常深刻,甚至与其他民事诉讼领域相比,这种影响力很强。本书认为,除了当事人主义与职权主义相互融合的趋势所致外,还有船舶碰撞诉讼活动常常具有一定的国际性,即跨越国度进行的诉讼活动使然。

明晰船舶碰撞诉讼证据采证规则的内涵,构筑船舶碰撞诉讼证据采证规则的体系,其目的在于构建有活力的、以追求司法公正和效率为最高目标的船舶碰撞诉讼证据采证模式或制度。此目的能否实现,还必须考虑船舶碰撞诉讼证据采证的对象、标准,以及逻辑方法等,而对这些因素的认知,应是建立在对船舶碰撞诉讼证据全方位的考量基础上。

第二节　船舶碰撞诉讼证据采证规则的界定

辩证唯物主义认识论认为,人们对客观事物的认识仅有实

---

① 张卫平、陈刚:《法国民事诉讼法导论》,中国政法大学出版社 1997 年版,第 83 页。

践与认识的一次循环是不够的,认识的发展应该是实践、认识,再实践、再认识,这种形式循环往复以至无穷。学理上对裁判者的采证行为的认识也是在司法实践中不断发展和创新的。采证基本理论就是在裁判者的认证(Authentication)基本理论上发展而来的,并且在司法实践中不断发展、完善,赋予其科学的法律内涵。在学术范畴中,学者们对裁判者的认证会从不同的视角进行界定。

认证,是裁判者在审判过程中对诉讼双方提供的证据或者裁判者自行收集的证据进行审查判断,确定其证据能力和证据效力的活动。简言之,认证就是对证据的认定。① 换言之,认证是指审理案件的人民法院依照法定程序由双方当事人就其所举证和人民法院调查收集的证据质证后,运用证据规则(Rule of Evidence),对该证据的效力及其所证明的事实范围以及与案件的关联性进行肯定性或否定性评判的司法行为过程。② 有学者认为,至少从三个方面界定和使用认证:①认证是一种诉讼行为;②认证是审判中一项原则性制度;③认证是一综合性过程或阶段,即裁判者在庭审中通过对当事人举证、质证情况的分析、判断,充分运用自己的经验、事实推定、司法认知等方面的技能,形成内心确信,最终达成法律真实的满足。这是一个自由心证的过程,也就是通常所说的认证过程。

学术上对认证的分歧不止这些,对于"认证"含义的概念与

---

① 何家弘:《证据学论坛》(第四卷),中国检察出版社 2002 年版,第 31 页。
② 杨成哲:《论认证》,王利明、江伟、黄松有主编:《中国民事证据的立法研究与应用》,人民法院出版社 2000 年版,第 688 页。

内涵也存在不同的认知与观点。如有学者进一步指出,认证在内容上包括三层含义:第一层含义是认证是要确定证据的真实性,是真的还是假的,比如原始证据的真实性大于传来证据;第二层含义是与案件之间的关系如何;第三层含义是涉及与案件之间是否有关,以及关系的大小问题,如直接证据与间接证据之间的效力是不一样的。此外,也有学者认为,只要界定了认证的方法和内容就行,所谓认证就是审查、判断和认定证据。①可见,学者们对认证的理论认知分歧是比较大的。

就诉讼中的目的性而言,创立认证活动的动机是明确的,就是追求公开审判与公正司法的实现,防止认证活动中出现司法不公与司法腐败的现象。认证活动的目标也是明确的,就是要为建立控辩式或诉辩式审判方式,深化我国审判方式的改革。目前关于认证理论建构众说纷纭的局面,必然会影响认证活动的动机和目标的全面实现。理论上对认证的界定分歧,必然会导致认证对象、认证方式、认证的事件等多方面的理论分歧。

鉴于学者关于认证理论上的分歧,在丰富的审判实践和理论创新的基础之上,我国有学者提出了采证的基本理论,并试图从不同视角来构建采证的基本理论构架。②采证理论的构架是在认证理论不统一的法律环境中完成的。作为裁判者的采证行为是相对于当事人的举证以及质证行为而言的,从审判中

---

① 毕玉谦:《民事证据法判例实务研究(修订版)》,法律出版社 2001 年版,第521 页。

② 毕玉谦:《民事证据法判例实务研究(修订版)》,法律出版社 2001 年版,第524 页。

心主义以及由此作为正当程序理念的角度而论,审判中心主义体现的是一种直接、言词和集中审理的诉讼意旨,它构成一个裁判具有既判力的程序保障。因此,从这一视角来看,当事人的举证、质证以及裁判者的采证是一个密不可分的实际运作过程。

采证从其实质内涵以及逻辑外延上包括裁判者就当事人举证、质证的证据材料加以审查认定的查证过程和决定其证明力的大小与强弱的采信过程,应包括涉及与相同待证事实具有抵触、摩擦关系的证据之间的证明效力或证明价值。可见,现实的审判实践以及学理上所使用的"认证"一词,从含义上只能表达裁判者对有关证据材料的审查认定,而不能明确地表达出对某一证据是否采信以及如何采信的完整含义。"认证"一词在诉讼活动中的出现,与我国近年来开展的审判方式改革也密不可分。就当事人在诉讼中的举证、质证行为而言,使用裁判者的"采证"一词比"认证"一词更能全面、完整、准确地体现诉讼主体、诉讼行为与诉讼过程的统一以及设置正当程序的本意。

正是在此理念的支撑下,对裁判者的采证的界定应为,裁判者在诉讼过程中,尤其在庭审时,就当事人举证、质证、法庭辩论的过程,对所涉及的与待证事实有关联的证据材料加以审查认定,以确认其证据能力上的可采性、证明力的大小与强弱,并决定是否采信以及如何采信的诉讼行为与职能活动。在确立采证基本理论体系之际,也有学者持反对观点,认为"认证"一词已为社会各界所熟悉并广泛使用,改用其他名词来代替,可能影响社会接受,故重要的是应对其内涵在司法领域中做出新的界定。① 该观点并不能对采证基本理论体系的建构造成任何负面影响,其缘由在于采证基本理论的核心与内涵,而不在于文字之使用,即是在于采证基本理论是以采纳、采信为实质核心与内涵的。

采证基本理论进一步认为,裁判者的采证行为应当包括对证据的采纳和采信两个部分或两个阶段,对证据能力以及证明力大小与强弱的认定既是裁判者据以采信的前提,也是裁判者形成内心确信的心证过程的必要阶段。裁判者在对有关证据证明力所持有的采信标准是证据的优势倾向或者特定高度的盖然性状态。采证基本理论在司法公正、正当程序视角下,其理论价值表现在两个方面:一是在举证、质证与采证"三部曲"的诉讼阶段框架内,它贯穿了直接言词原则这一体现近现代诉讼灵魂的崇高价值;二是在举证、质证与采证的诉讼框架体系内存在着内在的、密不可分的必然逻辑与联系性特征。就这种以三个阶段的循环作为一个整体过程而言,其前后次序不得颠倒,一环紧扣下一环,前一个环节通常作为后一环节的前提与基础,而后一环节又是前一环节的必然延续与衔接。举证虽然是质证的基本前提,但举证与质证则是裁判者庭审调查证据和采证的共同必要前提与基础,从而使裁判者的采证行为在新的诉讼模式下成为强调程序优先、注重庭审活动的一个重要表征。

---

① 占云发、王纳新:《论词法认证》,曹建明主编:《诉讼证据制度研究》,人民法院出版社 2001 年版,第 59 页。

采证基本理论摒弃"认证"的提法以努力构筑自身的理论体系的另一缘由在于认证是具有特定含义的一个词。无论是《法学大辞典》还是《牛津法律大辞典》,对认证的界定都不具有证据规则上的法律内涵。我国证据理论与事务中出现的"认证"一词,更多是为了迎合举证-质证-认证三个概念的对应,但却背离了认证的本意。显然,"认证"是司法事务中对"认定证据"这一诉讼术语的简称①,而"认定证据"虽然符合诉讼证据规则的认识要求,但关于"认定证据"在我国基本法律中并没有明文规定和坚实的法律基础。"认定证据"作为一个诉讼术语,首次出现在 1994 年最高人民法院马原副院长在全国民事审判工作座谈会上的讲话之中。② 因此,从这一角度来考察,采证基本理论摒弃"认证"作为诉讼术语是一种理性的选择,是完善采证基本理论的需要。

第三节 船舶碰撞诉讼证据规则的 问题与法律价值

船舶碰撞诉讼证据是船舶碰撞诉讼活动的根本所在,是船舶碰撞诉讼活动的基础和核心。在裁判者依法定职权对船舶

① 程春华:《民事证据法专论》,厦门大学出版社 2002 年版,第 168 页。
② 常怡:《论认定证据》,陈光中、江伟主编:《诉讼法论丛》,法律出版社 1998 年版,第 362 页。

碰撞进行事实认定(Finding of Facts)并做出正确裁判时,其唯一的依据就是船舶碰撞诉讼证据。从这个意义上讲,船舶碰撞诉讼证据是连接船舶碰撞事实与裁判者裁判的纽带与桥梁。航运发达的英美法系国家发展了体系比较完备的船舶碰撞诉讼证据规则。作为构筑船舶碰撞诉讼证据规则体系重要一环的船舶碰撞诉讼证据采证规则,或因法系和国家的不同而各有差异。目前,我国在研究船舶碰撞诉讼证据采证规则领域,还处于需要大力探究发展的薄弱基础阶段,其原因是多方面的,或受制于该领域理论上的导向,或因作为大环境的一般民事诉讼证据采证规则的缺憾。

一、船舶碰撞诉讼证据采证规则的缺憾

(一)船舶碰撞诉讼证据采证规则的不完善

在船舶碰撞诉讼证据采证规则的法律规制方面,无论是英美法系国家还是大陆法系国家都制定了相应的证据规则,只是由于法律传统和司法审判构建模式上的不同,船舶碰撞诉讼证据采证规则在两大法系国家具有明显不同的建制和认识。从传统意义上看,英美法系素以判例著称,对待证据规则在法律概念上的领悟是从程序法到实体法的认识过程,即坚持程序优先主义。因此,这就表明英美法系从历史传统上就注重司法判例,其证据规则具有十分丰富的资源和深厚的生存基础,大量的判例法实践和习惯做法形成了一系列较为严格的证据规则。

正是基于这种严谨而务实的思维方式,英美法系国家,如英国、加拿大等都相继颁布了专门的《证据法典》,并且对船舶碰撞诉讼证据采证规则有所规制。而大陆法系自古以来就以成文法作为其本质特征,但成文法这一重要特征更主要地体现在实体法,甚至在诸如《法国民法典》《德国民法典》的许多条文中都出现了一些证据规则。特别是作为举证规则与推定规则,与实体法上的权利义务关系常常密不可分,体现了大陆法系的程序法在相当程度上依附于实体法的表征。这恰好反映了大陆法系国家历来沿循从实体法到程序法的思维定式,即坚持实体法优先主义原则。大陆法系各国的证据法与普通诉讼程序法混为一体,在创设体例上未曾有独立的建制。①

　　上述两大法系对证据规则,包括采证规则的考证同样也适用于船舶碰撞诉讼证据采证规则的情形。在英国,有关船舶碰撞诉讼证据采证规则的规制中,一系列相当重要的民事证据法(the Civil Evidence Act)都有涉及。特别是 20 世纪 90 年代中期启动的民事司法改革及由此形成的《民事诉讼规则》等,都不同程度涵盖了民事诉讼中采证行为的规制。不仅如此,英国海事法庭受理的案件一般适用特别诉讼规则,这主要在英国《最高法院规则》(the Rules of Super Court)中有明确规定。作为大陆法系国家的法国,有关船舶碰撞诉讼证据采证规则的规定,没有专门的法律或法规来调整,其民事诉讼和商事诉讼并无区别,同时有关船舶碰撞诉讼的采证规则与一般民事诉讼的

---

　　① 　毕玉谦:《民事证据法及其程序功能》,法律出版社 1997 年版,第 378—379 页。

规则基本相同。

在我国,专门调整船舶碰撞诉讼证据采证规则的法律是相对匮乏的,相关法律或司法解释,如《中华人民共和国民事诉讼法》(简称《民事诉讼法》)、《中华人民共和国海事特别程序法》(简称《海事诉讼法》)等关于采证规则的规定很少,且相关规定比较笼统抽象,不具有可操作性。为了克服上述缺憾,2001年最高人民法院通过了《最高人民法院关于民事诉讼证据的若干规定》(简称《民诉证据规定》),在一定程度上为裁判者对船舶碰撞诉讼证据的采证活动提供了法律依据。但由于船舶碰撞诉讼证据根源于船舶碰撞这一海上侵权行为,自然形成了不同于一般民事诉讼证据的独自特征。因此,研究船舶碰撞诉讼证据采证规则,仍是迫切且有意义的。

(二)船舶碰撞诉讼证据采证规则的特殊性存在立法缺失

船舶碰撞诉讼证据同样具有一般民事诉讼证据的特征,但在裁判者对诉讼证据的采证活动中形成的一般民事诉讼证据采证规则,并不全然地符合船舶碰撞诉讼证据采证的规律性。有关民事诉讼证据的采证规则的理论和最近几年的司法实践表明,裁判者的采证活动实质是对诉讼证据的证据能力和证明力的一种判断过程,因此,裁判者的采证活动是一种认识活动。由于船舶碰撞事实所涉及的证据材料是相当复杂的,而且具有其自身的特色,法律不可能也没有必要对这种主观认识活动进行直接、具体的规定。

但为抑制裁判者评判船舶碰撞诉讼证据中主观随意性的膨胀,防止其自由裁量权滑入偏颇擅断,就须通过诉讼程序和其他证据规则对裁判者评判证据时的自由裁量权进行制度化制约,以寻求一种既能保障裁判者评判证据自由裁量权的有效空间,又能制约其恣意擅断的合理机制。[1] 因此,基于此种考量,船舶碰撞诉讼证据的采证规则一定要在船舶碰撞诉讼证据采证规则的法定主义与心证主义之间进行选择和平衡,以尽力构建一种船舶碰撞诉讼活动中的公平机制。该公平机制,应通过实现以下情形为标准:首先,在船舶碰撞诉讼证据规则领域,设立和完善富有理性的船舶碰撞诉讼的采证规则;其次,对传统的自由心证理论进行深入剖析与研究,使该理论融入到船舶碰撞诉讼证据采证的内容和程序中;最后,完善船舶碰撞诉讼程序中相关诉讼制度。

基于以上情形可知,目前我国调整船舶碰撞诉讼证据采证规则的法律还有很漫长的发展之路。

(三) 船舶碰撞诉讼证据采证规则运行机制的立法取向缺失稳定性

裁判者的风格和司法价值取向非常复杂,这种状况所产生的矛盾在海事审判领域也有体现[2]。船舶碰撞诉讼证据采证规则本身是复杂的系统。裁判者的素质与对船舶碰撞诉讼证据采证规则的理解程度会出现不同程度的偏差。加之,船舶碰撞

---

[1]　宋英辉、许身健:《刑事诉讼中裁判者评判证据的自由裁量及其制约》,何家弘主编:《证据学论坛》(第 1 卷),中国检察出版社 2000 年,第 367 页。

[2]　贺卫方:《司法的理念与制度》,中国政法大学出版社 1998 年版,第 21 页。

诉讼证据本身的特点,在船舶碰撞诉讼中突现的矛盾越发明显。为解决此矛盾,就必须在程序上健全裁判者在船舶碰撞诉讼中的采证规则。我国现有的船舶碰撞诉讼证据采证规则过于稀少、简单,可操作性差,根本无法有效地约束权力。

为了在船舶碰撞诉讼中实现司法公正,需要设置一系列的原则和具体操作规范来有效地制约裁判者的采证行为,并在船舶碰撞诉讼活动中逐步提升裁判者的认知能力和行为能力,以使个人利益对诉讼产生的影响降到最低限度乃至消除,进而保障裁判者采证行为的公正。

二、研究船舶碰撞诉讼证据采证 规则的法律价值

程序法定原则已逐渐为世界大多数国家所接纳,而成为近现代法治国家所普遍遵循的一项基本原则,它对于建构近现代社会的法制秩序发挥了重要作用。当前,程序法定原则已经成为评判一个国家法制状况和民主程序的试金石,尊重和遵循程序法定原则,已成为现代法治国家的理性选择。[①] 船舶碰撞诉讼证据采证规则是船舶碰撞诉讼程序法中一个相对独立的组成部分。采证规则很大程度上被规定在船舶碰撞诉讼程序法之中,其本身就是程序法的规范。但由于船舶碰撞诉讼证据采证规则又具有自身的规律特征,因而是一个相

---

① 谢佑平、万毅:《论程序法定原则——兼评公、检、法机关的诉法解释权》,樊崇义主编:《诉讼法学研究》,中国检察出版社 2002 年版,第 212 页。

对独立的体系。船舶碰撞诉讼证据采证规则是以法律习惯、典型案例或司法解释为表现形式的,这一点在英美法系国家体现得更为突出,船舶碰撞诉讼证据采证规则甚至是普遍法的组成部分。

船舶碰撞诉讼证据采证规则是船舶碰撞诉讼实践可操作的准则,其基础为公正和追求某种程度的真实。这也正是船舶碰撞诉讼证据采证规则蕴涵的价值之所在。英国法学家杰里米·边沁(Jeremy Bentham)指出:"证据为正义之基础"。[①] 船舶碰撞诉讼证据采证规则追求其在船舶碰撞诉讼活动中所蕴含的价值。有学者根据大陆法系和英美法系对证据规则理论研究的成果,指出对证据规则之法律功能的分析可以从以下两个方面进行:一方面是从证据规则的一般功能出发进行研究;另一面是着眼具体证据规则所侧重的法律功能。就前者而言,证据规则的法律功能可以分为程序功能和实体功能。[②] 作为民事诉讼证据规则在船舶碰撞诉讼领域的一种变体,船舶碰撞诉讼证据采证规则自然也具有在程序功能和实体功能的法律价值。

首先,构建一种充满理性的采证规则,可以在一定程度上形成一种正确的船舶碰撞诉讼观念。船舶碰撞是一种海上侵权行为,且危险性巨大,不仅对社会个体造成严重危害,而且会对社会某一领域造成危害。此外,船舶碰撞对相关领域也会产

---

① Charles T. McCornick, "Wigmore on Evidence : Third Edition," *Illinois Law Review of Northewesterns University*, Vol.35, 1941, p.540。

② 吴宏耀、魏晓娜:《诉讼证明原理,》,法律出版社 2002 年版,第 132—135 页。

生一定影响。富于理性的船舶碰撞诉讼证据采证规则,必须在保护社会整体利益与个体利益之间达成一种平衡。而要达成这种平衡,公平、合理的船舶碰撞诉讼观念是不可或缺的。

其次,船舶碰撞诉讼证据采证规则的确立与完善,对船舶碰撞诉讼中审判方式的改革具有促进作用。我国传统民事诉讼体制以职权主义诉讼模式为基本特征,因此,亦具有上述职权主义模式结构所内含的结构性缺陷。[①] 职权主义诉讼模式在船舶碰撞诉讼活动中产生的负面效果尤为突出。《海事诉讼法》在规制审判程序时,不得不专门对审理船舶碰撞案件做出规定,以力求克服这种负面影响。作为众多改革船舶碰撞诉讼审判方式的措施之一,必然要不断确立和完善船舶碰撞诉讼证据采证规则。

最后,船舶碰撞诉讼证据采证规则的确立,能够促使裁判者在采证行为中适当地行使自由裁量权,并对司法人员形成卓有成效的监督。要从实体方面对自由裁量权进行监管,是相当有限且困难的,如果立法技术可以对采证规则准确地具体化,自由裁量权也就没有存在的必要了。正因为如此,国外立法对裁判者自由心证的控制,主要体现在程序方面。裁判者在对证据证明力自由裁量时,往往从社会公共价值观原则出发。[②] 船舶碰撞诉讼证据采证规则的价值表现至少体现在两个方面:一是要求裁判者发挥主观能动性,赋予其必要的自由裁量权;二

---

① 张卫平:《诉讼构架与程式——民事诉讼的法理分析》,清华大学出版社 2000 年版,第 108 页。

② 黄继伟:《认证中裁判者的自由裁量权》,毕玉谦主编:《司法审判动态与研究》,法律出版社 2002 年版,第 93 页。

是在船舶碰撞诉讼活动的长期司法实践中,积淀了大量的具有社会公共价值的经验或规则,对这些有法律价值的经验或规则,可以在船舶碰撞诉讼证据采证规则中予以确定。

船舶碰撞诉讼证据采证规则的规范化,使裁判者的采证行为置于法律的约束和当事人的监督之下,这样的裁判结果具有一定程度的可预测性。由于《民事诉讼法》和《海事诉讼法》不能全面地监管、规范裁判者的采证活动,各地方法院分别制定了相当于裁判者采证功能的"规定",这一做法并不能从根本上规范裁判者的采证活动,而且容易造成混乱。针对这种情形,最高人民法院于 2001 年通过了《民诉证据规定》,对证据规则包括采证规则做出了规定。这无疑对船舶碰撞诉讼证据采证规则的建立与完善会产生积极的推动作用。

第二章
船舶碰撞催生海事请求类型化
的船舶扣押管辖权

第一节　英国法下的法院管辖权规则

一、船舶碰撞可能引发的责任

海上碰撞可能引致民事责任和刑事责任。英格兰民事法院和刑事法院大体上是分立的，并且它们适用不同的管辖权规则。民事诉讼可能牵涉两个或两个以上的管辖权而引发法律冲突。法律冲突案件中存在两个最主要的问题：一是英国法院是否享有对该案的管辖权；二是如果有，它应该适用什么法律。本章讨论了英国法院审理的案件应适用内国法还是外国法的问题。本章所讨论的是当民事诉讼中出现外国因素时英国法院的管辖权问题，其中最常见的情况是被告住所地在另外一个国家或管辖区。[①] 此外，在某些情况下英国法院还可能对在其他管辖区的被告行使刑事管辖权。英国法院通常对身处"领土范围"内的当事人行使民事和刑事管辖权。管辖权争议大多围绕英国法院是否会对当事人住所地或财产所在地在其他国家的案件行使管辖权这一问题展开。在英格兰，不同法院可能对同一诉讼都确立自身的管辖权。然而由海上碰撞引起的绝大多数诉讼都必须由海事法庭受理。[②] 在当事人之间存在有约束力的仲裁协议情况下，法院有权通过中止仲裁协议违反之诉的方式来强制执行仲裁裁决。

　　不同国家的法院有可能对因同一海上碰撞事故提起的诉讼都行使管辖权。潜在诉讼当事人对某一特定诉讼最合适法院的选择上经常持不同的观点。对于诉讼当事一方而言，在某管辖区进行索赔是有利的，而在另一管辖区进行辩护或提出自身诉求对另一方当事人同样如此。因此，为了就碰撞产生的民事权利义务向一方当事人提供建议，有必要尽早确定纠纷的审理法院。如果存在多个选择，则考虑最有利的那个法院，紧接着考虑如何在排除其他法院的情况下将争端提交

---

① See Dicey, Morris and Collins, *The Conflict of Laws*. Sweet & Maxwell, 2012, p.233.

② See CPR r.6 l.2(b).

选定的法院。①

在碰撞案件中,诉讼当事人选择法院的常见原因各不相同,原告偏向于在能够适用 1976 年《海事赔偿责任限制公约》的管辖区域内提起诉讼(该公约对被告的赔偿责任规定了相对较高的限额),而被告则倾向于让案件在适用 1957 年《海船所有人责任限制国际公约》的管辖区得到审理(该公约下规定了相对较低的赔偿限额)。相反,原告也可能更倾向于在适用 1957 年《海船所有人责任限制国际公约》的管辖区内提起诉讼(该公约下的赔偿限额相对容易打破),而被告则可能更愿意在适用 1976 年《海事赔偿责任限制公约》的管辖区内进行辩护(该公约下的赔偿限额不易变动)。此外,适用的实体法、可供裁判执行的资产所在地、法院程序、诉讼时效以及裁判或仲裁裁决的可执行性都是在衡量任何特定法院的相对可取性时需要考虑的因素。

不同国家的法庭程序可能导致不同的预期结果,这也就进一步加剧了当事人在选择法院上的博弈,以便能够在对自身有利的法院启动诉讼程序。② 原告追求的是快速高效地处理问题以及高回报的最终裁决,因而也会倾向于最容易实现这些目标的管辖区。推定被告更青睐自身责任相对有限、程序相对拖延的管辖区,并且可能通过在此种管辖区内启动诉讼程序的方式

---

① Simon Gault,eds.,*Marsden and Gault on Collisions at Sea*. London:Sweet & Maxwell,2016,pp.20—26.

② *The Herceg Novi and the Ming Galaxy* [1998] 2 Lloyd's Rep. 454,CA.

来掌握主动权争取排除或减轻责任。① 结果就是,各方当事人
都有意尽早确定对自身最有利的管辖法院并在该法院启动诉
讼程序,但是在当事人是否行使行事管辖权或决定进行调查的
问题上没有选择余地。起诉或调查与否是由国家机关而非私
人来决定的。

二、英国法院的权力

英国法院的管辖权原则上不受地理范围、潜在诉讼当事
人、可能作为案件标的物的财产以及诉因的限制。② 原则上英
国法院以对能够送达诉状或其他文书的任何当事人做出不利
判决,不论此种送达是当事人权利还是在法院许可下进行。因
此,当事人之间的争端,不论在何处,也不论牵涉的财产为何,
都有可能在英国法院得到审理。当然,前述原则也存在一些例
外。英国法院宽泛的管辖权在以下情况中会受到限制。③

法院行使管辖权的领土范围并非一个法律问题,而是一个
由英王决断的问题,④对此不需要专门立法。⑤ 法院有义务将
英王经由合适官员传达的领土声明视作结论。随着时间推移,

---

① Trasporti Castelletti Spedizioni lnternazionali SpA v Hugo Trumpy SpA [C-159/97, (1999) I.L.P r. 492].

② The Johann Friedrich (1839) 1 W. Rob. 35; The To/ten [1946] P. 135.

③ 林锐鑫、陈晓广:《浅析英国民商事管辖权制度》,《河北法学》2003 年第 1 期,第 124 页。

④ The Fagernes [1927] P. 311 at 324.

⑤ R. v Kent Justices Exp. Lye [1967] 2 Q.B. 153 at 174.

英王可能将主权和管辖权扩展到先前未及之土地或海洋。① 法院会根据制定法、条约和枢密院令来确定英王主张管辖权的区域,而当产生疑问时,法院会向检察总长提出咨询。② 英国法院的属地管辖权覆盖整个英格兰,包括威尔士和特威德河畔的贝里克,后者指低潮线上的部分。③ 陆上领土还包括港口、内河水域和公海上的英国船只。④ 苏格兰、北爱尔兰、曼岛或海峡群岛不在此列。⑤

　　1876 年 2 月 17 日,一艘名为 *Franconia* 的德国船只和一艘名为 *Strathclyde* 的英国船只在距离英国海岸不足 3 海里的地方发生碰撞,由此引出了有关英国法院对向海一侧 3 海里海域是否享有属地管辖权的问题。碰撞导致 *Strathclyde* 号沉没和船上一些人员伤亡。在对 *Franconia* 号船长过失杀害 *Strathclyde* 号一名旅客罪行的刑事审判过程中,英国法院的管辖权遭到挑战。保留刑事案件法院的多数意见是法院对此违法行为无管辖权。对于向在管辖区外的 *Franconia* 号所有人送达诉状的申请,高等民事法院主张适用《法院规则》第 11 号令第 1 条有关管辖区内侵权行为的规定。此刑事案件的判决催生了 1878 年《领海管辖权法》的形成。该法案在序言中规定了英王的管辖权:一直扩展到与联合王国海岸相邻接的公海和所有

---

① Post Office v Estuary Radio [1968] 2 Q.B. 740 at 735.

② The Fagernes [1927] P. 311.

③ Harris v Owners of Franconia (1877) 2 C.P.D. 173 at 177,178;R. v Keyn (1876) 2 Ex. D. · 63 at 162.

④ R. v Keyn (1876) 2 Ex. D. 63 at 161;see also the United Nations Convention on the Law of the Sea 1982 Pt VII.

⑤ Union with Ireland Act 1800 art. Ⅷ.

其他的自治水域。① 英国法院有权审理发生在距离自治领水一定距离的公海上的违法行为。该法案还规定了英国领海宽度在任何情况都是 12 海里,并确定了测量 12 海里距离的领海基线②,还包括了实施有关不同领海宽度国际协定的条款。③

领土是英国法院确立管辖权的几个重要区域之一。1982年的《联合国海洋法公约》(简称 1982 年《公约》)于 1994 年 11月 16 日生效,是一部规制国家管理海洋自然资源和领水外海洋环境的国际公约。根据《公约》的规定,"毗连区"宽度从沿海国领海向海一侧再延伸 12 海里,"专属经济区"至多可以从海岸起向海一侧延伸 200 海里的距离,"大陆架"可以延伸更长的距离。《公约》对一国在前述各区域内可以行使的海洋权力进行了规定。英国业已通过若干法案和命令来实施该《公约》,这些法案和命令明确了受英国管辖的专属经济区和大陆架的范围。④

1982 年《公约》进一步将国家专属经济区外的海域界定为"公海"。《公约》第七部分规定了缔约国作为船旗国对悬挂该国旗帜船只的权利和义务。《公约》对海上碰撞做出了重要规定,与公海船舶碰撞事故有关的刑事管辖权只得由船旗国或船长所属国行使。⑤《公约》第 94 条规定了船旗国的义务——根据其国内法,就有关每艘悬挂该国旗帜的船舶的行政、技术和

---

① Territorial Waters Jurisdiction Act 1878 s.2.

② Territorial Sea Act 1987 s. 1(1)(b) and see the Territorial Waters Order in Council 1964 (as amended).

③ Territorial Sea Act 1987 s. 1(2).

④ Marine and Coastal Access Act 2009 ss.41, 42.

⑤ Article 97 of the 1982 Convention.

社会事项,对该船及其船长、高级船员和船员行使管辖权。行政和技术事项限于登记、分级和相关证书等,"社会"事项未在《公约》中得到界定。《公约》还对何时启动对碰撞事故的调查进行了规定。①

三、与管辖权有关的国际公约

处理碰撞案件管辖权最重要的国际公约包括:①1952 年 5月 10 日于布鲁塞尔签订的《统一海船扣押某些规定的国际公约》(简称《扣船公约》)②;②1952 年 5 月 10 日于布鲁塞尔签订的《关于船舶碰撞中民事管辖权若干规则的国际公约》(简称《碰撞公约》)③;③1868 年《莱茵河航行公约》(简称《莱茵河公约》)④;④1968 年 9 月 27 日于布鲁塞尔签订的《关于民商事案件管辖权及判决执行的公约》和 1971 年议定书;⑤1988 年 9 月16 日于卢加诺签订的《关于民商事案件管辖权和判决执行的公约》(包括附加议定书)(简称《卢加诺公约》),英国于 1989 年 9月 18 日签字加入;⑥《布鲁塞尔条例Ⅰ(重订)》,2012 年 12 月12 日欧洲议会和理事会关于民商事案件中管辖权和判决承认和执行的 1215/2012 号条例,取代了 2000 年 12 月 22 日的欧洲理事会 44/2001 号条例(《布鲁塞尔条例Ⅰ》),于 2015 年 1 月10 日生效。它的目的是协调成员国之间的规则,明确居住在欧

---

① Crown Proceedings Act 1947 s.29(2).

② Singh, International Conventions of Merchant Shipping, p.3101.

③ Singh, International Conventions of Merchant Shipping, p.3107.

④ See State Papers 1868—1869 Vol.59, p.470.

盟以外的个人是否可以在成员国法院被起诉的问题。

　　就《统一海船扣押某些规定的国际公约》而言,当英国作为扣船国家时,《公约》第 7 条授予英国法院对该扣船案件以管辖权。值得注意的是,《公约》下的管辖权建立在船舶扣押上。这区别于英国法律,在对船舶的"对物诉讼"(action in rem)中,英国法院的管辖权是通过令状的送达来确立的,在"对人诉讼"中则是对被告的送达。① 根据英国法,一艘船舶无需存在被扣押的事实也可以被提起对物诉讼,此种情况可能是由于原告未要求担保或存在其他担保物。在不受《布鲁塞尔条例Ⅰ(重订)》《布鲁塞尔公约》《卢加诺公约》管辖的案件中,英国法院基于本国法而非《扣船公约》取得管辖权。而在受《布鲁塞尔条例Ⅰ(重订)》《布鲁塞尔公约》《卢加诺公约》管辖的案件中,除非英国法院依前述公约取得管辖权,否则其不具有管辖权。② 然而,如果船舶已经被扣押,即便扣押是为了确立管辖权而非获得案件抵押,英国法院也享有管辖权,因为扣押行为使得此案归于《扣船公约》的适用范畴,并且英国法院依据《判决条例(重订)》第 71 条获得了管辖权。③ 要适用《扣船公约》,不仅要求业已扣押船舶,还要求提供诸如保赔俱乐部的担保书或保证书等的替代担保。原告如果同意不扣押船只,那么应该寻求同意英国管辖权或服从管辖权。④

---

　　①　Article 9, and see The Bergen〔1997〕1 Lloyd's Rep. 380 for the relationship between art. 17, the Brussels and Lugano Convention (now art. 23 of the Judgments Regulation) and art. 7 of the Arrest Convention. Article 7 prevails.

　　②　The Deichland〔1990〕1 Q.B. 361.

　　③　The Anna H〔1995〕1 Lloyd's Rep. 11.

　　④　Article 24 of the Judgments Regulation.

就《关于船舶碰撞中民事管辖权若干规则的国际公约》而言,与之相反的是,根据《碰撞公约》的规定,英国法院不仅在扣押船舶的情况下具有管辖权,在本可以进行扣押后接受提供保释金或其他形式担保的情况下也具有管辖权。在前述任一情况下,即便英国法院在《判决条例》或《布鲁塞尔公约》或《卢加诺公约》中不具有管辖权,如果其按照《碰撞公约》做出了前述行为,那么也可以取得管辖权。[①] 在这种诉讼中,英国法院只有在根据《判决条例》或《布鲁塞尔公约》或《卢加诺公约》做出了相应行为才具有管辖权。[②]

碰撞可能会导致作为货物或燃油的石油泄漏。英国是1992 年《国际油污损害民事责任公约》和 2001 年《国际燃油污染损害民事责任公约》两个有关油污污染的国际公约的签署国。两项公约都旨在处理重大漏油事故及其造成的环境污染,二者都授予施行损害或预防措施的国家管辖权。对该类案件的"合法管辖权"可能不止一项。1995 年《商船法》中包含了涉及此类案件义务的对人诉讼和对物诉讼的管辖权条款。该法第 166 条规定,如果船舶排放或泄漏的石油没有在英国领土范围内造成任何污染损害,并且没有合理地采取任何措施防止或减少英国领土范围内的此种损害,或者出现任何相关的污染威胁但没有合理地采取任何措施来防止或减轻英国领土范围内的此种损害,则英国法院不得受理任何针对船舶注册船舶所有

---

①   The Po [1991] 2 Lloyd's Rep. 206.

②   The Deichland [1990] 1 Q.B. 361 and The Anna H [1995] 1 Lloyd's Rep. 11.

人、其代理人、船舶雇员或从事救助作业的人的诉讼（无论是对物诉讼还是对人诉讼），以强制执行因任何相关损害或费用引起的诉讼，除非任何该等损害或费用是由于其有意造成或明知可能导致任何该等损害或费用而鲁莽作为或不作为所致。[①]　如果除英国法院之外还有其他合法管辖权存在，船舶所有人可以通过设立责任基金的方式在另一国启动诉讼程序。

四、英国法院的民事管辖权

一项民事诉讼能否在英国法院得到审理的决定因素，包括诉讼类型，被告及其财产所在地，因同一事件而发起的诉讼程序或仲裁是否已经在其他国家启动，是否已经达成管辖法院选择的协议，是否已经达成在诉诸法院之前通过仲裁的方式解决当事人之间争端的协议。原告希望了解清楚英国法院是否会同意管辖，或者在提起诉讼之前是否需要申请法院许可。被告则希望了解如果被诉诸法院其能否提出管辖权异议，或者希望在英国法院提出抗辩更为有利。

在评定英国法院对某一对人诉讼是否有管辖权时，首要问题是诉讼文件能否送达领土范围内的一方当事人。其二是能否适用《欧洲判决条例（重订）》或《卢加诺公约》。如果前述问题都是肯定的，那么送达诉讼文件通常不需要得到法院许可。其三是当事人可能对其他公约的适用提出质疑。其四是如果

---

① Merchant Shipping Act 1995s.156(1)(ii).

前两个问题的答案都是否定的,那么英国法院可能会基于原告申请许可其进行管辖区外的送达。其五是预期诉讼如果属于海事法庭的管辖范围,原告提起的对物诉讼适用不同的管辖权规则。碰撞事故可能引起的诉讼可以分为对人诉讼或对物诉讼,二者适用不同的管辖权规则。

对人诉讼的一般性原则是只有当送达在 1988 年《民事诉讼规则》规定的时间内完成,英国法院方可行使其管辖权。诉讼程序始于法院应原告请求签发诉状。[①] 按照《民事诉讼规则》的规定,诉讼程序继续进行的条件是诉状在时限内送达至诉状上所列被告。[②] 因此,《民事诉讼规则》中的管辖权规则是有关诉状有效送达的那些规定。在对人诉讼中,诉状必须送达被告(个人或公司)或其代理人。《民事诉讼规则》规定了文书送达的一般方式,这些方式无需法院许可。如果存在充分的理由,法院也可以许可用《民事诉讼规则》不允许的方式送达或免除送达。[③]

当英国法院是审理某一案件的天然法院时,如果诉讼程序正在外国管辖区进行,英国法院有权禁止被告在该国外管辖区进行诉讼。[④] 然而,英国法院行使该管辖权的态度是审慎的,只有当它认为在外国提起诉讼的行为构成对寻求禁诉令的当事人的无理取闹和胁迫时才会行使。[⑤] 是否构成无理取闹和胁迫

① CPR r.7.2(1) and r.61.3(2).

② CPR r.7.5(1); CPR r.7.5(2).

③ CPR r.6.9; Bas Capital Funding Co1p v Medfinco Ltd [2003] EWHC 1798 (Ch), [2004] 1 Lloyd's Rep. 652.

④ Airbus Industrie GIE v Patel [1999] 1 A.C. 119.

⑤ Societe Aerospatiale v Lee Kui Jak [1987] A.C. 871 followed in Deaville v Aeroflot [1997] 2 Lloyd's Rep. 67 at 70.

取决于具体案件的事实。关于构成无理取闹和胁迫的一些情况：在外国提起诉讼违反了约定在英国法院起诉的协议；诉讼程序是如此的荒唐以至于无法继续；同一原告在不同管辖区的法院对同一被告提起相同诉讼但没有充分证据表明原告将从中同时获益；在被告无法从第三方追回款项或获得赔偿的情况下，外国法院可能对其施加严格责任或更高的赔偿或惩罚性赔偿的做法被英国法院视作不公正。如果只是为了能在英国进行仲裁的案件中获得担保，英国法院将不限制仲裁协议的一方在外国司法管辖区申请扣押船只。①

　　碰撞诉讼和时效诉讼由高等法院王座分庭所属分庭受理，并且必须在海事法庭提起。② 当一个预期民事诉讼不属于海事法庭的管辖范围时，则可能在高等法院其他分庭提起。1981 年《最高法院规则》第 20—24 条对高等法院海事法庭的管辖权进行了规定。该法对各类案件的管辖权进行了分配并规定了海事法庭行使管辖权的方式。③ 此外，该法也对高等法院管辖权的具体限制做出了规定。④ 从这个意义上来看，该法在立法目的上与《扣船公约》类似，但是二者在具体条款上存在诸多差异。1981 年《最高法院规则》第 20 条第 2 项对案件类型的规定源自《扣船公约》第 1 条，但做了细微修改。第 1 条是基于 1925

① Kallang Shipping SA Panama v AXA Assurances Senegal［2008］EWHC 2761（Comm）；［2009］1 Lloyd's Rep 145-followed in /spat Industries Ltd v Western Bulk PTE Ltd［2011］EWHC 93（Comm）and Oceanconnnect UK Ltd v Angara Maritime Ltd［2010］EWCA Civ 1050，［2011］1 Lloyd's Rep. 399. See also Sotrade Denicilik Sanayi Ve Ticaret AS v Amadou LO［2008］EWHC 2762（Comm）.

② Senior Courts Act 1981 s.62(2) and CPR r.61.2(1).

③ Senior Courts Act 1981 s.21.

④ Senior Courts Act 1981 ss.22 and 23.

年《最高法院规则》(合并法)第 22 条对案件类型的规定,①类型包括损害赔偿、死亡和人身伤害、货物理赔、责任限制和因碰撞事故而起的诸多诉讼,尤其是海难救助、拖船合同以及共同海损。这些诉讼之间并非完全相互独立而是有一定程度的重合。②

对物诉讼可以对与诉因有关的船舶提起,也可以对姊妹船提起。提起对物诉讼的权利在 1873 年和 1875 年《最高法院规则》下海事法院受理的原始诉讼中被留存下来。对物诉讼源自这样一个理念——在海事法庭中,相当于索赔范围的船舶优先权始于诉讼启动之时,该种留置权要么提供了可供法院出售用以偿还经判决的债务的财产,要么可以用来作为被告遵守判决的担保。在普通法中留置权的对象限于造成损害的财产,但对业已转移给善意购买人的财产同样适用。此后成文法扩大了提起对物诉讼的范围,以便能够适用于普通法中无法产生船舶优先权的情况。对姊妹船提起对物诉讼的权利源自《扣船公约》。③

当船舶上存在船舶优先权或者存在成文法权利时,当事人可以向高等法院提起对船舶的对物诉讼。历史上,对物诉讼一直被视作是针对船舶本身而非船舶所有人的诉讼,至少在船舶所有人承认诉状送达之前是这样。然而在 the *Indian Grace* 案中,作为法院的上议院认为,至少就 1982 年《民事管辖和判决法》第 34 条而言,从海事法庭因诉状送达而获得管辖权的时候(或因承认诉状送达而视作送达时)开始,对船舶提起的对物

---

① Gatoil Inc v Arkwright-Boston Co [1985] 1 A.C. 255.

② The Eschersheim [1976] 2 Lloyd's Rep. 1 at 7.

③ See art.3(1); Gatoil Inc v Arkwright-Boston Co [1985] A.C. 255 at 266.

诉讼就成了对船舶所有人的诉讼。目前尚不清楚这项裁决的原理在多大程度上能够适用于其他情形,但可以预见的是该原理适用于《判决条例》第 27 条规定的案件。这些案件中可能会产生在不同公约国家提起的诉讼是否是相同当事方的问题,[①]该原理在其他类型案件中能否得到适用则存在更大的争议。[②]

　　在船舶造成损害的案件中,涉案船舶上会产生船舶留置权。1847 年《港口码头条款法》在对船舶毁损码头或港口工程责任的规定中包括了船舶优先权。船舶优先权也在其他一些案件中被认可,在海上碰撞案件中,受害方享有对涉事船舶的船舶优先权或担保利益。作为一般规则,一艘船舶为船舶所有人的利益在使用过程中因为主管人员的错误导致撞上或对另一艘船舶造成损害时,则该船船舶所有人必须在该船责任限制范围内对受害方进行损害赔偿。对于某一船舶本身未发生碰撞事故,但由于其疏忽驾驶导致另外两艘船舶发生碰撞是否会产生船舶优先权的问题目前尚无定论。

　　船舶优先权是通过对船舶的对物诉讼实现的。遭受损害的船舶所有人只有在损害由另一艘船舶造成的情况下才享有船舶优先权的利益。船舶优先权只设立在造成损害的船舶上。区别于普通法上的占有优先权,船舶优先权并不以占有财产为必要。留置权产生于诉因发生时。[③] 损害无论是由船舶所有人还是光船租赁人的雇员的疏忽造成,都将催生船舶优先权。船

---

　　① Cf. the judgment of the European Court of Justice in The Maciej Rataj [1995] 1 Lloyd's Rep. 302.

　　② [1998] L.M.C.L.Q. 33.

　　③ The Heinrich Bjorn (1885) 10 P.D. 44.

舶优先权始于碰撞,经由英国高等法院王座海事分庭的诉讼实现。船舶优先权并不限于船舶所有人对涉案船舶的经济利益,毕竟此种利益可能受到抵押等的限制。① 在涉案船舶售卖利益的分配上,享有船舶优先权的原告可以优先于拥有抵押利益或法定留置权的原告得到受偿。②

作为留置物的船舶因未经通知出售给善意购买人、船舶所有人的死亡或破产、法院对作为所有者的公司发出清盘令、外国法院在相关非对物诉讼中做出的出售命令、司法行政官根据扣押财产令状出售导致所有权发生转移的,留置权不随之发生转移。因损害而发生的留置权除非因被清偿、或迟误、或超过诉讼时效、或其他诸如在司法程序中被出售等方式而消灭,否则将一直存续。③

船舶优先权设立在船体、船用滑轮组、船具和装置上。船帆、索具和捕捞设备也已被列入船舶优先权的范围,但旅客的衣物不在此列。即便涉案船舶已经成为残骸碎片,船舶优先权的效力仍旧可以对船舶残骸碎片产生影响。留置权也适用于运费,但运费不能脱离船舶或货物或船舶和货物而被扣押,运费已经支付给船舶所有人并被存放在银行时也不能被扣押。④ 船舶优先权的适用范围是优先权设立时而非扣押时全部货物的应付运费。⑤

---

① See Currie v McNight, The Dunlossit [1897] A.C. 97, 105, 106; The Two Ellens (1872) L.R. 4 P.C. 161.
② The Halcyon Isle [1980] 2 Lloyd's Rep. 325 at 333.
③ The Father Thames [1979] 2 Lloyd's Rep. 364 at 368.
④ The Kaleten (1914) 30 T.L.R. 572.
⑤ The Roecliff (1869) L.R. 2 A. & E. 363; The Castlegate [1893] A.C. 38.

扣押船舶时船上的货物不属于船舶优先权的附着物，但是为了迫使船舶所有人向法院支付所得运费可以进行扣押。如果部分货物在扣押之前已经卸载，则剩余部分只有在全部运费被付清时才会予以解封。当船舶被要求出售时，法院会命令执行官扣留货物作为运费和费用的担保。如果没有权利人提出申请，法院可能不得不出售部分货物以支付前述费用。[①] 尽管碰撞发生时应付运费的货物不在船上，但如果被扣押的船舶实际上是在赚取运费，则此运费属于优先权附着物的一部分。因此，如果一艘船舶为了船舶所有人的利益在其出港航行中与船上的货物发生碰撞，则认定该船当时根据租船合同从外国港口运回的货物可以被扣押。[②] 不过如果在运费支付之后扣船之前船舶被出售，新船舶所有人无需承担超出船舶价值的责任。[③]

五、提起对物诉讼的法定权利

根据 1981 年《最高法院规则》第 21 条第 4 项，在满足特定条件的特定案件中，可以向高等法院提起对某艘船舶的对物诉讼。这项诉讼具体包括因船舶造成损害的任何诉讼、人身伤亡的特定诉讼、船载货物受损的任何诉讼、[④]与船舶运输或使用或租用船舶有关的任何协议而引起的任何诉讼，[⑤]还包括与海难

---

① 　The Gettysburg (1886) 5 Asp. M.C. 347. In that case the cargo was ordered to be kept for 14 days before sale.

② 　The Orpheus (1872) L.R. 3 A. & E. 308.

③ 　The Mellona (1848) 3 W. Rob. 16 at 25.

④ 　Senior Courts Act 1981 s.20(2)(g).

⑤ 　Senior Courts Act 1981 s.20(2)(h).

救助、拖船合同、引航、共同海损有关的特定诉讼。诉讼需要满足的条件包括以下两个方面。

① 该诉讼与船舶有关。船舶与诉讼之间的联系与《扣船公约》中相应语词的描述保持一致。查看诉讼列表里对特定海事诉讼的描述,对确定能够引发相关诉讼的特定船舶而言是必要的。①

② 在相关对人诉讼中,承担义务的人(相关人员)是诉因发生时的案涉船舶所有人、租船人或拥有或控制船舶的人。此处所指的船舶必须与此种被提起的诉讼相关。② 如果上述条件被满足,且在对物诉讼被提起当时"相关人员"是持有该船所有股份的实际受益船舶所有人或光船租赁人,则可以提起对该船的对物诉讼。因船舶受损而在海事法庭已经参与诉讼的船舶所有人不能对其所有的船舶提起诉讼,也不能提起建立在其他基础上的扣押其他船舶的诉讼。③

根据 1981 年《最高法院规则》第 21 条第 4 项,当其他一些案件满足以下条件时,可以在高等法院提起对姊妹船的对物诉讼。④

(a) 该诉讼与船舶有关;并且

(b) 在相关对人诉讼中承担义务的人(相关人员)是诉因发

---

① The Eschersheim [1976] 2 Lloyd's Rep. 1 at 7; The Lloyd Pacifico [1995] 1 Lloyd's Rep. 54 at 57.

② The Eschersheim [1976] 2 Lloyd's Rep. 1 at 7; The River Rima [1987] 2 Lloyd's Rep. 106 at 112, affirmed [1988] 2 Lloyd's Rep. 193, but see The Span Terza [1982] 1 Lloyd's Rep. 255.

③ The Eschersheim [1976] 2 Lloyd's Rep. 1 at 9.

④ For example, Senior Courts Act 1981 s.20(2)(e)-(r).

生时的案涉船舶所有人、租船人或拥有或控制船舶的人；并且

（c）提起诉讼时，相关人员是持有姊妹船所有股份的实际受益船舶所有人。①

法定留置权与船舶优先权在很多方面都存在区别。② 船舶优先权产生于相关诉因发生时；③法定留置权在签发诉状时就会产生，至少在涉及所有权转让④、原告在破产和公司清算程序中是否是担保债权人、确定优先权等问题时是如此。⑤ 这也就意味着如果在诉状签发之前船舶已经出售，则无法对该船提起任何对物诉讼，⑥还意味着如果清算申请在诉状签发之前已经提交，那么原告将不会成为担保债权人。法定留置权在船舶出售程序中的受偿优先级低于船舶优先权。

对物诉讼的诉状不得在高等法院的属地管辖范围之外进行送达。因此，除非根据《民事诉讼规则》第 61 部分被视作已送达，否则海事诉讼所指向的物在送达时必须在英国境内，但在诉讼启动时不要求在英国境内。⑦ 即便案涉船舶在送达之后、扣押令执行之前离开了英国管辖区，送达也是有效的。⑧ 当

---

① The expression does not include a demise charterer, see The Nazym Khikmet [1996] 2 Lloyd's Rep. 362.

② World Fuel Services Corp v The Ship "Nordems" [2011] F. C. A. 73；JPMorgan Chase Bank v Mystras Maritime Corp [2008] F.C.A. 399.

③ Re Aro Co Ltd [1980] 1 Ch. 196 at 205.

④ The Monica S [1968] P. 741.

⑤ The Monica S [1968] P. 741 and Re Aro Co Ltd [1980] 1 Ch. 196.

⑥ See The Aventicum [1978] 1 Lloyd's Rep. 184；The Maritime Trader [1981] 2 Lloyd's Rep. 153 at 157；The Saudi Prince [1982] 2 Lloyd's Rep. 255；The Evpo Agnic [1988] 2 Lloyd's Rep. 411 at 415；and The Tjaskemolen [1997] 2 Lloyd's Rep. 465 at 467—468 and 471.

⑦ CPR r.61.3(6)；CPR DP rr.61, 3.6(5), (6).

⑧ The Nautik [1895] P. 121.

对物诉讼中的诉状被送达给任何经授权接受送达的律师,或者船舶所有人在送达生效之前承认送达,或者已经遵守了协议约定的送达方式(在这种情况下,诉讼程序将按照对人诉讼而非对物诉讼进行),对物诉讼中的送达将被认为是有效的。[①] 如果保赔俱乐部发出承诺书指派律师进行送达作为对原告不扣押船舶的回报,法院可以发布具体履行该承诺的命令,要求俱乐部做出任命并提交送达确认书。[②]

1981年《最高法院规则》第21(8)节规定,如果某一船舶已在为执行索赔而提起的对物诉讼中被送达或被扣押,则不得再对其他任何船舶执行此种操作。[③] 然而,本小节仅适用于在英国的对物诉讼或事先扣押。[④] 1952年《扣船公约》第3条第3项规定一船在任何缔约国的任何一个或多个管辖区域内,不得因同一海事请求而被同一请求人扣押一次以上,保证金或其他担保亦不得提交一次以上。这一条款是否已经被英国法吸收尚不明确。如果英国法中有这样的规定,那么它仅适用于船舶在二次扣押时被扣押或船舶已被开释或因提供保释或其他担保而避免扣押威胁的情况。如果船舶因其他原因被开释,则不适用。[⑤] 如果普通法体系中的法院认为维持扣押或担保构成无理取闹或胁迫以及以其他方式滥用法院程序,法院则有权下令

---

① The Tuyuti [1984] Q.B. 838 at 842, CA.

② The Juntha Rajprueck [2003] EWCA Civ 378, [2003] 2 Lloyd's Rep. 107.

③ This subsection gives statutory effect to the decision in The Banco [1971] P. 137. See also The Kommunar (No.2) [1997] 1 Lloyd's Rep. 8.

④ The Kommunar (No.2) [1997] 1 Lloyd's Rep. 8; The Tjaskemolen (No.2) [1997] 2 Lloyd's Rep. 476 at 478.

⑤ The Tjaskemolen (No.2) [1997] 2 Lloyd's Rep. 476 at 478.

开释船只或解除为避免扣押或担保开释的担保。在提供保释或其他担保但未获开释的情况下，允许扣押或二次扣押被认为是无理取闹的或具有胁迫性的。①

在责任限制基金业已设立的情况下，1976 年《海事赔偿责任限制公约》第 13 条禁止对由其设立或以其名义设立基金的人的任何其他财产提出索赔，该条还规定了关于任何被扣押或扣留的船只或财产或任何其他担保物的开释。② 这些规定只有在满足两个条件的情况下才能适用。对该责任限制基金提出索赔的原告必须能够向管理该基金的法院提起相关诉讼。该基金就该项索赔而言必须是可以自由划拨的。③ 该基金似乎只有在确定了对原告的责任和限制令被签发后才是"实际可用的"④。这不免让人质疑此种结果是否是公约意图得到的结果。

六、英国法院的刑事管辖权

在确定是否有权审理某一特定刑事罪行时，有必要先确定英国法院刑事管辖权的领土范围。虽然存在一些例外，但是英国法院的刑事管辖权通常限于发生在英国领土范围内的犯罪。某一法院的刑事管辖权可能经由成文法延伸到在英国领土范

---

① The Tjaskemolen (No.2) [1997] 2 Lloyd's Rep. 476 at 479.

② See paras. 18—081.

③ See art.13(3).

④ Polish Steamship Co v Atlantic Maritime Co [1985] Q. B. 41 at 53 and Ultisol Transport Contractors v Bouygues Offshore SA [1998] 2 Lloyd's Rep. 461 at 473.

围外犯罪的个人。① 犯罪分为较轻的即决犯罪和较严重的起诉审判犯罪(原先称为"重罪")两类。有些罪行可以归为两类中的任何一类,刑事法院或者按即决犯罪处理,或者按起诉审判犯罪处理。

此外,成文法还将 1995 年《商船法》规定的罪行的简易刑事管辖权扩大到任何在该海岸上、停泊或经过该海岸的船只,或在该海湾、海峡、湖泊、河流或通航水域内或附近的船只,以及该船只上或当时属于该船只的所有人。② 1878 年《领海管辖权法》第 2 条和第 7 条将法院对起诉审判犯罪的管辖权扩大到公海。历史上该管辖权由海事法院行使,但该海事管辖权已分配给刑事法院。③ 与起诉审判犯罪有关的英国刑事法律的适用范围经由成文法已经覆盖到外国港口或船舶上的英国公民和受雇于或在过去三个月内受雇于船旗国为英国的船舶的船长或海员。④

英国法院对在领土范围外的船旗国为英国的船舶上的刑事犯罪没有固有的管辖权。通常需要具体的立法才将管辖权扩大到这些犯罪行为。制定法已经将管辖权扩大到石油设施上。⑤ 法院对海洋环境中的一些刑事犯罪享有普遍或接近普遍

---

① [1972] 1 Lloyd's Rep. 367; s. 282 of the Merchant Shipping Act 1995 (jurisdiction over British seamen); s. 103 of the Merchant Shipping Act 1995 (stowaways).

② Merchant Shipping Act 1995 s.280(1).

③ Senior Courts Act 1981 s.46(2).

④ Merchant Shipping Act 1995 s.281.

⑤ Petroleum Act 1998, Criminal Jurisdiction (Offshore Activities) Order 1987 (SI 1987/2198).

的管辖权。这些犯罪包括海盗和掠夺、抢劫、危害或破坏船只和特定的恐怖主义犯罪。除非出现新的证据并且有令人信服的重审理由,否则已由另一国有管辖权的法院审判并被定罪或无罪释放的人通常不会因同一罪行或行为在英国再次受审。1995年《商船运输法》对可能在船上发生的特定犯罪进行了规定,包括闯入临时禁区、在渔船值班期间醉酒、持有非法的酒类,可归属于船舶所有人和船长危险驾驶责任。[①] 该法还规定国务大臣可以制定有关船舶健康和安全的条例,[②]其中就包括《碰撞公约》,[③]它允许安全条例对违反条例的行为做出是否有罪的审判。[④] 英国法院对这些罪行行使的管辖权是依据1995年《商船运输法》第279条确立的。

(1)为了授予管辖权,本法案项下的任何罪行都应被视为是在犯罪人当时所在的联合王国任何地方犯下的;

(2)出于同样目的,根据本法案提出的任何诉状应被视为发生在被指控人当时所在的联合王国任何地方;

(3)前述第(1)项和第(2)项规定的管辖权应被视作对任何其他成文法下法院的任何管辖权或权力的补充,而非减损。

因此,1995年法案和1996年命令产生的效果是,任何人如果触犯了《碰撞公约》或1995年法案或根据法案第85(3)条中所涉及的罪行,如果他随后进入领土范围,则可能在英国刑事法院面临刑事责任。1995年法案规定的刑事管辖权受到时效

---

① Merchant Shipping Act 1995 s.98.
② Merchant Shipping Act 1995 s.85(1).
③ Merchant Shipping Act 1995 s.85(3)(k).
④ Merchant Shipping Act 1995 s.85(7).

限制。时效从简易程序犯罪之日的六个月起算。如果被告不在管辖范围内,但随后进入,则起诉可以在其进入后两个月内进行,但最长时限为三年。[1] 时限不适用于起诉审判犯罪。[2] 该法还包含对法人团体官员提起刑事诉讼的规定。[3]

2009 年《海洋和海岸带准入法案》设立了海洋管理组织,该组织有权对在英国海域内发生的法案所载罪行提起刑事诉讼。这些罪行涉及通常必须获得许可证的活动。可能与碰撞有关的活动涉及在没有相关许可证的情况下将物质或物体排放到"区域"内的海洋或海底[4]。该法为在紧急情况下进行被禁止的活动提供了防御措施以保护船只的安全或挽救生命。[5] 该法案认识到犯罪可能在本区域内发生,但没有像 1995 年《商船运输法》中一样对管辖权做出明确规定。

第二节　船舶扣押是否是"维护航运业正义的唯一途径"

船舶碰撞催生海事请求的诉求是海商法领域的一种常态。作为对物诉讼和财产保全理论互为折中和协调的产物,船舶扣

---

[1] Merchant Shipping Act 1995 s.274(1)(a).
[2] Merchant Shipping Act 1995 s.274(2).
[3] Merchant Shipping Act 1995 s.277.
[4] List at s.66 of the Marine and Coastal Access Act 2009.
[5] Marine and Coastal Access Act 2009 s.86.

押管辖权的启动基于法定的特定范围内海事事由引发的海事请求。理解船舶扣押管辖权具有不同的进路，即关于可扣押船舶范围的界定、错误扣押船舶的救济以及明确海事请求的种类。然而，在海事请求"类型化"日益盛行、对物诉讼模式日渐式微以及航运实践中特定船舶扣押意旨的趋向下，海事请求的类型化以优化船舶扣押管辖权程序实属必然。凸显海事请求的类型化以优化船舶扣押管辖权程序，并不是孤立的，而是与完善当事人的披露义务和强化法院的审慎性审查责任一起，构建富有可行性和合理性的船舶扣押管辖权体系。

　　肇始于 2008 年的国际航运业持续低迷情形，至今仍然陷于举步维艰之中，整个航运业复苏的春天看似遥遥无期，由此引发航运业拖欠运费和租金之风盛行等问题。而作为保全债权实现的强制性措施——船舶扣押，一度成为海事请求人所热衷的救济措施。[①]"扣船逼债"作为一种财产保全措施流行于航运业。根据最高人民法院发布的《中国海事审判白皮书》显示，从 1984 年到 2014 年，全国海事法院共扣押船舶 7 744 艘次。[②] 2013 年 9 月 13 日，"海娜号"邮轮在韩国被扣押案即属于此背景下的典型案例。发端于罗马法并发展为颇具英美法特色的对物诉讼，被英国海事法学者 Christopher Hill 誉为"维护正义的唯一途径"[③]。对物诉讼在航运实践中不断演化，最终

---

　　① 　一般地，法学意义上的船舶扣押可以界分为保全程序意义上的船舶扣押和执行意义上的船舶扣押。本文所指的船舶扣押即指保全程序意义上的船舶扣押。

　　② 　参见最高人民法院：《中国海事审判白皮书（1984—2014）》，《人民法院报》2014 年 9 月 4 日，第 004 版。

　　③ 　Christopher Hill, *Maritime Law*. London：Lloyd's of London Press Ltd.，1989，p.208.

形成了比较成熟和广为接受的船舶扣押（arrest of ship）制度框架。

　　船舶扣押是一把双刃剑。船舶扣押可以为债权人提供强有力的保全手段，但也可能由于不恰当或者随意实施而产生负面影响或者损害。① 在"海娜号"邮轮扣押案中，依据韩国相关法律和有关国际公约，韩国济州法院扣押船舶的法律程序有法可依。然而，该案客观上引发上千名旅客"躺枪"的遭遇。沙钢船务选择载有大量乘客的"海娜号"为扣船对象，是否具有试图通过扣押船舶而引发轰动效应以实现自己的追债目的？ 为何选择在韩国申请扣押船舶而不是中国的海事法院？② 这些都足以让我们重新审视保全程序意义上的船舶扣押管辖权程序的缺憾，甚至质疑船舶扣押享有"维护航运业正义的唯一途径"的美誉。如何减损或者克服诉讼前船舶扣押引发的负面影响引人深思。质言之，何种海事请求才能启动"合情合理合法"的船舶扣押？ 如果符合保全程序的船舶扣押引发第三者权益的损害，又应如何救济之？③

　　船舶扣押程序的不完美通常被学者用"烦琐、低效"等词描

---

　　① "海娜号"邮轮韩国扣押案属于此种情形。2013 年 9 月 13 日，海航集团有限公司旗下海航旅业控股有限公司运营的"海娜号"由于债务纠纷导致该邮轮被韩国济州法院扣押，进而导致该邮轮上 2 300 余人滞留韩国济州岛并造成了严重的负面影响。

　　② 参见刘波：《"海娜号"背后的海事诉讼疑问》，《华夏时报》2013 年 9 月 23 日，第 034 版。

　　③ 虽然由于实施不当，船舶扣押程序诱发的其他合法权益的损害可以通过寻求其他法律关系或者途径得以弥补或者救济，然而，这无疑加重了法律救济的负担或者代价。因而，从此种意义上，本书认为，探究船舶扣押管辖权的完善，是完善船舶扣押程序的核心和关键。

述,同时存在船舶扣押管辖权与实体管辖权的衔接、滥用船舶
扣押程序盛行以及船舶扣押具有偶然性导致的相关法律问
题。[①] 显然,当前的船舶扣押管辖权并没有完全实现其程序功
效,更不是"维护航运业正义的唯一途径"。"海娜号"邮轮韩国
扣押案足以表明,当前的船舶扣押管辖权法律框架需要进一步
审视和反思。就"海娜号"邮轮案而言,有学者认为法律应该禁
止针对营运中或已做好开航准备的邮轮行使扣押权,以避免或
减少因扣船发生的殃及无辜游客或旅客的现象。我国《海事诉
讼法》第 23 条也仅规定"从事军事、政府公务的船舶不得被扣
押"。因此,应积极倡导修改国际公约和国内法。[②] 然而,本书
以为,优化和细化作为保全程序意义上的船舶扣押,绝非仅仅
针对营运中或做好开航准备的邮轮做出禁止性扣押的规定那
么简单,因为这是属于启动船舶扣押程序的复杂问题。晚近国
际船舶扣押的实践表明,船舶扣押所承载的"维护航运业正义
的唯一途径"的美誉正在经受严重的挑战和质疑。因此,在目
前的国际法和国内法框架下,船舶扣押在具有其独特的法律价
值的同时,亦暴露出作为不同法律文化、法律理念以及法律传
统的协调产物所衍生的缺憾。

[①]　向明华:《船舶扣押程序的独立性及其程序保障》,《中国海商法年刊》2008
年第 18 卷,第 34 页。

[②]　参见司玉琢、单红军:《评述与反思:"海娜号"邮轮韩国被扣事件的法律反
思》,《法学杂志》2013 年第 12 期,第 22 页。

第三节　基于海事请求而启动的
船舶扣押权之检视

受 1952 年《统一海船扣押某些规则的国际公约》
(International Convention for the Unification of Certain Rules
Relating to the Arrest of Sea-going Ships,1952,以下简称 1952
年《扣船公约》)和 1999 年《国际船舶扣押公约》(International
Convention on Arrest of Ships, 1999,以下简称 1999 年《扣船
公约》)的推动,各国船舶扣押法基本都形成了以特定范围内的
海事请求(Maritime claim)来启动船舶扣押的模式。[①] 从船舶
扣押立法的历史渊源来看,船舶扣押就是英美法系的对物诉
讼和大陆法系的保全理论折中的产物,其本身当属于两大法
系的"混血儿"。依据大陆法系国家的传统,《民事诉讼法》中
的财产保全理论是船舶扣押的法律基础,实施保全的法院对
案件的实体问题拥有管辖权。但英美法系把扣押船舶视为一
种对物诉讼,而视是否有实体管辖权于不顾。为了消解两种
体系的差异,1952 年《扣船公约》实现了两大法系的妥协和国
际扣船制度的统一。该公约架构了扣押船舶法院与实体审理
法院的分离模式。而后的 1999 年《扣船公约》变得更为包容,
诉讼过程中启动的船舶扣押,可以为国外的法院判决或仲裁

---

① 1952 年《扣船公约》第 1 条第(1)项列举了 17 项海事争议引起的海事请求,
而 1999 年《扣船公约》罗列了 22 项海事争议引起的海事请求。我国《海事诉讼法》第
21 条列举 22 项引发海事请求的海事事由。

裁决提供担保。然而,无论何种立法,一般都以法律规定特定范围的海事请求而启动船舶扣押管辖权。①

我国《海事诉讼法》深受 1999 年《扣船公约》的影响。该法导致船舶扣押申请人的责任与被申请人的责任失衡,申请人在申请扣押船舶时提供的担保主要是针对船舶扣押错误而不是针对扣押船舶之后可能出现的各种情况。就被申请人而言,被申请人责任相对过重,被申请人在船舶扣押之后可以对被扣押船舶提供担保,或者不提供担保而在判决生效后执行阶段由法院依法拍卖。② 从 1984 年至 2014 年,全国海事法院共扣押中国籍船舶 6 084 艘次、外籍船舶 1 660 艘次,拍卖船舶 633 艘。③ 由此可见,在我国海事司法实践中,船舶扣押是频频启动的司法程序。

虽然船舶扣押案件比例较高,但是相当多的扣船程序最后并未进入诉讼或仲裁程序,而是以其他方式解决纠纷。船舶扣押之后的程序功能和价值黯然失色,同时亦导致船舶扣押之后的合理措施,比如"船舶释放"(Release of ship)的规制失范。④ 然而,在目前《国际船舶扣押公约》和《海事诉讼法》框架下,启

---

① See United Nations/International Maritime Organization Diplomatic Conference on Arrest of Ships, Geneva, Switz., Mar. 1—12, 1999, Final Act and International Convention on Arrest of Ships, 1999, 8—19, U. N. Doc. A/CONF. 188/6, Mar. 19, 1999.

② 参见吕方园、戴瑜:《中国船舶扣押存在问题及解决途径》,《大连海事大学学报》(社会科学版)2014 年第 1 期,第 43 页。

③ 最高人民法院:《中国海事审判白皮书(1984—2014)》,《人民法院报》2014 年 9 月 4 日,第 004 版。

④ See Martin Davies, "'Wrongful Arrest of Ships: A Time For Change' — A Reply to Sr. Bernard Eder," *Tulane Maritime Law Journal*, Winter 2013.

动船舶扣押程序具有随意性,特别是得以启动船舶扣押程序的海事请求与法院所在地相关利益不存在任何关联。"海娜号"韩国济州法院只是偶然地因"海娜号"航行到彼处而拥有了管辖权,韩国与案件的实质性联系几乎为零,而且证据显示济州法院并没有获得案件实体管辖权的企图。由此观之,探究海事请求的合理性问题将成为优化和完善船舶扣押管辖权的核心。

第四节　理解船舶扣押管辖权的路径

一、船舶扣押管辖权与扣押船舶范围的界分

船舶扣押实践中比较棘手的问题,是关于扣押船舶范围的界定。由于法院启动船舶扣押管辖权的依据在于船舶处于其管辖地域范围,因此,关于可以实施扣押的船舶范围的界定显然非常关键。通过厘清可以实施扣押的船舶以启动船舶扣押权是传统的保全理论使然。一般地,可以扣押船舶的范围为"当事船舶"(Particular ship)、"姊妹船舶"(Sister ship)以及"关联船舶"(Associated ship)。在 1952 年《扣船公约》下,对当事船舶的界定比较开放和宽容。① 由于无法穷尽船舶扣押实践的

———————

① 参见该 1952 年《扣船公约》第 3 条第 4 项的规定。

所有情形的局限性所致,1952 年《扣船公约》关于当事船舶的界定上具有模糊性。① 基于各国保全理论与扣押船舶实践的不同,导致在界定当事船舶时往往游离于广义上当事船舶与狭义上当事船舶之间。② 1999 年《扣船公约》将大陆法系下对人诉讼的理论吸收进来,对当事船舶的界定要满足海事责任人所有的当事船舶或者特定权利项下的当事船舶。由于认定船舶所有人受到海运业实践的约束,这就导致操作上的困难。同时,界定当事船舶的宽严也是难于把握的个案问题。《土耳其商法典》(Turkish Commercial Code)对于当事船舶界定变动不居的立法态度,即是一个典型的例证。该法典第 892 条对于准备起航或者处于航行途中的船舶禁止启动船舶扣押程序,其立法目的在于维护船载货物和旅客的利益。然而,该法典在付诸实施之际,却放弃了这种"旧式豁免"(Old-fashioned exemption)。③ 针对准备起航的船舶,船舶所在地法院可以启动船舶扣押管辖权的机会大增,而且由于当事船舶界定的标准比较模糊,由此所启动的船舶扣押管辖权自然具有一定的随意性。

　　基于所谓的姊妹船而启动的船舶扣押管辖权,同样不是完美无瑕。与界定当事船舶存在不确定性一样,姊妹船舶的认定同样存在困难。事实上,1952 年《扣船公约》第 3 条第 1 项基本

---

　　①　1952 年《扣船公约》第 3 条各款之间的逻辑性不足,需要借助解释的手段才能认定当事船舶的含义。

　　②　1952 年《扣船公约》第 9 条规定:"本公约中任何规定,都不得被解释为可产生脱离本公约或依据受诉法院适用的法律所不能产生的诉权,亦不得被解释为可产生根据上述法律或者船舶抵押权和船舶优先权公约并不存在的任何船舶优先权。"

　　③　See M. Baris Gunay, "The Turkish Commercial Code," *Journal of Maritime Law and Commercial*, (1)2007.

上确定了比较狭义上的姊妹船舶界定,并且明确了姊妹船舶的认定标准。而 1999 年《扣船公约》下的姊妹船舶的范围更为广泛①,这事实上彰显了无限主义保全功能。然而由于国际航运业的特点,这势必造成无辜第三者合法权益可能因扣押船舶而遭到损害。另外,南非、法国以及澳大利亚等国通常基于"控制"或者"间接控制"关系而扣押相应的关联船舶启动船舶扣押管辖权。②

1952 年《扣船公约》和 1999 年《扣船公约》都没有直接对所谓的关联船舶做出规定,但是由于关联船舶认定标准更是漶漫不定,导致关联船舶和姊妹船舶之间具有模糊性。正如有学者认为,我国《海事诉讼法》未能吸收 1952 年《扣船公约》下广义的当事船舶的合理内核,也没有充分利用 1999 年《扣船公约》下对扣船地法律的宽容态度,导致我国法下的关联船舶扣押的缺失,特别是揭开法人"面纱"理论与实践也带来了认定关联船舶的复杂性与困境。③ 因此,以扣押特定范围的船舶来启动船舶扣押管辖权,虽然基本上迎合了传统保全理论与实践,但是由于运输工具的船舶的流动性和商业实践的复杂性,又导致了法院启动船舶扣押管辖权的正当性受到减损。

---

① See Md. Rizwanul Islam,"The Arrest of Ship Conventions 1952 and 1999: Disappointment for Maritime Claimants," *Journal of Maritime Law and Commerce*, January 2007.

② Ramsden,"Maritime Law in South Africa: Recent Developments," *20 J. Mar. L. & Com*, 191 (1989).

③ 参见向明华:《船舶扣押对象的法律制度比较》,《岭南学刊》2009 年第 4 期,第 58 页。

二、船舶扣押权管辖权与错误扣押船舶

以错误扣船的救济机制来改良或者优化船舶扣押程序,进而完善船舶扣押管辖权是理解船舶扣押管辖权的另一进路。就我国的情境而言,由于早期存在着地方普通法院与海事法院的管辖权区分不明确的病垢,该问题情况比较复杂。[①] 海事请求人不适格是典型的主体错误形态。[②] 通过修正因为错误扣押船舶而形成的管辖权,具有事后救济的色彩,属于"救火队"的角色。修正错误扣押船舶以减损或者抵消其产生的损失,1999年《扣船公约》有相关规定。[③] 然而,就错误扣船的确切含义而言,两大法系国家的理论认识并不完全相同。大陆法系国家将错误扣船限制为扣船申请所依据的实体请求权事后被证明是不成立的扣船,而英美法系国家将错误扣船限制为基于"恶意"或"重大过失"实施的扣船。我国《海事诉讼法》借鉴1999年《扣船公约》将"索要过高的担保"纳入错误扣船范围,但却没有将"不公正的扣船"纳入到错误扣船的范围。[④] 可见,关于错误扣押船舶的认定标准具有复杂性。

---

① 当然如今此类问题随着我国海事法院管辖权与地方普通法院管辖权的明确化而得到了妥善解决。

② 参见倪学伟:《错误扣船的形态性质及相关问题》,《中国海商法年刊》2006年第16卷,第272页。

③ 1999年《国际扣押船舶公约》第6条第2项规定,海事申请人应该对以下四类扣船造成的损失或损害承担赔偿责任,其包括错误扣船、不公正扣船、索要过高担保的扣船以及以扣船地法律确定的其他类型错误扣船等。

④ 参见向明华:《错误扣船归责比较研究》,《现代法学》2009年第1期,第121页。

从强化错误扣押船舶的救济机制的角度来看,大陆法系保全意义上的船舶扣押面临着实践上的操作难题。这是因为在大陆法系或者我国程序法框架之下的财产保全,根据物权公示原则可以将被申请人占有的动产推定为其所有而实施保全,但是这种"占有推定所有权"不包括"辅助占有"。当案外人以被保全财产为其所有提出异议时,法院对保全异议只能做有限审查。① 一般地,错误扣押船舶与船舶的商业运营模式存在一定的关联度。由于船舶的商业运营形态各异,导致作为"财产"的船舶与一般保全意义上的"财产"存有差异,这无疑增添了认定错误扣押船舶的难度。

三、船舶扣押管辖权与海事请求的类型化

基于特定范围的海事请求以启动船舶扣押管辖权,一度成为船舶扣押的流行模式,并且这一模式为各国船舶扣押法所承袭。无论是 1952 年《扣船公约》和 1999 年《扣船公约》,还是相关国内法,基本上是采用罗列数种海事请求的模式以作为启动船舶扣押管辖权的依据。② 表 1 显示了船舶扣押法所界定的海事请求的事由的广泛性,同时亦表明了中国的相关立法基本上移植了相对比较先进的 1999 年《扣船公约》。然而,学理上海

---

① 参见徐子良:《论财产保全异议的审查与申请保全错误的赔偿——兼析一起因财产保全引发的损害赔偿案》,《法学》2006 年第 12 期,第 140 页。

② See Patrick Stevedores No. 2 Pty Ltd v. Proceeds of Sale of the Vessel MV Skulptor Konenkov : Proceeds of sale; priorities; construction of § 20 of the Admiralty Act 1988 (Cwlth). Also see Micheal White, "Australian Maritime Law Update: 1997," *Journal of Maritime Law and Commerce*, July 1998.

事请求的含义并不确定。① 虽然 1952 年《扣船公约》以海事请求来描述所有与船舶扣押有关的请求,但是英国法并没有专门对海事请求予以界定。

表 2-1　中国、英国以及两个国际公约下船舶扣押的
海事请求的事由比较②

	船舶扣押规定	中国	英国	1952 年《扣船公约》	1999 年《扣船公约》
1	灭失或损害、碰撞、油污	是	是	是	是
2	人员伤亡	是	是	是	是
3	救助 & 拖带	是	是	是	是
4	环境损害	是	否	否	是
5	残骸清除	是	否	否	是
6	船舶租用	是	是	是	是
7	旅客或货物运输	是	是	是	是
8	行李或货物的灭失或损害	是	否	否	是
9	共同海损	是	是	是	是
10	供应品和服务	是	否	否	是
11	港口和引航费用	是	是	是	是
12	建造和修理	是	是	是	是

---

① See D. C. Jackson, *Enforcement of Maritime Claims*. London: Lloyd's London Press Ltd., , p.10.

② 表格数据引自 K. X. Li, "Maritime Jurisdiction and Arrest of Ships under China's Maritime Procedure Law (1999)," *Journal of Maritime Law and Commerce*, October, 2001. 32 J. Mar. L& Com. 655.表中标注的"是"表明该立法例规定了某种引发海事请求的事由,"否"表明该立法例没有规定某种引发海事请求的事由。

（续表）

	船舶扣押规定	中国	英国	1952年《扣船公约》	1999年《扣船公约》
13	船员工资	是	是	是	是
14	支出	是	是	是	是
15	保险法和互保会费	是	否	否	是
16	佣金	是	否	否	是
17	所有和占有	是	是	是	是
18	船舶抵押	是	是	是	是
19	船舶买卖合同	是	否	否	是
20	船舶优先权	是	是	是	否
21	冒险抵押	否	是	是	否
22	扣押担保	是	是	是	是
23	管辖权扣船	是	是	是	是
24	仲裁扣船	是	是	是	是
25	判决和裁决执行的扣船	否	否	否	否
26	光租船舶扣押	是	是	是	是
27	期租船舶扣押	否	否	是	否
28	向经理的索赔	是	否	否	是
29	姊妹船扣押	是	是	是	是
30	货物扣押	是	是	否	否
31	出租人燃油扣押	是	否	否	否
32	中止诉讼,扣船和释放	否	是	否	否
33	同一诉讼的再扣船	是	否	否	是
34	船舶价值的担保	是	是	是	是
35	反担保	是	否	否	是
36	错误扣船请求	是	否	否	是

　　某种意义上,根据表 2-1 所提供的资料,可以通俗地将海事请求理解为基于任何海上运输关系和船舶关系而形成的请求。立法上对海事请求的界定绝非一件十分轻松的事情,立法赋予海事请求的法律内涵与外延,将直接关系到船舶扣押管辖权的启动和其他相关程序的运作,更是与船舶扣押诉讼当事人的权益息息相关。1952 年《扣船公约》和 1999 年《扣船公约》都采用了概括表述及列举的方式来明确海事请求,属于以封闭式或开放式来定义海事请求。1952 年《扣船公约》没有提供明确的海事请求的定义,而只是列举 17 项海事争议事由引起的请求。① 显然,不同国家由于法律文化和航运实践的不同,海事请求的内涵和外延存有一定的差异也实属正常。

　　各国立法者不断尝试立法上精准界定海事请求。立法上对海事请求的内涵和类型予以细化处理的当属英国 1981 年《最高法院规则》。该法案第 20 节第 2 条明确列出了海事请求的限定内容,并且在第 20 条第 1 项第 1 款中进行了规定。为了细化海事请求的类型和范围,《最高法院规则》第 20 节第 3 条至第 5 条中还列举了其他类型的海事请求形式。② 显然,英国的立法在细化海事请求上做出了一定的尝试和努力。然而,由于海上实践的复杂多样性,导致单凭立法技术难以穷尽

---

　　① See Robert W. Lynn, "A Comment on the New International Convention on Arrest of Ships, 1999," *University of Miami Law Review*, April 2001, 55 U. Miami L. Rev. 453.

　　② 依据 1981 年英国《最高法院规则》第 20 节第 2 条的规定,如下情况允许适用对物诉讼,即诉讼请求涉及船舶或其任何份额所有权及占有权,诉讼请求和问题涉及船舶的财产、雇佣和收入,诉讼请求涉及对整船或其任何构成部分的抵押或收费,有关对船舶或其货物进行没收或控罪的诉讼请求。参见南海燕:《英国对物扣押令简介》,《法制与社会》2013 年第 8 期,第 238 页。

海事实践中的海事请求。

我国《海事诉讼法》借鉴 1999 年《扣船公约》,将可以申请扣押船舶的债权限于该法第 21 条明确列明的 22 种海事请求中。我国的立法彰显对扣押船舶应采取审慎态度的理念,将此类债权限制于与船舶营运相关的债权。① 1952 年《扣船公约》强调的海事请求是指由于某种原因(事由)引起的请求,而 1999 年《扣船公约》同样强调海事请求是指由特定范围的事由引起的请求。② 两个公约都寄希望罗列各种海事事由以明确海事请求的范围。我国《海事诉讼法》第 2 节第 21 条规定"下列海事请求,可以申请扣押船舶",之后该法所罗列的 22 项内容是海事事由,而不是海事请求。这是我国《海事诉讼法》与国际扣船公约不同的地方。

本书谨慎地认为,要么是我国立法借鉴对国际扣船公约的误解,要么是立法技术上出现了失误。事实上,1999 年《扣船公约》第 1 条和第 2 条之间有严谨的逻辑性和关联性。③ 1952 年《扣船公约》和 1999 年《扣船公约》在启动船舶扣押管辖权与海事请求之间使用了"可以"(may)的措辞,这表明立法者对何种海事请求才能启动船舶扣押管辖权程序,持谨慎的态度。从该角度来看,我国《海事诉讼法》下的海事请求立法例并不严谨,需要通过司法解释才能明确其立法目的。

大量的船舶扣押案例显示,某些特定的"海事请求"所启动的

---

① 参见许俊强:《两岸保全程序之扣押船舶比较研究》,《人民司法》2012 年第 21 期,第 13 页。

② 参见 1952 年《扣船公约》第 1 条和 1999 年《扣船公约》第 1 条。

③ 参见 1999 年《扣船公约》第 1 条"定义"和第 2 条"扣押的权力"。

船舶扣押管辖权程序存有纰漏，至少是会导致启动船舶扣押管辖权的随意性日渐盛行，而且一旦启动船舶扣押程序，通常是一种"不计后果"的程序，诸如"海娜号"船舶扣押案所暴露的问题。船舶扣押法下启动船舶扣押管辖权程序的海事请求是以海事请求的"种类"（category）为界分依据的，此种海事请求的分类具有原始性和初略性，诱发海事请求的事由一般源于航运实践中多发的事由，诸如船舶营运造成的财产灭失或者损害、与船舶营运直接有关的人身伤亡、海难救助以及船舶对海洋环境造成的损害等等。① 此种海事请求的种类具有直观性和通俗性，然而，这也导致海事请求的多种事由通常具有同一的法律属性，从而一定程度上助推了启动船舶扣押管辖权的随意性和同质性，进而引发高频率不计后果地启动船舶扣押管辖权。

考察表 2-1 中所罗列的引发海事请求的 36 种海事事由，诸多海事事由可以以某种标准予以"类型化"处理，即多种海事事由可以通过整合而成为"某一类型"的海事事由，进而可以形成海事请求的"类型化"。一般地，海事请求的"类型化"可以根据立法目的或者需求而界分为与财产损害有关的海事请求、与人身伤亡有关的海事请求、与第三方利益有关的海事请求以及与公共利益相关的海事请求。凸显海事请求的类型化，是对传统的以海事事由的种类而启动船舶扣押管辖权的优化与整合，回应了船舶扣押管辖权的价值诉求，一定程度上适应了海事请求的复杂属性，亦是对晚近国际船舶扣押管辖权实践的反思和检视。

---

① 参见我国《海事诉讼法》第 21 条的规定。

第五节　海事请求类型化的合理性分析

一、海事请求类型化的合理性及其佐证

德国学者施赫断言:"一个含义必定是一个类型。"①近来类型化研究已成蓬勃之势,且备受青睐。类型化研究在诸多民事领域显现了积极的价值,彰显了强烈的合理性。诸如作为一种特殊侵权行为的环境侵权行为。对环境侵权行为进行类型化研究,不仅在于加深对环境侵权行为的理解,更在于为同一类型环境侵权问题找到一个有法可依的解决方法或范式。② 以此类推,将船舶扣押法下的海事请求由种类上升为类型,可以概括海事请求的科学性和合理性,进而以实现启动船舶扣押管辖权的合理性和严谨性。

1952 年《扣船公约》和 1999 年《扣船公约》只是试图界定海事请求,通过罗列一些海事事由来阐释海事请求,进而再界定"扣押""请求人"等。从法律推理逻辑上来审视,上述公约并没有轻易地将海事事由和船舶扣押联系起来,这也隐存表

---

① 　阿图尔·考夫曼、温弗里德·哈斯默尔主编:《当代哲学和法律理论导论》,郑永流译,法律出版社 2002 年版,第 186 页。

② 　参见曾祥生、方昀:《环境侵权行为的特征及其类型化研究》,《武汉大学学报》(哲学社会科学版)2013 年第 1 期,第 22 页。

明公约中所罗列的海事事由并不能必然启动船舶扣押管辖权
程序。英国对物诉讼下的可以被执行的"请求"可以依据其
可执行性分为四种,即引起船舶优先权的请求、与财产有关
的请求、与当事船舶或者姊妹船有关的请求以及"扫除"条
款的请求。① 可见,英国法下的海事请求的类型化或者种类化
早已成为通例。

　　海事请求类型化的合理性可以从国际海上货物运输法的
发展趋向得到佐证。一些重要的国际运输公约在协调船舶扣
押管辖权与实体争议管辖权之间的关系上,昭示着类型化的模
式的重要价值。因此,在一定程度上可以视之为海事请求类型
化的又一佐证。在海上货物运输中,船舶扣押管辖权的类型化
趋势也日益明显。1978 年《汉堡规则》在对待"扣船管辖权"和
"实体管辖权"的关系上,倾向于扣船地法院具有"实体管辖权"
被确定为常态、经被告请求而丧失"实体管辖权"被确定为例外
的做法。② 而 2008 年《鹿特丹规则》对 1978 年《汉堡规则》予以
修订,基本上否定了"扣船管辖权"决定"实体管辖权"这一传统
做法,将扣船地法院仅具有"非实体管辖权"确定为常态,只有
在特定条件下才享有"实体管辖权"。2008 年《鹿特丹规则》的
目的是为了防止原告利用扣船管辖权滥用诉权,规避真正应当
进行实体管辖的法院。③

---

　　① See D. C. Jackson, *Enforcement of Maritime Claims*, London: Lloyd's
London Press Ltd., 1985, p.15.

　　② 参见 1978 年《汉堡规则》第 21 条"司法管辖"的规定。

　　③ 参见吴焕宁主编:《鹿特丹规则释义》,中国商务出版社 2011 年版,第 278
页。

1978 年《汉堡规则》和 2008 年《鹿特丹规则》下的船舶扣押管辖权与实体争议管辖权之间转化的立法例,实质上是一种追求海事请求类型化的处理模式。在应对船舶扣押管辖权与实体争议管辖权的冲突上,海上货物运输法发生了一个轮回式的变化。[①] 由此,海上货物运输领域成为衡量船舶扣押管辖权与实体争议管辖权之间地位孰优孰劣的一个典型领域,实质上形成了国际贸易运输领域纠纷中船舶扣押管辖权的类型化倾向。就 1952 年《扣船公约》和 1999 年《扣船公约》而言,其所罗列的引发海事请求的海事事由范围,在某种程度上与海上货物运输是重叠的,而相当范围的海事请求并非属于来源于海上货物运输领域。但在海上侵权领域,则没有形成稳定的规制船舶扣押管辖权和实体争议管辖权之间转化机制。

二、作为船舶扣押的理论支撑的
对物诉讼理念的嬗变

晚近英国的船舶扣押实践预示着对物诉讼中船舶拟人处理日渐式微。英国上议院对 1997 年 the *Indian Grace* 案的判决,改变了一个多世纪以来英国对物诉讼的传统法律原则,并

---

① 扣押船舶管辖权和实体管辖权的关系,1978 年《汉堡规则》确定扣船地法院具有"实体管辖权"被确定为常态、经被告申请而丧失"实体管辖权"被确定为例外的权利。2008 年《鹿特丹规则》则采用了与汉堡规则相反的立法态度。根据我国《海事诉讼法》第 14 条的规定:"海事请求保全不受当事人之间关于该海事请求的诉讼管辖协议或者仲裁协议的约束。"

且引起很大的震动。① 该案审理法庭认为对物诉讼在法律上的作用好比一个"脚手架",在建筑物建成后应挪走。英国的这种变化,逐渐与大陆法系国家认为船舶扣押只是诉前保全的一种方式达成一致。作为传统海运强国的英国,在判例上淡化船舶的拟人处理的趋势,缩小了对物诉讼范围。船舶拟人处理的淡化可以在一定程度上降低管辖冲突的可能。② 此种对物诉讼理念的嬗变,为海事请求的类型化提供了依据和支持,因为根据大陆法系下诉讼前保全理论与实践,启动作为保全程序意义上的船舶扣押管辖权,一定存在合理的海事请求,且此种海事请求的类型得以明确和具体。

明确海事请求类型成为启动船舶扣押管辖权机制的前提与基础,否则极易招致管辖权异议。③ 虽然管辖权异议是一种辅助性的程序制度,但本身与实体正义并没有多大的关联。程序虽有其独立存在的价值,但我们亦不能过分夸大它的独立性,否则有可能导致人们对程序的心理幻觉而形成一种所谓的"程序幻觉",进而使程序体系变成自我循环的封闭体系。④ 由此观之,海事请求类型化不仅是对物诉讼

---

① 参见 India v. India Steamship Co., Ltd.(the Indian Endurance and the Indian Grace)(NO. 2),[1997] 2 W. L. R. 538;[1996] 3 All E.R. 641;[1996] 2Lloyd's Rep.12.

② 参见张丽英:《淡化船舶拟人处理对减少扣船管辖冲突的作用》,《中国海商法年刊》2009 年第 1—2 期,第 98 页。

③ See George K. Walker, "The Personification of the Vessel in United States Civil in Rem Actions and the International Law Context," *Tulane Maritime Law Journal*, Spring 1999.

④ 参见张卫平:《管辖权异议:回归原点与制度修正》,《法学研究》2006 年第 4 期,第 147 页。

理念嬗变的回应,而且是防范管辖权异议频发的有力举措和因应对策。

三、特定船舶扣押的意旨

国际法实践催生了特定情况下扣押船舶及其释放制度,从国际习惯法折射出特定情境下引发船舶扣押及其化解船舶扣押的机制。1982 年《公约》框架下的"船舶和船上人员迅速释放"(Prompt release of vessels and crews)和美国的"Rule B 扣押令"(Rule B Attachment)等成为特定船舶扣押的典型。"船舶和船上人员迅速释放"是在第三次联合国海洋法会议上就许多代表团特别关心的问题进行紧张谈判的结果。① 如果船只因违反沿海国规章,那么沿海国可以扣留该船只。而船只在被扣留而停驶的期间内,船只、船舶所有人或其他方面将不得不付出巨大费用。由于船舶扣押国处理案件可能旷日持久,所以形成了船只和船员在提交担保后即获释而不必拖至最后判决的习惯法。② "船舶和船上人员迅速释放"以国际法的形式强化了船舶扣押管辖权下的"迅速释放"的合理性。

1982 年《公约》下的"迅速释放"机制,虽然不是规制船舶扣押,但是其孕育了船舶扣押及其释放的时代张力,反映了船舶扣押及其释放追求高效的简约思潮。特定船舶扣押程序的形

---

① LOS/PCN/152 (Vol. 111),p.407.

② 参见张海文主编:《联合国海洋法公约释义集》,海洋出版社 2006 年版,第 514 页。

成,其意旨在于优化船舶扣押管辖权程序,从国际公法角度反映了启动船舶扣押及其释放程序与海事请求之间的密切关联度。特定船舶扣押的意旨,有力推动了海事请求类型化的成型与发展。

第六节　海事请求类型的重塑与进路

一、海事请求类型的重塑与审视

海事请求是启动船舶扣押管辖权的决定性要素。在立法无法穷尽所有海事请求的内涵和范围的情况下,海事请求的类型化处理能达到优化船舶扣押管辖权程序的预期。有学者主张,界定海事请求应该考量海事请求的性质和船舶的权利归属及与海事请求的关系。[①] 事实上,根据 1952 年《扣船公约》列举的 17 项海事请求、1999 年《扣船公约》及我国《海事诉讼法》所列举的 22 项海事请求,可以认定物权性质的海事请求和债权性质的海事请求,同时也可以界定与船舶所有权有关的海事请求和与船舶担保物权有关的海事请求。在此基础上,立法应该明确不同类型的海事请求所启动的船舶扣押

　　[①]　比如与船舶优先权、抵押权等具有担保物权性质有关的海事请求,具有不同于一般海事请求的属性。因此可将海事请求分为物权性质的海事请求和债权性质的海事请求。参见高源:《浅议船舶扣押制度中可扣押的船舶范围》,《中国水运》2007 年第 6 期,第 23 页。

管辖权的差异,而不能仅仅在保全理念的束缚下轻易启动船舶扣押程序。上述立法亦预示着海事请求类型化进程中重塑海事请求的理念,为重新审视海事请求的类型奠定了立法基础。

在 1952 年《扣船公约》、1999 年《扣船公约》以及主要海运大国船舶扣押法体系下,虽然难以对海事请求给予严谨的法学意义上的界定,但是以列举式这一通俗易懂且广为接受的模式来阐释海事请求是通例。显然,扣押船舶的基础,往往与船舶营运造成的财产灭失或者损坏、与船舶营运造成的有关人身伤亡、海难救助、有关船舶的使用或者占有的纠纷、船舶共有人之间有关船舶使用或者收益的纠纷、船舶抵押权以及因船舶买卖合同产生的纠纷有关。韩国相关扣押船舶的程序法一直秉承对人诉讼,而非普通法系下的对物诉讼。然而,韩国相关立法对于海事请求的规定非常简约,只是将引起船舶扣押分为两种情况,即"审前扣押"(a prejudgment attachment)下的"海事请求和享有船舶优先权或者抵押权的海事请求"(a maritime lien or mortgage under which the claimant is entitled to proceed with)。① 大陆法系下的海事请求均与被申请扣押船舶具有某种联系,此种联系或与船舶物权有关,或与船舶营运有关,或与船舶侵权有关,或与船舶保值增值有关,或与公共利益有关。②

---

① See Dong Hee Suh, "Recent Developments in Korean Maritime Law: Improved Shipowner's Remedy in Wrongful Arrest," *Tulane Maritime Law Journal*, Summer 2002.

② 杨薇薇、李志文:《船舶扣押的正当性探讨》,《中国海商法研究》2013 年第 3 期,第 88 页。

因此,海事请求的类型化,可以类型化为人身伤亡型、物权型、债权型、社会公共利益型以及其他类型。就每一类型的海事请求而言,其所启动的船舶扣押管辖权的程序审查宽严应该有所不同。

　　然而,由于海事请求的类型化具有难以操作的困难,诸如社会公共利益的界定便是一个令人颇感棘手的问题。因为公共利益被普遍认为是一个具有不确定性的法律概念,这种不确定性表现在利益内容和利益主体不确定两个方面。为明确公共利益概念的内涵,学者们提出了性质、内容、形式和功能等判断标准。这些判断标准对公共利益进行类型化研究,具有一定的启发意义。① 故此,在凸显海事请求类型化的基础上,优化船舶扣押管辖权的深层次路径在于海事请求类型化的重塑。因为启动船舶扣押管辖权程序的直接动因在于法定的海事请求,故此,重新审视启动船舶扣押管辖权的海事请求,必然是改良船舶扣押管辖权的合理途径。因为诸多船舶扣押实践表明,目前法律框架下的船舶扣押管辖权,难以担负"维持航运业正义的唯一途径"的重任,因此对其予以反思式审视和重构变得尤为必要。然而,启动船舶扣押管辖权具有体系化的属性,仅仅凭借完善海事请求的类型无法构建一个完美的船舶扣押管辖权程序。启动船舶扣押管辖权的体系化属性,需要从当事人和法院两个方面入手来阐释。

---

　　① 参见倪斐:《公共利益的法律类型化研究——规范目的标准的提出与展开》,《法商研究》2010 年第 3 期,第 3 页。

二、海事请求类型化的进路之一：
当事人的披露义务

海事请求的类型化属于一种静态的阶段,其必须辅以船舶扣押管辖权程序中的各个主体,诸如当事人和法院等的能动作用,才能完成其法律使命。在海事请求类型化的基础上,当事人的披露义务构成启动船舶扣押管辖权极为重要的环节。所谓当事人的披露义务,是指申请船舶扣押的当事人向法院申请扣押船舶时应该充分披露与船舶扣押相关的一切重大事实的义务,以便法院决定是否启动船舶扣押管辖权程序。当事人的披露义务在启动船舶扣押管辖权程序中至关重要,属于船舶扣押的"黄金法则"。申请人披露义务原则在 the *Vasiliy Golovnin* 案得到反映。① 该案中新加坡初审法院和高等法院均裁定扣船申请不当,但认为申请人尚无须承担错误扣船责任。而在上诉法院,法官认为申请人已构成"重大过失",应当对船方承担赔偿责任。洛美法院在对船舶扣押的审理与新加坡法院考量是否准予在新加坡扣船具有密切的联系,申请人应当事先披露这一重大信息,因为其影响到法官决定是否启动船舶扣押管辖权程序。

---

① 本案中承运人按照提单要求将所有货物在洛美卸下而未交付给船舶扣押申请人,申请人因此在洛美申请扣押 the *Chelyabinsk* 轮,但当地法院对争议进行审理后认为船方按照提单履行义务并不构成违约,申请人并无合理理由申请扣船,在船舶所有人提供足够的担保后,船舶被释放。申请人随后在新加坡就相同事由申请扣押该轮的姊妹船,且在申请时并未提及在洛美的诉讼及扣船经过。法院的判决参见[2008]SGCA39。参见南海燕:《对我国船舶扣押程序的批判性思考》,《河北法学》2013 年第 6 期,第 95 页。

不仅如此,其他一些与法院决定是否启动船舶扣押管辖权程序的重要事实,申请人也未进行适当的披露。申请人在理由明显不能成立的情况下申请扣押船舶,至少构成了"重大过失",其不顾洛美法院已做出生效裁判的事实而在新加坡再次申请扣押船舶,且未能对相关信息进行披露,应当承担错误扣船的赔偿责任。[①] 当事人披露义务不仅为启动船舶扣押管辖权的法院提供了必要的信息和证据,而且为认定和界分不同类型的海事请求提供了认知途径,进而为基于不同类型的海事请求而启动船舶扣押管辖权程序提供了标准。不仅如此,海事请求的类型化的识别依赖于当事人的披露义务的证据支持,如果没有当事人披露义务的辅助,海事请求类型化的认定可能发生偏颇,从而导致船舶扣押管辖权程序的瑕疵。"海娜号"案件中启动船舶扣押管辖权程序无可厚非,然而,启动船舶扣押管辖权的韩国地方法院在海事请求的类型界分和当事人披露义务的承担上,显然具有不周全性,最终导致大量旅客"躺枪"的不利局面。

The *Vasiliy Golovnin* 案的实证分析表明了作为"黄金法则"的当事人披露义务在船舶扣押程序中的关键地位。船舶扣押申请人的披露义务在 the *Bunge Meltis 5* 案件中得到发展和完善。[②] The *Bunge Meltis 5* 案的判决表明,申请人在申请扣押船舶时无须证明其索赔在实体法上是"非必然败诉案件"。

----

① 参见南海燕:《对我国船舶扣押程序的批判性思考》,《河北法学》2013 年第 6 期,第 96 页。

② 参见 the *Bunge Melati 5* [2012] SGCA46。

然而,这并不意味着申请人可以忽略实体责任的证明材料,或者故意隐藏对其不利的文件。新加坡上诉法庭强调申请人扣押船舶时要"全面和坦诚地披露义务"(full and frank disclosure of all material facts)。申请人在披露重要事实时,要注意文件的披露形式,否则可能遭到法院的不支持。[①] 我国《海事诉讼法》第 15 条明确了海事请求人申请海事请求保全,应当向海事法院提交书面申请。[②] 该法虽然明确了申请人提出海事请求保全的程序,但是并没有明确申请人的披露义务。这实际上为当事人规避有关重大事实而滥用船舶扣押程序留下了空间。因此,海事请求的类型化以优化船舶扣押管辖权程序,凸显当事人的披露义务并在立法上予以明确,显得相当重要。

海事请求类型化进程中凸显当事人的披露义务,一定程度上印证了程序形成权在特定诉讼领域内的合理性。反之,程序形成权的理论亦支持了当事人披露义务的可操作性。因为程序形成权强调以当事人一方或者双方共同诉讼的行为,无需经过法院审查,或者只需法院做出形式审查,就能发生诉讼法律状态产生、变更或消灭的诉讼权利。[③] 程序形成权虽然停留在学理探究的层面或者阶段,但是其为船舶扣押管辖权程序下当事人的披露义务提供了理论依据,而当事人披露义务亦

---

① 参见杨安山:《新加坡扣船新发展——评新加坡上诉庭 the *Bunge Melati 5* 案》,《中国海商法研究》2013 年第 1 期,第 49 页。

② 我国《海事诉讼法》第 15 条规定:"海事请求人申请海事请求保全,应当向海事法院提交书面申请。申请书应当载明海事请求事项、申请理由、保全的标的物以及要求提供担保的数额,并附有有关证据。"

③ 参见陈桂明、李仕春:《论程序形成权——以民事诉讼权利的类型化为基点》,《法律科学》2006 年第 6 期,第 53 页。

有利于培植程序形成权的观念,增强了船舶扣押诉讼中的程序性主体性地位。

三、海事请求类型化的进路之二:
法院的审慎性审查责任

不仅如此,在海事请求类型化以优化船舶扣押管辖权程序中,启动船舶扣押管辖权的审查义务和责任亦是极为关键的。在船舶扣押实践中,相当多的船舶扣押存在很强的随意性,甚至是恶意扣押船舶导致船舶扣押一度沦为债权人和债务人之间互相要挟和恐吓的"游戏规则",这就背离了船舶扣押管辖权的神圣性和严肃性。因此,强化法院的审慎性,船舶扣押审查责任显得十分必要。法院应当在适当的时机严格审查船舶扣押申请人的申请诉求的合法性,初步的证据材料是否足以支持其请求,被申请人是否应当对此次海事请求负有责任,被申请扣押的船舶是否属于法律规定的扣押范围之内等。[1] 法院的审查责任主要在于驳回不符合条件的扣船申请,将错误扣船概率降低到最小。实践中我国扣船保全措施不同于英美法系对物诉讼下的船舶扣押,是否启动船舶扣押管辖权程序,法院的自由裁量权会起到重要作用。[2] 因此,规范法院的审慎性审查责任举足轻重。

---

[1] 参见吕方圆、戴瑜:《中国船舶扣押存在问题及解决途径》,《大连海事大学学报》(社会科学版)2014 年第 1 期,第 45 页。

[2] 参见向明华:《船舶扣押对象的法律制度比较》,《岭南学刊》2009 年第 4 期,第 34 页。

然而,法院的审慎性审查并非追求过分严格的审查标准,形成一个合理的"度"非常关键。英国法院积累了丰富的运用"不方便法院原则"而拒绝行使扣押船舶管辖权的判例。这些案例在一定程度上为完善法院的审慎性审查提供了借鉴和参考。英国法院通过对 *Mac Shannon v. Rockw are Glass Co. Ltd*(1978)和 the *Abidin Daver*(1984)等案件的审理,逐步形成了关于"非方便法院"的原则和实践。"不方便法院原则"符合"诉讼经济"原则,它强调法院和当事人应以最低的成本和费用来完成一个诉讼,体现了法院对国际司法正义的维护和追求。海事司法实践的发展表明,必须有一个相应的法律原则对这种"挑选法院"的行为加以制约和制衡。[①] 显然,"不方便法院原则"也暗示着法院的审慎性审查责任的不可避免。

当然,关于"海娜号"邮轮韩国扣押案中的广大旅客的合法权益的救济,并非只有寄希望于通过海事请求类型化以优化船舶扣押管辖权程序才能实现。船舶扣押实践的长期不断演绎,逐渐形成了改进和完善船舶扣押管辖权程序的成熟先例。前文提及的通过明确界定可扣押船舶的范围、错误扣押船舶的补救措施以及完善海事请求的范围和种类,为各国立法和国际扣船公约所重视,并奠定了比较稳定的船舶扣押管辖权程序基础。然而,在船舶扣押管辖权程序体系中,海事请求这一要素始终处于核心和基础的地位。

作为实现海事诉讼程序正义的基本手段,船舶扣押管辖权

---

① 谭岳奇:《船舶扣押的法律思考》,《贵州大学学报》(社会科学版)2001 年第 6 期,第 48 页。

程序在海商和贸易运输法体系中的地位不可微视。完善船舶扣押管辖权程序的终极目标不是盲目地扩大本国法院获得管辖权的机会,而是优化和完善具有实现"程序正义"功能的船舶扣押管辖权程序。真正的能够承载航运正义的"世界扣船中心"的形成,依赖的根本途径在于优化船舶扣押管辖权程序规则及其配套的实体法规则体系。

　　航运实践足以表明,中国语境下的海事诉讼"程序正义"是我国在迈向航运法治进程中的一种必然产物。它需要经过航运的现代与传统、现实与历史、本土法律文化与外来法律文化的碰撞与磨合,还要结合中国航运的社会经济和海商法文化的发展不断的融合与整合,而最终以新的姿态展现在国人面前。①正是基于此认识,本书在展望通过海事请求的类型化以实现船舶扣押管辖权优化目的同时,更是奢望能够寻求一种稳定的手段,以厘清实体意义上的海事请求和程序意义上的海事请求。唯此,启动船舶扣押管辖权程序将更加富于科学性和合理性。

---

　　①　参见孙洪坤:《程序正义的中国语境》,《政法论坛》2006 年第 5 期,第 143 页。

第三章
裁判者采证视角下船舶碰撞
诉讼证据之考量

第一节　船舶碰撞诉讼证据具有民事
诉讼证据的一般特征

一、民事诉讼证据的理论概要

对船舶碰撞诉讼证据的一般考量是以民事诉讼证据的理论为依托的。有学者认为,要理解证据的概念,首先应必须理解"证据"和"诉讼证据"的关系。正是基于此理念,认为证据不同于诉讼证据,进而又有广义证据和狭义证据的区别。① 在学理上,中外学者对证据的概念有着不同的理解,代表性的观点主要有原因说、方法说、结果说、事实说、反映说、根据说等。关于证据概念的观点与学说,有的是从证据的特征方面对证据进行论述,有的是从证据的作用方面对其进行概括,有的则试图揭示证据的本质。随着学者对这一问题研究的逐步深化,有的观点已渐渐淡入背景。目前,在国内学术界主要存在事实说与根据说之争。② 也有学者认为,采用根据说来对证据概念加以认识和理解不失为一种较为适宜、贴切的选择;同时也认为采用根据说是对证据在立法上的一种理解和解释。③

　　民事诉讼证据的一般特征,目前最权威的观点是"三性说",即客观性(真实性)、关联性和合法性。2002 年 4 月 1 日施行的《民诉证据规定》第 50 条对"三性说"予以肯定和支持。④ 也有学者认为民事诉讼证据的一般特征,具有客观性、合法性、关联性和证明性(即"四性说");更有学者坚持民事诉讼证据只具有客观性和关联性(即"两性说")。作为通说,民事诉讼证据的客观性是指客观存在的真实情况,即真实性;民事诉讼证据的关联性是指民事诉讼证据必须与证明对象之间存在内在联系。⑤ 正如美国学者 Thayer 所说:"证据是一切属于逻辑上能

① 刘金友:《证据法学》,中国政法大学出版社 2001 年版,第 112—113 页。
② 闵春雷:《证据概念的反思与重构》,《法制与社会发展》2003 年第 1 期,第 83—84 页。
③ 毕玉谦:《民事证据法及其程序功能》,法律出版社 1997 年版,第 9 页。
④ 杨荣新:《民事诉讼法学》,中国政法大学出版社 1997 年版,第 258—261 页。
⑤ 樊崇义:《证据法学》,法律出版社 2000 年版,第 50 页。

作证明的东西。"①民事诉讼证据的合法性是指作为认定事实的资格,是属于证据能力的范畴。

二、船舶碰撞诉讼证据具有民事 诉讼证据的基本特征

本书展开的对船舶碰撞诉讼证据的系统考察的基础,是植根于一般民事诉讼证据的理论与实践之上的。与此同时,本书系统考察了近期上海海事法院审理船舶碰撞案件的实践及其官方报告(附录三)。② 船舶碰撞诉讼证据是民事诉讼证据之一种,其既具有民事诉讼证据的基本特征,又具有自己的独自特征。③ 船舶碰撞诉讼证据的客观性是从辩证唯物论的哲学反映论来分析船舶碰撞诉讼证据的特征的。证据之所以为证据,是要有它的客观性依据。船舶碰撞诉讼证据的客观性必须是以伴随着船舶碰撞的发生、发展的过程而生成的不以人的主观意志为转移的一系列材料和事实为基础的,是船舶碰撞诉讼证据最本质的特征。只有利用船舶碰撞诉讼证据来证明有关船舶碰撞事实的存在,才能公正地对船舶碰撞案件做出裁判,保护当事人合法的权益。船舶碰撞诉讼证据的"关联性"(Relevance)是从诉讼证据与碰撞事实的相互关系方面来反映

① 沈达明:《英美证据法》,中信出版社 1996 年版,第 17 页。
② 参见上海海事法院发布的《上海海事法院船舶碰撞案例审判与航行安全情况通报》(2015.1—2019.3)。
③ 李守芹、李洪积:《中国的海事审判》,法律出版社 2002 年版,第 256 页。

证据特征的,也即要求船舶碰撞诉讼证据与碰撞事实之间有内在联系。美国证据法专家华尔兹认为:"相关性是事实性和证明性的结合,如果所提出的证据对案件的某个实质性争议问题具有证明性,那么它就具有相关性。"我国《民事诉讼法》和《海事诉讼法》对船舶碰撞诉讼证据的关联性都没有做出明确的规定。[①] 因此,人们对船舶碰撞诉讼证据关联性的理解与解释是有差异的。

　　一般地,船舶碰撞诉讼证据的关联性应由以下要件构成:其一,船舶碰撞诉讼证据一定与碰撞事实有客观联系;其二,船舶碰撞诉讼证据一定能有力证明船舶碰撞待证事实,二者缺一不可。船舶碰撞诉讼证据的合法性是民事诉讼证据合法性在船舶碰撞这一侵权领域内的反映。在民事证据理论中,对于诉讼证据的合法性,也即证据的许可性或证据的法律性。按照通说,诉讼证据的合法性主要是指证据从形式与来源上合乎法律规定而无不可采用的理由的特征。船舶碰撞诉讼证据合法性主要是从证据的外部特征是否合法的角度来反映证据的基本特征。这一点同样渊源于一般证据法理论。对船舶碰撞诉讼证据合法性特征的认识存在的争议,并不能否认船舶碰撞诉讼证据合法性作为重要的证据特征在船舶碰撞诉讼证据收集、运作等程序中发挥的重要功能;同样,对于船舶碰撞诉讼证据采证规则的认识,也需要对船舶碰撞诉讼证据的合法性予以承认。合法性是由船舶碰撞诉讼中对不同诉讼阶段碰撞证据显

---

　　① 华尔兹:《刑事证据法大全》,何家弘译,中国人民公安大学出版社1993年版,第64页。

示不同的属性决定的,也是由司法实践中裁判者行使审判权的属性决定的。

船舶碰撞诉讼证据不同于船舶碰撞"证据材料"(Evidentiary Materials)。未经船舶碰撞诉讼当事人质证、裁判者进行采证的诉讼资料是船舶碰撞证据材料,这是不同于用作定案的船舶碰撞诉讼证据。正是从这层意义上,船舶碰撞诉讼证据的概念可以分为广义上的船舶碰撞诉讼证据和狭义上的船舶碰撞诉讼证据。

第二节　船舶碰撞诉讼证据的种类和分类

一、船舶碰撞诉讼证据种类

船舶碰撞诉讼证据种类,是指根据船舶碰撞诉讼证据的表现形式,在法律上对船舶碰撞诉讼证据进行的分类。大陆法系国家和英美法系国家对船舶碰撞诉讼证据种类的分类是不同的。这也是两大法系诉讼模式差异的表现形态之一。船舶碰撞诉讼证据种类一般都是法律明文规定的,因而具有法律上的强制性,同时每一种船舶碰撞诉讼证据都是形式与内容的统一。我国《民事诉讼法》第63条在法律上对民事诉讼证据的种类进行了规定,即有书证、物证、视听资料、证人证言、当事人的陈述、鉴定结论以及勘验笔录七种法定证据种类。当然我国船舶碰撞诉讼证据种类的划分同样遵循《民事诉讼法》中的规定，因为作为《民事诉讼法》特别法的《海事诉讼法》并没有创设新的、与船舶碰撞诉讼有关的诉讼证据种类。船舶碰撞诉讼证据种类的形成各有特点。

船舶碰撞诉讼中的书证是以其所记载和所表达的思想来证明待证船舶碰撞事实，以划分当事方的碰撞责任的。书证主要包括船舶碰撞的海事报告、碰撞航次使用的海图、航海日志、轮机日志、车钟记录簿/记录仪、船检机构的报告以及船舶文书等。

船舶碰撞诉讼中的物证是据以查明船舶碰撞真实情况的一切物品和痕迹。物证在船舶碰撞诉讼证据规则中的地位和作用是举足轻重的，是查明或证明船舶碰撞事实的有效手段。其主要表现为发生碰撞的当事船舶、碰撞船舶残骸、当事船舶之属具以及当事船舶船体的油漆等。[1]

船舶碰撞诉讼中的视听资料，是指采用现代技术手段将可以重现船舶碰撞时原始形象的录音录像资料和储存于电子计算机的有关船舶碰撞资料及其他科技设备提供的信息，用来作为证明船舶碰撞真实情况的资料。在英美法系国家和大陆法系国家的证据立法中，关于视听资料是否作为一种独立的证据是有争议的。我国法律将其视为一种独立的证据种类，其主要表现为船舶碰撞时相关录音资料、录像资料、雷达扫描回波的录像、声呐仪的储存、气象图等。

---

[1] 孙辰旻、黄海：《海事诉讼证据的困境与突破——试论独立海事诉讼证据规则之创立》，《人民司法》2013年第9期，第57页。

　　船舶碰撞诉讼中的证人证言是证人就有关船舶碰撞情况的所见所闻向司法人员所作全部或部分陈述。船舶碰撞诉讼中的证人证言具有不稳定性和多变性的特点,其主要表现为碰撞船舶的指挥人员、值班舵工、或值班瞭望人员、非值班船员、旅客、引航员等及其证言。

　　船舶碰撞诉讼中当事人的陈述一般是指船舶碰撞的当事人就有关船舶碰撞的事实情况向法院所作的说明,包括船舶碰撞当事人自己说明碰撞事实和对船舶碰撞事实的承认。船舶碰撞诉讼中的当事人既是船舶碰撞实体法律关系的直接参与者,又是船舶碰撞诉讼法律关系的主体。因此,当事人陈述是在船舶碰撞诉讼过程中形成的证据,具有事后性的特点。一方面,当事人是船舶碰撞实体法律关系的直接参与者,从应然的角度讲,当事人陈述比任何其他证据形式都更加能反映船舶碰撞的真实情况,更加有助于船舶碰撞真实性的诉讼目标之实现;另一方面,当事人陈述的证据主体由于作为当事人角色,必然受到其自身利益因素的影响,故当事人的陈述在一定程度、一定情形下会有失真实性和客观性。船舶碰撞诉讼中当事人陈述一般指碰撞发生时值班船员的证词证言及船长的证词。

　　船舶碰撞诉讼中的鉴定结论是鉴定人利用自己的专门知识对司法机关委托的船舶碰撞中的专门问题进行鉴定所做的书面判断。船舶碰撞诉讼中的鉴定结论是鉴定人运用专门知识和技能对专门性问题做出的结论,在证明力上具有客观性和科学性。由于受技术条件以及主观因素影响,其证明力也存在一定的缺陷,不能把鉴定结论作为唯一的定案根据。此外,其证明力具有解决问题的专门性,故不是对船舶碰撞的法律适用问题提出依据。鉴定结论主要表现为有关船舶碰撞的文书鉴定、船舶碰撞痕迹鉴定以及医学鉴定等。

船舶碰撞诉讼中的勘验笔录,是指司法人员对与船舶碰撞有关的当事船舶本身、物品和碰撞时相关人员的人身进行勘验所做的纪录。由于它是司法人员直接观察的客观记载,这对评判其他船舶碰撞诉讼证据、分析船舶碰撞案情、查明船舶碰撞真相具有重要意义。国际海事组织借鉴飞行器上的黑匣子(Black Box),曾建议船舶也应安装黑匣子,记录航行和操纵数据,以便发生船舶碰撞而又无幸存当事人和证人情形下作为分析船舶碰撞原因和情况的依据。此时的黑匣子相当于勘验笔录的作用。船舶碰撞诉讼中的勘验笔录多是以船舶碰撞角度的勘验、船舶碰撞所致油污损害的勘验等为表现形式。

二、船舶碰撞诉讼证据的分类

船舶碰撞诉讼证据分类,是指对船舶碰撞诉讼中法律所规定的各种法定证据种类,根据其自身的特点,从不同角度按不同的标准,在理论上将其划分为若干不同的类别。对证据进行理论上的分类研究,肇端于18世纪英国著名法学家边沁。边沁在1827年完成的《司法证据原理》一书中,将诉讼证据分为实物证据和人的证据、自愿证据和强制证据、直接证据和情况证据、原始证据和传来证据等。之后,各国的诉讼法学者都十分重视诉讼证据的理论分类研究。①

　　船舶碰撞诉讼证据分类和种类在内涵上是不同的。船舶碰撞诉讼证据种类是法律对证据的法定分类，具有法律约束力；而船舶碰撞诉讼证据分类是理论研究中根据不同的标准对证据进行的分类，属于学理解释，而不具有法律的强制性。此外，船舶碰撞诉讼证据种类的类型数量确定，表现单一，不足以全面展示船舶碰撞诉讼证据复杂的特征；而船舶碰撞诉讼证据分类的划分根据具有多样性，而且分类具有一定的灵活性，根据研究船舶碰撞诉讼的目的、特点，设置不同的分类标准，下文所探讨的船舶碰撞诉讼证据分类充分体现了这一点。

　　根据船舶碰撞诉讼证据的来源，可以划分为原始船舶碰撞诉讼证据和传来船舶碰撞诉讼证据。凡是直接从第一来源获得的船舶碰撞诉讼证据的就是原始船舶碰撞诉讼证据；凡是从第一来源以外所获得的诉讼证据就是传来船舶碰撞诉讼证据。一般地，原始船舶碰撞诉讼证据的证明力要大于传来船舶碰撞诉讼证据的证明力，在运用时应坚持原始船舶碰撞诉讼证据优先原则。原始船舶碰撞诉讼证据，比如船舶碰撞航次所使用的航海日志、轮机日志等，而复印的航海日志、轮机日志便是传来船舶碰撞诉讼证据。

　　根据诉讼证据的表现形式，可以分为船舶碰撞言词证据和船舶碰撞实物证据。凡是以人的陈述为表现形式的诉讼证据都是船舶碰撞言词证据，如船舶碰撞时的证人证言；凡以实物为表现形式的证据，则属于船舶碰撞实物证据，如船舶碰撞时

――――――――――

　　①　刘金友：《证据法学》，中国政法大学出版社 2001 年版，第 197 页。

的残骸等。

在船舶碰撞诉讼中,诉讼证据对于负有举证责任的当事人一方所主张事实的证明作用方向的不同,船舶碰撞诉讼证据可分为本证和反证。凡是证明负举证责任的碰撞当事人一方所主张事实成立的证据,为船舶碰撞诉讼的本证;凡证明负举证责任的当事人一方所主张事实不能成立的船舶碰撞诉讼证据为反证。在 the *Sanwa* 案中,裁判者 Clarke 在判词中提到的"Each ship blames the other",其中体现了大量的本证和反证。①

根据船舶碰撞诉讼证据与船舶碰撞事实之间的证明关系,可将船舶碰撞诉讼证据分为直接证据和间接证据。凡能单独直接证明船舶碰撞主要事实的证据,为船舶碰撞诉讼直接证据;凡不能单独直接证明,而需要和其他证据结合起来才能证明船舶碰撞主要事实的证据,为船舶碰撞的间接证据。船舶发生碰撞时,碰撞当事船舶、货物即属于直接证据;船舶碰撞时有关岸台的 VTS 资料就是间接证据。船舶碰撞诉讼证据中的间接证据是极其常见的。由于船舶碰撞直接证据的特殊性,因此在运用此类证据时应遵循特殊的原则。

根据船舶碰撞诉讼证据证明力的大小为划分标准,可以分为证明力强的船舶碰撞诉讼证据和证明力弱的船舶碰撞诉讼证据。凡是证明作用比较大的船舶碰撞诉讼证据,为证明力强的船舶碰撞诉讼证据;凡是证明作用比较小的证据,为证明力弱的船舶碰撞诉讼证据。船舶碰撞诉讼证据的证明力的强与弱是多个证据比较的结果,如果只有一个船舶碰撞诉讼证据,

---

① [1998] Vol.1 Lloyd's Law Report QB.

则无所谓证明力强与弱。船舶碰撞时,原始的航海日志的证明力应大于复印且有涂改痕迹的航海日志。

当然,船舶碰撞诉讼证据证明力的强弱是一个相对概念,具有不确定性,一般应当根据船舶碰撞具体情形而定。以船舶碰撞发生过程中时间先后为标准,可划分为船舶碰撞前的诉讼证据与船舶碰撞后的诉讼证据,此种划分有两层意义。一方面,船舶碰撞前的证据,如碰撞航次的航海日志、轮机日志的记载,因其是在船舶碰撞前记载的,具有比较强的证明力;而船舶碰撞后的诉讼证据,由于船舶碰撞与当事人的利害关系比较明显,故对航海日志、轮机日志的记载可能会失实,故其证明力会比较弱。另一方面,系统考察船舶碰撞前的诉讼证据和船舶碰撞后诉讼证据,可以探明两阶段的证据是否相互矛盾,从而推断出某一诉讼证据的真伪或其证明力的大小。

第三节　船舶碰撞诉讼证据的独自特征

任何运动形式,其内部都包含着本身特殊的矛盾。这种特殊的矛盾,就构成一事物区别于他事物的特殊的本质。船舶碰撞诉讼证据既具有民事诉讼证据的一般特征,又具有其独自的特殊性。每一物质的运动形式所具有的特殊的本质,由它自己的特殊的矛盾所决定。科学研究的区分,就是根据科学对象所具有的特殊的矛盾性。正是由于船舶碰撞诉讼证据形成了独自的特征,才使研究船舶碰撞诉讼证据采证规则成为必要。认知船舶碰撞诉讼证据的独自特征,是探知船舶碰撞诉讼证据采证规则的基础。

一、船舶碰撞诉讼证据的匮乏性

有学者根据经济学理论,提出了"证据的稀缺性"理论。[①]该理论为了论证证据在经济学视野下的稀缺性,提出了以下几个论断。首先,在法律经济学的立场中,无论是诉讼自身还是证据,抑或是主宰于其中的司法主体,本质属性都是一种资源。证据作为资源的最大证明就是为裁判提供事实的依据。因此,从参与诉讼主体的角度考虑,决定案件最终被裁定的证据系统是有正反两相而可能竞逐的,正面证明来成就事实,反面证明排斥前证。

"谁主张,谁举证"意味着原告在诉讼构造的证据分配是稀缺的,对于被告而言同样是稀缺的。这种稀缺不但有一种量上的比较,比如证据链上各环节证据的完整性,而且也是一种质上的比较,比如证据实体上的证明力对抗与程序上的正当性合法性问题。林林总总的这些要求限制,必然会分流隔离很多本可以用于证明材料,但由于法律的门槛高高在上,加剧了证据先天的稀缺性。其次,证据的稀缺性原因在于证据作为特定物而不能寻找替代品。最后,从证据的自然属性来看,由于过程

---

① 程春华:《民事证据法专论》,厦门大学出版社 2002 年版,第 545—546 页。

的经历伴随着时间的推移和空间的变换,因此反映客观事实的证明存在着一个消耗过程,加之人的认知水平的限制,二者矛盾决定了证据的稀缺性。

船舶航行在茫茫大海上发生碰撞后,船舶的航迹无法保留,现场保留或完全保留的可能性很小,故而船舶碰撞诉讼证据的取证难度大。船舶碰撞的证据消逝很快,这是由于船舶发生碰撞时的时空环境的特点决定的。船舶碰撞诉讼证据的匮乏性在船舶碰撞诉讼证据中的体现无处不在。在 the *Golden Polydinamos* 案中,面对双方当事人所提供的船舶碰撞诉讼证据,裁判者 Glidewell 和 Hoffmann 的判词充分地体现了这一点。①

如果发生碰撞的船舶因受损严重而在大海中沉没,则有关的航海日志、海图等书证也极可能会随船灭失。因此,船舶碰撞证据材料与其他类型的证据材料相比,更具有易失性。此外,由于船舶碰撞多为过失碰撞,是突发性的,船舶碰撞发生时的目击者多为与船舶碰撞无利害关系的第三方。这也使得船舶碰撞诉讼证据具有单一性,并在一定程度上导致了船舶碰撞诉讼证据的匮乏性。②

造成船舶碰撞诉讼证据匮乏性的原因是多方面的。除了前述原因以外,还有当事人的因素。我国船员素质整体偏低,在船舶发生碰撞时应该及时收集相关证据的法律观念比较淡

---

① Simon Gault, *Marsden on Collions at Sea* (13 ed.). Sweet & Maxwell, 2003, p.8.

② 金正佳主编:《海事诉讼法论》,大连海事大学出版社 2001 年版,第 325 页。

薄,特别是如何收集证据,如何利用相关证据文书,如船员证词的利用,都缺乏基本常识。对于船舶碰撞发生的过程,特别是紧迫局面的形成、碰撞各方采取的避让措施、碰撞当时的情况等材料,船舶碰撞当事人大多不能提交法院或全部提交给法院。[①]

　　船舶碰撞诉讼证据的匮乏性,导致船舶碰撞诉讼证据收集困难。一般认为,一国民事诉讼证据收集制度的形成和运作是由该国的诉讼观念、诉讼结构、司法制度等诸多因素综合作用决定的。我国《海事诉讼法》的规定表明,我国在诉讼结构上不同于英美民事诉讼结构,即实事出发型,而是采用法规出发型诉讼结构,即以假言命题的法为大前提,以裁判者已认定的实事为小前提,按照三段论的演绎逻辑程序做出作为归结命题的判决规范。[②] 为了强化船舶碰撞诉讼证据收集的程序的公正性,《海事诉讼法》规定了当事人填写《海事事故调查表》的做法。这是船舶碰撞诉讼证据收集方面的特色所在,也是针对船舶碰撞诉讼证据的独自特征而设置的。该表为裁判者的采证行为提供了一定程度的帮助。

二、船舶碰撞诉讼证据具有
较强的专业技术性

　　包括法律在内的社会科学往往随着自然科学的发展,在对

---

①　刑海宝:《海事诉讼特别程序研究》,法律出版社 2002 年版,第 393 页。

②　陈刚:《证明责任法研究》,中国政法大学出版社 2000 年版,第 68 页。

自然科学所引导的社会关系进行调整的同时也获得了自身的进一步发展与完善。从法律纵向发展的历史来看，每次技术的重大进步都会在刺激生产力飞跃的同时，促进法律进步，工业革命时代如此，信息革命时代也是如此。[①] 造船、航海技术的发展，对船舶碰撞诉讼证据采证行为产生了极大的影响，其主要体现在船舶碰撞诉讼证据具有专业技术性，这决定了裁判者采证行为必须与之相适应的必要性。

随着现代科学技术在航海和造船领域的应用，船舶正逐步实现智能化、集装化、自动化和大型化。在造船和船舶管理方面，包括船舶的结构、性能、船舶的设备和安全条件等的因素。在航海技术方面，包括船舶驾驶、航线制定、气象航海、雷达操作、航海图书资料的使用、海上避碰和轮机管理等诸多因素，甚至还包括船舶碰撞航次船舶所载货物，如货物的特性、配载、压载水（Ballast）等因素。以上这些因素都不同程度地反映在船舶碰撞中，构成了船舶碰撞诉讼证据的渊源。从这一点上，不难理解船舶碰撞诉讼证据的复杂性和专业技术性。

相应地，司法实践中如欲准确判断船舶碰撞诉讼证据的复杂性和专业技术性，必须构建符合船舶碰撞诉讼证据独自特征的采证机制，而其前提是明确这些证据的一般运用机制。为此，有学者提出了科学证据的理论[②]，该理论认为科学证据是指运用科学技术手段发现、收集和揭示出来的证据，其内涵是运

---

① 于海防、姜沐格：《数字证据的程序法定》，《法律科学》2002 年第 5 期，第 104 页。

② 王传道：《科学证据在未来活动中将大显身手》，何家弘主编：《证据学论坛》（第四卷），中国检察出版社 2002 年版，第 379—384 页。

用科学技术获取的证据,其外延包括所有用科学技术手段获取的证据,既包括过去,也包括现在和将来。科学证据与传统证据相比,具有客观性、科学性、文明性、公正性和开放性。在科学证据理论的基础上,又有学者提出了电子证据的概念。

以信息文明为特征的人类第三次科技浪潮,使计算机与网络迅速触及人们生活的方方面面,产生了一系列电子产品,这些物态同样波及了整个诉讼程序,并进入证据领域,形成了众说纷纭的电子证据问题。[①] 电子证据这种新的证据形式对各国证据法造成的影响是巨大的。各国有关电子证据的立法有三种模式:认为应该援引现行证据法或证据规则来解决有关电子证据使用的各种问题;认为应该另起炉灶创制全新而独立的电子证据法或电子证据规则;认为应该采用前述二者的混合模式。

目前,我国学者关于电子证据的定位观点主要有视听资料说、书证说、物证说、鉴定结论说、独立证据说、混合证据说等。纵观各种学说,表面上似乎都有一定的道理,但实际上都带有一定的片面性。电子证据同传统证据相比,不同之处是在与载体方式方面,而非证明机制方面。这就决定了电子证据绝非一种全新的证据,而是传统证据的演变形式。其实所有传统证据均存在电子形式,正如加拿大学者加顿曾说:"在审判中使用电子证据的最大挑战在于,不能轻易地将其划归传统的证据类型。"[②]在船舶碰撞诉讼证据中有大量的电子航

[①]　程春华:《民事证据法专论》,厦门大学出版社 2001 年版,第 506 页。

[②]　Alan M. Gabtan, *Electronic Evidence*. Thomson Professional Publishing (1999), p.138.

海证据。船舶碰撞诉讼中的电子证据的本质属性是一种经特定载体在船舶碰撞诉讼活动中呈现的信息,从证据在诉讼构造中的作用来看,船舶碰撞诉讼的电子证据的意义是为在船舶碰撞诉讼活动中的裁判者提供了合法的有用的信息。

本书认为,有一个不能回避的问题——在利用航海电子证据时,要充分认识到航海电子证据自身的局限性,同时还要认识到航海电子证据对于取证和举证的特殊要求,及对裁判者采证造成的影响。

三、大量的间接诉讼证据用来
作为诉讼证明的手段

间接证据,是指各种证据不能独立地直接证明案件的主要事实,而只能证明案件事实的某种情况,证明与案件主要事实有关联的某一事实情节,必须与其他证据结合起来,构成一个证据体系,才能共同证明案件的主要事实,对案件的主要事实做出肯定或否定的结论。间接证据有四个特点:①间接证据的依赖性;②间接证据的关联性;③间接证据与直接证据相比,其证明责任复杂,必须有一个判断和推理的过程;④间接证据的排他性。运用间接证据的规则不同于直接证据的原则。[①] 船舶碰撞这种海上侵权行为多为突发性事件,行为现场不易保存,除了当事船舶外,少有第三者的存在。同时,能够证明船舶在

---

① 樊崇义主编:《证据法学》,法律出版社 2000 年版,第 144 页。

碰撞过程中的船舶动态的主要证件文书资料又都由船舶碰撞当事人在一定时限内掌握。这决定了船舶碰撞间接证据在船舶碰撞诉讼中大量存在的必然性。

有学者将间接证据称为"情况证据"（Circumstantial Evidence）[①]，英国证据法中又将情况证据称为环境证据，即指不能直接证明争议的实事，而是通过证明另一事实，从中推理或推论出待征事实。[②] 正是由于船舶碰撞诉讼中有大量的间接证据，从而造成了船舶碰撞诉讼证据易被伪造的乱象。当事船员为了自身的利益或为了减轻自己的责任而篡改证据的情况时有发生。面对这种局面，裁判者在运用和操作船舶碰撞诉讼证据的技术明显不足。这毫无疑问会对裁判者的船舶碰撞诉讼证据采证行为造成一定的负面影响。

我国《海事诉讼法》第 82 条规定："原告在起诉时、被告在答辩时应当如实填写《海事事故调查表》。"这一规定是受英国、加拿大等英美法系国家审理船舶碰撞案件的程序的启示而做出的。在这个方面最主要的借鉴便是"初步文书制度"（Preliminary Act）。初步文书制度的形成目的是防止船舶碰撞当事方制造假证据，但设置调查表的法律目的能否完全达到，司法实践表明这一做法并不是十全十美的。因此有必要对调查表在程序方面的效果进行反思与重构，同时，也有必要对调查表的法律属性予以明确，这对于完善船舶碰撞诉讼实践中的采证规则体系是有促进作用的。深刻地认识船舶碰撞诉讼

---

① 黄栋培：《民事诉讼法释论》，台湾五南图书出版公司 1982 年版，第 464 页。
② 齐树洁主编：《英国证据法》，厦门大学出版社 2002 年版，第 109 页。

活动中存在大量间接证据的特点,对于构建船舶碰撞诉讼证据采证模式,起到了有的放矢的作用。

四、船舶碰撞诉讼证据在收集主体、 收集机制方面存在复杂的问题

当船舶碰撞发生后,需对有关船舶碰撞证据进行收集。这种证据收集机制一般可分为两种情形:其一是由当事人及其诉讼代理人直接行使调查权,而不是通过法院的介入;其二是由当事人向法院申请由法院收集或由当事人向法院申请,法院做出命令后,再由当事人自行收集。这两种模式的分歧在于诉讼证据收集的主体资格问题。一种观点认为,受英美法系证据开示程序的影响,应赋予当事人及其诉讼代理人以直接的调查取证权。在此情形下,协助裁判者查明案件事实、提供证据材料固然是每一个公民应尽的义务,但该义务是公法上的义务。我国《民事诉讼法》第 64 条的规定显示,目前我国的做法是由当事人不通过法院自行收集,自行收集遇到阻碍的或当事人不能自行收集的,由人民法院来收集。在完善船舶碰撞诉讼证据收集程序方面,民诉证据规定显然是有指导意义。因为该规定适应了强化当事人举证责任、弱化人民法院调查收集证据职能的时代要求。

我国《海上交通安全法》赋予我国海事行政机关民事调解权,即有权对船舶碰撞产生的纠纷进行调解,这是有中国特色的规定。对海事行政机关享有的调解权的利弊,或褒或贬,意

见不一。实践中,海事行政机关在船舶碰撞中对船舶碰撞证据的收集开展了大量工作。关于海事行政机关所收集的船舶碰撞证据在船舶碰撞诉讼中的法律效力,是值得研究的。有观点认为,海事行政机关行使的是行政职能,其对船舶碰撞事故的调查取证具有重要意义,但它所收集的船舶碰撞证据材料主要是为了查明事故原因,维持海上的安全秩序。因此,海事行政机关调查取证的重点与法院不同,不在于收集解决民事纠纷的诉讼证据,而在于收集实施行政处罚的证据,以便对肇事船舶予以行政处罚,达到教育肇事者、预防类似事故发生的目的。海事行政机关收集、制作的船舶碰撞证据材料或做出的结论不一定符合船舶碰撞诉讼的要求。因此,不能一律被当作法定证据形式。[①]

各国对海事行政机关在船舶碰撞证据材料收集形成的证据的法律效力持不同态度。就我国而言,法律上对此并未予以明确。本书认为,法院将海事行政机关依其职权所形成的船舶碰撞诉讼证据作参考使用,不能一概作为定案的依据,但应该充分重视船舶碰撞诉讼中海事行政机关收集证据的职能,同时应完善海事行政机关收集船舶碰撞证据的程序性、法定性、公正性和规范性。

船舶碰撞诉讼实践中的确会出现这样的情况。船舶碰撞发生后,依法应由相关行政主管机关查清事实,判明责任,沿海的海军雷达观通站等也对相关海域的船舶动态等进行观测。海事行政机关调查的船舶碰撞的相关材料、海军观通站观测到

---

① 金正佳主编:《海事诉讼法论》,大连海事大学出版社 2001 年版,第 109 页。

的相关船舶的动态情况,对查明船舶碰撞的案情、判明责任往往起着至关重要的作用,可由于各种因素制约,只有法院根据需要有权去调查收集这些船舶碰撞证据材料,而船舶碰撞当事人或其代理律师一般很难获得这些证据材料。① 因此,法院在船舶碰撞诉讼证据材料收集方面不得不过于依赖海事行政机关或军事机关。这样的直接弊端是:如果海事行政机关的调查结论本身不可靠、不认真或不准确,那么必然导致案件审理出现偏差甚至失误。况且,这些由海事行政机关制作的所谓船舶碰撞诉讼证据并非我国《民事诉讼法》所界定的诉讼证据,因此,这类证据是不能作为定案根据的。②

有学者提出在船舶碰撞诉讼中废除海事行政机关调解权能的观点,并进一步指出海事行政机关调解民事纠纷的弊端,具体如下。海事调查的目的不甚明确、与当代行政法的立法精神相悖、调解结果可能偏袒一方、船舶碰撞资料可能被公开以及海事行政机关的调解可能增加法院处理案件的难度等等。在此基础上,提出的设立海事法院使得海事行政机关调解权能的废除成为可能,明确了我国海事法院目前审理船舶碰撞案件中存在的不足之处,论证了司法程序的完善途径。③ 由前述观之,船舶碰撞诉讼证据的调查收集是很复杂的,这也是船舶碰撞诉讼证据具有的独自特征之一,也必然会对裁判者的采证行为提出要求。

---

① 李守芹、李洪积:《中国的海事审判》,法律出版社 2002 年版,第 258 页。
② 刑海宝:《海事诉讼特别程序研究》,法律出版社 2002 年版,第 394 页。
③ 张贤伟:《论船舶碰撞案件中港监调解权能的废除与司法程序的完善》,金正佳主编:《中国海事审判年刊》(1999 年卷),第 129—139 页。

五、以鉴定结论为法定形式的情形居多

在英美法系国家,除了少数例外情况,鉴定人被当作一般证人来看待,由当事人以与其他证人相同的方法向法院提供。鉴定人与证人有所不同的是：一般证人只能就案件事实作证,而没有必要发表相关的看法和见解;但鉴定人则必须就案件事实情况运用专门知识、技能和经验提供自己的看法。在英国,虽然海事法庭的裁判者一般具有充分的航海知识,但海事裁判者邀请被称为"Elder Brethren"的专家来协助判案却是一种传统。这些专家往往向裁判者提供关于船艺方面的见解,但是船舶碰撞诉讼当事人向法院提供航海专家的证据是否被当作有效的诉讼证据却被严格地限制。The *Victory* 案（LMLN No.443，1996)中提到海事法院一直不准当事方提供关于船艺与航海的专家证据,而只是允许裁判者有权咨询有关专家。但这种做法并非绝对,而且法律地位也非是明确。① 在大陆法系国家,鉴定结论以被视为一种独立的证据方式加以规定的。大陆法系国家中的鉴定人由法院决定,而不得由当事人自己决定。在我国,也有学者倾向于将鉴定结论作为一种证据方式,而不作为一种独立的证据形式,并且给出了理由。②

尽管如此,船舶碰撞诉讼中以鉴定结论作为定案依据的情形是相当普遍的。一位长期从事海事审判的资深裁判者曾夸张地说："审理船舶碰撞的时候,千万别忘了请有资质的鉴定人

---

① 杨良宜：《海事法》,大连海事大学出版社 1999 年版,第 532 页。
② 毕玉谦：《民事证据法及其程序功能》,法律出版社 1997 年版,第 63 页。

做出公正的鉴定结论。"①其原因非常简单,船舶碰撞诉讼活动多涉及较强的专业性、技术性知识,在此类审判活动中,为查清事实,判明责任,经常需要委托鉴定人鉴定。

鉴定结论多次被裁判者所采纳和采信,这也说明在船舶碰撞诉讼证据中存在鉴定结论居多的特征。我国《民事诉讼法》明文规定,鉴定人与证人、诉讼代理人同为诉讼参与人,其区别是鉴定人是由司法机关委托的诉讼参与人。鉴定人既不是任何一方当事人的证人,也不是裁判者的"科学辅助人",而是中立的诉讼参与人。鉴定结论也不是证人证言,只是一般的、与其他证据材料并列或地位相同的证据材料,同样必须经过质证、采证后才能被采纳采信。② 上诉到英国上院的"澳大利亚号"案表明,大量鉴定结论存在的另一基础,是由裁判者的整体状况决定的。

因此,在审理船舶碰撞案件时,为了解决法院自身技术不足的问题,形成了许多行之有效的方法或途径,其中之一是建立船舶碰撞当事人聘请航海专家的机制,对船舶碰撞事故进行分析并给出意见。裁判者并不是全能的,不可能通晓所有的航海技能和船舶知识,海事法院在这方面曾经有过许多经验。

我国《民事诉讼法》规定的几种法定证据中并没有专家意见,而且有关专家意见的各种观点,也是众说纷纭。其实,在那些需要特殊知识和技能的领域中,通过学习或实践获得该领域

---

① 金正佳主编:《海事诉讼法论》,大连海事大学出版社 2001 年版,第 305 页。
② 李学军、陈霞:《鉴定结论的证据地位及其质证、认证》,《诉讼法学》第 12 期,第 26—27 页。

必要专业知识的证人,他们所提供的证据具有可采性。这是英国普通法中一项古老的规则,这样的证人即为"专家"。考虑到船舶碰撞案件的专业性,应当认可专家意见作为审理船舶碰撞案件的法定证据,规定诉讼当事人可以聘请航海专家对船舶碰撞做出分析和定性并据此做出专家证言。①

本书赞同该观点并且认为,如果在法律上明确专家意见的证据问题,至少有两层积极意义:其一,这是对我国《民事诉讼法》在法定证据种类上的突破;其二,提高了法院审理船舶碰撞案件的效率,符合公正与效率的法律要求。事实上,《民诉证据规定》第 61 条第 1 项规定:"当事人可以向人民法院申请由一至二名具有专门知识的人员出庭就案件的专门性问题进行说明。人民法院准许其申请的,有关费用由提出申请的当事人负担。"这也说明专家证人的提出是为了适应司法实践的需要,同时也是司法审判实践经验的结论。

六、船舶碰撞诉讼证据表现为
一系列证据连锁反应

船舶碰撞是一个动态的发展过程。船舶发生碰撞,其过程可以划分为会遇(Encounter)——构成碰撞危险(Risk of Collision)——形成紧迫局面(Close Quarter Situation)——出现紧迫危险(Immediate Danger)——碰撞(Collision)。在每一

---

① 刑海宝:《海事诉讼特别程序研究》,法律出版社 2002 年版,第 398 页。

阶段都伴随着该阶段的碰撞证据的生成,将各阶段相关的碰撞证据相连接,然后作为一个整体来考察,便形成了船舶碰撞的证据链系统。唯物辩证法的基本规律之一是质量互变规律。事物的运动发展首先从量变开始,量变发展到一定程度会发生质变,再到新的量变过程。这一事物就是人们用航海术语表达的船舶会遇。会遇通常是指两艘船舶由于各自的运动使其相互之间的距离随着时间的流逝而逐步减少的过程。会遇是个量变的过程。量变反映为两船间距逐步减少,两船间距为零就突破了事物的度,会引起质变,即会遇变成了碰撞。[①] 由此观之,在船舶碰撞各个阶段所衍生的碰撞证据并不是孤立的,而是互相关联的。

正是如此,在海事司法实践中形成了利用事实推理的方法来指导船舶碰撞诉讼活动。从宏观角度看,船舶碰撞大致包括碰撞前阶段、相互碰撞时、碰撞后阶段三个大致过程。随着时间的先后,各个阶段之间具有内在的逻辑因果顺序。每个阶段的不同环节构成碰撞经过的原因链。由于船舶碰撞证据材料匮乏且多由当事人陈述,因此多采用事实推理的方法分析碰撞过程中各个原因链。如果原因链可以一环扣一环,则可以认定某种真实的存在。[②]

不仅如此,根据证据体系完整性规则的内涵,单个证据作为证据使用的要求并不高,靠单个证据的确实性来认定船舶碰

---

① 吴兆麟:《论确定过失与碰撞因果关系的原则》,《大连海运学院学报》2003年第 1 期,第 56 页。

② 金正佳主编:《海事诉讼法论》,大连海事大学出版社 2001 年版,第 325 页。

撞事实是不够的,认定船舶碰撞事实的诉讼证据还必须具有充分性。在数量上有一定要求,以形成船舶碰撞诉讼证据的连锁。在 the *Quint Star* 案中,裁判者 Clarke 面对船舶碰撞双方当事人的一系列相关证据,同时参照了双方当事船舶发生碰撞时的航向记录仪、VHF、航海日志等相关证据,最终在洞察船舶碰撞的发展过程的基础上,认定了双方的责任划分。[①]

船舶碰撞诉讼证据的以上特征,构成裁判者采证行为必须考量的因素。裁判者既要考察船舶碰撞诉讼证据与船舶碰撞事实之间的关联性,又要考察各个阶段船舶碰撞诉讼证据之间的联系。这一点在《民诉证据规定》第 66 条中也有充分显示。

七、船舶碰撞诉讼当事人陈述与证人证言具有一定程度的混同性

裁判者在对船舶碰撞诉讼证据材料进行采证时,必然对每一证据材料的种类按法律标准进行界定,即对每一船舶碰撞诉讼证据材料根据我国《民事诉讼法》中七种法定证据标准界定其法定证据种类。一般地,《民事诉讼法》之所以将民事诉讼证据分为不同的种类,是因为每一种法定的诉讼证据的特征、诉讼证明特点、证明力等是不同的,从而确定了裁判者在采证时适用不同的采证规则。当事人陈述与证人证言是两种不同诉讼证据种类,但船舶碰撞诉讼当事人陈述与证人证言在一定程

---

① Peter Murphy, *A Practical Approach to Evidence*. Blackstone Press Limited, 1992, p.89.

度上都具有混同性。所谓混同性,其内涵是指在船舶碰撞诉讼中,船舶碰撞当事人陈述与证人证言有时表现得很难区分,二者在一定情形下、一定程度上互相替代,互相混同。这种混同性,与一般民事诉讼证据相比,比较有特色。认知船舶碰撞诉讼证据的混同性,可以全方位、多视角地审视船舶碰撞诉讼证据的独自特征,从而为形成科学、理性的船舶碰撞诉讼证据采证规则奠定基础。船舶碰撞诉讼证据的混同性主要是以下两个方面的因素所致。

其一,航海活动的时空环境和职业特点。发生碰撞的各当事船舶,从宏观上或某种意义上讲,每一当事船舶上的全体船员都是当事人,因此,此情形下当事人陈述就是每一当事船舶的意志反映。从微观上或某种意义上讲,每一当事船舶、每一人员又不都属于当事人范畴,因为根据航海实践或航海惯例,只有发生碰撞时当事船舶的值班船员才属于当事人,而船上其他人员则不属于当事人,应属于证人(如果可能的话)。在发生碰撞时,碰撞船舶的值班人员为了减轻自己的责任或出于某种心理状态、目的而做出的当事人陈述一般是只做利己的陈述。在此种情况下,如果法院寻找非值班的船员,一般会视其为证人。① 一般情况下,证人证言的特征是客观性比较强的,因为证人与船舶碰撞的利害关系不大。但如果就这样简单地认为,那就大错特错了。因为此情形下事情并不那么简单。由于职业等因素的关系,此时将非值班船员视为证人而将他们的证言的

---

① 孙辰旻、黄海:《海事诉讼证据的困境与突破——试论独立海事诉讼证据规则之创设》,《人民司法》2013 年第 9 期,第 59 页。

证明力等同于一般民事诉讼中的证人证言的证明力,这种观点是错误的。原因是值班船员和非值班船员有时会为了某种共同利益,或其他利益关系,可能事先已沟通好并做出共同的行为选择。此情形之下,二者所做是证人证言还是当事人陈述,的确需要裁判者在采证行为中谨慎对待。

其二,根据诉讼心理学原理,船舶碰撞诉讼当事人的心理时常会发生一些微妙的变化。船舶碰撞诉讼心理的变化,给裁判者在采证活动中对船舶碰撞诉讼当事人与证人的认识增加了一定难度和不确定性。正如 G·吉尔摩所说:"要查明碰撞案件的事实真相,是处理海事案件的裁判者们所面临的棘手问题。发生碰撞的各种情况极其复杂,并不是有了最精确的估计时间、距离等因素,或有了当时情景最清楚的回忆能查明的。对于事故现场的高级船员和水手'忠于船方',这也是众所周知的事实。"[①]这明确地阐述了船舶碰撞时,作为人的因素的船员的心理状态的影响,使发生碰撞的当事船舶的当事人陈述和证人证言具有模糊性。

八、由以避碰规则为准则的规律性举证活动而衍生的独自特征

船舶在海上航行必然要遵循一定的规则,该规则就是 1972 年《国际海上避碰规则》。1972 年《国际海上避碰规则》统一了

---

① G·吉尔摩、C.L·布莱克:《海商法》,杨召南、毛俊纯等译,中国大百科全书出版社 2000 年版,第 670 页。

船舶避碰的技术规范,从而减少了船舶碰撞的发生。虽然规则内容并不涉及船舶碰撞所产生的法律责任问题,但当船舶碰撞发生后,它通常是判定碰撞当事人责任的重要依据。因此,理解和掌握 1972 年《国际海上避碰规则》对于正确地适用法律是非常重要的。[1] 关于 1972 年《国际海上避碰规则》的性质,有学者提出了双重性质的观点,并分别就国内对 1972 年《国际海上避碰规则》性质的基本认识和国外对规则的基本认识分别进行论述,对 1972 年《国际海上避碰规则》的法律规范特点和在船舶碰撞诉讼司法中的作用进行了归论。[2]

由于证据的复杂性和专业性,确定船舶碰撞当事人的过失原则非常复杂,当事人对过失的举证成为当事人能否胜诉的关键,船舶碰撞诉讼中过失举证的要求通常高于一般的民事诉讼。船舶碰撞的过失包含驾驶船舶过失和管理船舶过失两方面,而驾驶船舶方面的过失处于绝对主要地位。从船舶碰撞法律的角度来说,良好船艺的内容基本上被避碰规则所涵盖。

船舶碰撞诉讼证据中形成的以 1972 年《国际海上避碰规则》为准则的当事人举证中的过失通常为:其一,瞭望要素过失举证,主要从时间要素、手段要素、目的要素方面进行举证;其二,安全航速要素过失举证,主要围绕时间要素、原则要素、具体考虑要素等方面进行举证;其三,碰撞危险判断要素过失举证,主要是从原则要素、雷达判断要素、具体考虑要素方面进行

---

[1]　吴焕宁主编:《海商法学》,法律出版社 1996 年版,第 210—211 页。
[2]　司玉琢、吴兆麟:《船舶碰撞法》,大连海事大学出版社 1995 年版,第 337 页。

举证;其四,避碰行动要素过失举证,主要是积极及早避让要素、充分避让要素、足够水域用舵要素、水域不足用车避让要素等方面进行举证;其五,航行要素过失举证等。① 总之,大量的以 1972 年《国际海上避碰规则》为准则的过失举证充斥其中,成为其独自特征之一。充分认识和理解此特征,对裁判者在船舶碰撞诉讼中的采证行为具有引导和参照的积极作用,使裁判者的采证行为更加有理有据。

---

① 肖建民:《论船舶碰撞案件中要素过失举证法》,《海商法研究》2001 年第 4 辑,第 49—65 页。

第四章

船舶碰撞诉讼裁判者采证的对象

第一节　船舶碰撞诉讼裁判者
采证对象的基本问题

　　船舶碰撞诉讼证据采证的对象,是指在船舶碰撞诉讼中采证主体的采证行为所指向的客观事项。船舶碰撞诉讼证据采证的对象是船舶碰撞诉讼证据材料,而不是船舶碰撞诉讼事实。船舶碰撞事实需要认定,各种船舶碰撞诉讼证据材料也需要认定,但二者是两个密切相关又相互区别的概念。

　　认定船舶碰撞诉讼证据材料是认定船舶碰撞事实的基础

和手段,认定船舶碰撞事实是认定船舶碰撞诉讼证据材料的目的和归宿。认定船舶碰撞诉讼证据材料都是为认定船舶碰撞事实服务的,但是认定船舶碰撞诉讼证据材料不等于认定船舶碰撞事实,二者有本质上的区别。因为裁判者作为采证主体,认定船舶碰撞诉讼证据材料是与认定船舶碰撞事实是区分开的,是两个不同的认识过程或阶段,也就是采证行为的两个不同阶段。

一方面,认定船舶碰撞诉讼证据材料并不等于认定船舶碰撞事实。即使认定了船舶碰撞中所有证据的效力,也不等于就完成了对船舶碰撞事实的认定。另一方面,认定船舶碰撞事实也不同于认定船舶碰撞证据材料,采证主体不能用认定船舶碰撞事实的活动笼统地代替或吞没对船舶碰撞中各种证据材料的认定活动。这是因为认定船舶碰撞诉讼证据材料在程序和方法上具有相对的独立性,自有其遵循的规律。

在理论上,正确区分船舶碰撞诉讼证据材料与船舶碰撞事实,明确二者的联系,对于构建相应的船舶碰撞诉讼证据采证规则以助力裁判者的采证活动,是大有裨益的。在"通海拖六"轮与"湛琼六号"船碰撞纠纷案中,裁判者认为,"湛琼六号"轮正在锚泊,不可能随时进行操纵;"通海拖六"轮是在航船,由于其在航行中过于逼近"湛琼六号"船,致使其操纵设备失灵后一分钟即发生碰撞。在短短一分钟内,"湛琼六号"船不可能采取避碰措施。被告关于"湛琼六号"船没有采取避碰措施、船员失职、应承担相应责任的主张,理由不成立。[①] 这表明,裁判者在

---

① 金正佳主编:《中国典型海事案例评析》,法律出版社 1998 年版,第 500 页。

船舶碰撞诉讼中对船舶碰撞事实的认定,不同于对各种船舶碰撞诉讼证据材料的认定。

从采证主体的角度而言,对采证对象的审视至少可以从两个方面来看,并且感知效果不同。其一,采证对象的基本问题是与对诉讼本质功能的注重息息相关的,如从直接言词原则及当事人主义与庭审功能的角度而言,采证是举证、质证行为所产生最终裁判上的效果的一种反应或定夺。如果将举证与质证归于当事人的一种必要的诉讼行为,那么采证则属于一种审判职能行为,二者之间的关系是诉权与审判权的一种有机结合。而作为采证这种职能行为的实质而言,则是裁判者对采证对象材料在主观上所呈现的一种内心确信。其二,从审判职能上看,即相对于诉权的审判权而言,如果说这种采证并不拘束与前者在狭义上的那种采证范畴的话,裁判者还从事一些必要的特殊采证行为。这种特殊的采证行为主要包括司法认知和事实推定。①

可见,从采证职能的实质内容来看,裁判者对船舶碰撞诉讼证据材料的采证行为是其主观上所呈现的内心确信所使然。裁判者对船舶碰撞诉讼证据材料进行评价,其实质是一种认识活动。一般地说,这种评价要经过以下三个阶段。第一,在接受法庭调查之前,就船舶碰撞诉讼证据材料与待证船舶碰撞事实的相关性进行判断,以确定其是否具有调查的证据价值。对此,英美法系国家通过个案的积累,形成了很多反映一般认识经验的证据规则,裁判者对证据能力的判断一般是依据证据规

---

① 毕玉谦:《民事证据法判例实务研究》,法律出版社 1999 年版,第 524 页。

则进行的;大陆法系国家对证据能力的判断则主要委诸职业裁判者依据个人拥有的司法经验。但是,此种差别正在缩小。①第二,裁判者对船舶碰撞诉讼证据自身可信性的判断,即船舶碰撞诉讼证据的证明力问题,比如就船舶碰撞时各船的航海日志而言,主要是认定航海日志是否为真实的,是否有与发生船舶碰撞时不符的记载,航海日志是否被人涂改过等等。第三,裁判者要根据船舶碰撞诉讼证据传达的证明信息推断待证船舶碰撞事实,也即船舶碰撞事实的认定问题。在现代诉讼中,裁判者自由评价船舶碰撞诉讼证据的核心是对船舶碰撞诉讼证据的证明力的评价。

在裁判者的认识模式上,自由评价船舶碰撞诉讼证据当然不是毫无约束地自由裁量,其实质是要求裁判者按照航海活动中或船舶管理中的知识或通常的认识方式去判断船舶碰撞诉讼证据。因此,在现代民事诉讼模式下,裁判者对船舶碰撞诉讼证据的认识是全方位的,不仅包括船舶碰撞诉讼证据所表现出来的内容,而且还包括船舶碰撞诉讼证据表现内容的方式、相关环境因素。比如在船舶发生碰撞后,当事船舶的值班航海人员在做陈述时,不仅要看其内容是否合乎逻辑,而且还要将其作为当事人陈述时的举止、面部表情、语速等诸多因素考虑在内,研究当事人的诉讼心理特征。换言之,裁判者对船舶碰撞诉讼证据的认识是一种以船舶碰撞诉讼证据内容为核心,同时兼顾存在背景的认识活动。在此种意义上,为了保障裁判者自由评价船舶碰撞诉讼证据的准确性,这种认识方式本质上要求裁判者

---

① 吴宏耀、魏晓娜:《诉讼证明原理》,法律出版社 2002 年版,第 186—187 页。

直接接触船舶碰撞诉讼中原始意义上的证据。

从审判职能角度看,裁判者特殊采证行为主要是事实推定、司法认知等,并且事实推定和司法认知在船舶碰撞诉讼中运用很普遍。

第二节 船舶碰撞诉讼裁判者的特殊采证行为之一:事实推定

一、事实推定的基本理论

证据法中的"推定"(Presumption),是指从其他已经确定的事实必然或可以推断出的事实推论或结论。[①] 关于推定的法律性质,英国学者认为,推定是一项法律规则,当一方当事人证明了基础事实时,如果没有相反的证据,则推定事实将视为被证明。[②] 因为根据事物的一般规律,基础事实的存在可以逻辑地推出推定事实的存在。基础事实与推定事实之间存在着合乎理性的联系。推定在诉讼活动实践中经过了长期不断的演化,其法律属性和分类存在多种观点,不仅不同法系国家对推定理论的认识不统一,即便是同一法系国家关于推定理论的认

---

① 齐树洁主编:《英国证据法》,厦门大学出版社 2002 年版,第 720 页。

② Peter Murpby, *A Practical Approach to Evidence*. Blackstone Press Limited,1999,p.222.

识也不统一。在学理上,大陆法系国家一般把推定分为法律推定和事实推定。事实推定又称诉讼上的推定或司法推定,是指裁判者根据经验法则,从已知事实出发,推定应证明的事实的真伪。因其纯属裁判者根据逻辑经验所为,故又称逻辑推定。

事实推定包括以下要素:其一,做出事实推定的主体是裁判者;其二,事实推定涉及两种事实,即已知事实和未知事实;其三,事实推定所发生的依据是裁判者的逻辑判断和经验法则;其四,事实推定最终能否产生效用取决于反证。若当事人提不出反证或反证证明力不足,则推定事实成立;反之,若当事人提出相当证明力的反证,推翻推定事实,则事实推定失去效用。[①]

二、事实推定在船舶碰撞诉讼证据采证行为中的运用

裁判者审理船舶碰撞损害赔偿案件的主要使命是"恢复"船舶碰撞这种海上侵权行为,从而确定船舶碰撞责任方的责任或赔偿数额。而要明确责任方的责任或赔偿数额,其前提是对船舶碰撞诉讼证据进行采证,从而根据船舶碰撞法来规制责任方是否有过失以及过失程度。从某种意义上讲,判明船舶碰撞责任、确定船舶碰撞损害赔偿数额的过程,也即船舶碰撞法的适用过程。

一般地,船舶碰撞损害赔偿的责任基础是过错(Fault)责任

[①]　陆陈明:《略论民事诉讼中裁判者对事实的推定及其制约》,乔宪志主编:《中国证据制度与司法运用》,法律出版社 2002 年版,第 409 页。

制。对此,1910 年《碰撞公约》或我国《海商法》有明确规制,即只有过失碰撞才产生损害赔偿问题。因此,裁判者在对船舶碰撞诉讼证据进行采证时,也是一种对确定船舶碰撞过失的证据材料分析和认识的过程。船舶碰撞过失是指具有通常技术和谨慎的航海人员,在驾驶船舶和管理船舶过程中应该预见碰撞损害的发生而没有预见,或应该防止船舶碰撞损害的发生或扩大而没有防止的行为或不行为。

对于船舶碰撞诉讼中的法律推定过失,1910 年《碰撞公约》以明文废除一切法律推定过失。现在除了个别情形(如分道通航制),有少数国家(如美国)还实行这一原则外,世界上大部分国家都已经废除该原则,我国法律也不承认这一原则。裁判者在船舶碰撞诉讼证据采证时,之所以废除法律推定,主要是因其违背了侵权行为损害赔偿的过失与损害必须具有因果关系的规律,同时因违反规则给船舶当事人造成了过重的、不合理的举证责任。①

船舶碰撞法律中的事实推定系指船舶发生碰撞,如果受损一方能够证明其遭受损害的事实以及其他符合一定要求的基础事实,裁判者就可以从这种基础事实推断出另一方犯有过失的推定事实。除非另一方能证明损害是不可避免的,或者自身没有过失,或者有过失并没有造成损害结果,否则便应负担损害赔偿责任。此种事实推定必须以受损方的基础事实的存在为前提,查明船舶碰撞中的事实推定过失。船舶碰撞法律中的事实推定是由审理案件的裁判者做出的,并不是船舶碰撞法中

---

① 司玉琢、胡正良、傅延中等:《新编海商法学》,大连海事大学出版社 1999 年版,第 322 页。

的明文规定，而且该事实推定允许反驳。事实推定反映了船舶碰撞发展变化的因果联系规律，由船舶碰撞诉讼证据的独特特征所决定，其构成了裁判者采证行为的特殊性。

运用事实推定规则，可以在船舶碰撞诉讼证据采证行为中帮助裁判者在船舶碰撞过失的确定中提供方法。在船长、船舶所有人碰撞过失确定方面，包括对驾驶船舶的过失、管理船舶的过失的确定，同时对于其他人员碰撞过失的确定，诸如关于拖船与被拖船船舶所有人过失的确定、引船员过失的确定、海图纸制造者过失的确定等。裁判者所采用的事实推定规则，在船舶碰撞诉讼证据采证行为中是普遍被采用的，这在"闽狮渔2168"案中有充分的印证。[①]

三、实践中常用的事实推定的若干方法

关于碰撞船舶之航速的推定。由已基本查清的相关航行资料及其他相关资料，推定某特定船舶的航迹，再由其航迹和其他相关资料综合推断该船舶是否是某一特定碰撞案的当事船舶，从而确定其相应碰撞责任，亦是实践中常用的方法。

关于船舶碰撞时间的推定。若碰撞当事船舶的一方或双方为无航行日志可查的小型船舶时，就其碰撞时间的确认，可采用距离/速度的反推方法，加上相背作图，并配合相应的询问进行推定。

---

① 司玉琢主编：《中国海商法年刊》，大连海事大学出版社 1997 年版，第 388 页。

关于船舶碰撞地点的推定。在实行分道通航制度的狭水道,船舶碰撞地点常常决定过失责任的大小。某法院在审理一发生在狭水道的碰撞案时,即根据沉船地点、沉船周围潮流情况及沉船翻沉态势,推定、确认了船舶碰撞地点,从而为最终的责任确定提供了可靠依据。

关于发生碰撞船舶之沉船原因的推定。对一般直接碰撞来说,其沉船原因通常是不难发现、确认的,但对于某些碰撞后数小时继发的沉船事故来说,其原因则往往很难探究。此情形之下,可以根据打捞人员的探摸确认沉没的驳船船员有没有按规定关闭空气舱水密门,继而推定该情况是不是造成驳船于碰撞后三小时沉没的主要原因。[1]

第三节 船舶碰撞诉讼裁判者的特殊 采证行为之二:司法认知

一、司法认知的理论基础

西方诉讼程序中有一句古老格言:"众所周知的事情,无需证明。"(What is known need not be proved.)经过历史的沉淀,

---

[1] 李守芹、李洪积:《中国的海事审判》,法律出版社 2002 年版,第 376—377 页。

它已演变成为现代程序法中的司法认知规则。"司法认知"（Judicial Notice）是指裁判者在审理过程中以裁定的形式或直接确认特定事实的真实性，及时平息没有合理根据的争议，确保审理顺利进行，从而提高诉讼效率的一种诉讼证明方式。司法认知旨在谋取诉讼上的迅捷和便利，避免就某些常识性事理进行烦琐的查证。正如英国裁判者舒曼爵士（Lord Summer）于 1923 年在一项判决中所认为那样，要求裁判者要像僧侣那样，与其他出庭的人所熟悉的事实完全隔离，并且坚持以宣誓证明那些裁判者作为一个通世故的人比任何人都清楚的事实，这样的规则难免是学究式的，毫无用处。①

司法认知在属性上属于裁判者的特殊采证行为，该采证行为的意义之一是从公权角度对当事人举证责任的一种功能性救济，这种救济大多针对应列为证明对象的那些事实，因其事实本身具有客观性、公认性，使其不必经过举证的环节便具有业经证明的效力。另一意义是它的价值所在，也就是提高诉讼效率。

司法认知的对象，受证明标准及诉讼模式的影响，英美法系和大陆法系的理解也不同。英美法系的司法认知一般指众所周知的事实，经过调查后在司法上所熟悉的事实，英国法、欧洲共同体立法和英国国会的立法程序以及成文法的有关规定等。而大陆法系的司法认知一般比较狭窄，各国法律的规定差异比较大，而且受裁判者的自由心证影响大。②

_____

① 沈达明：《英美证据法》，中信出版社 1996 年版，第 198 页。
② 毕玉谦：《民事证据原理与实务研究》，人民法院出版社 2003 年版，第 92—93 页。

司法认知的效力,主要是对于司法认知的事实能否采用证据进行反驳,对此学术上和各国立法的争议比较大。就我国的立法而言,《民事诉讼法》第 67 条规定了可以采用反证法推翻经公证证明的事实或事项,这显示了我国立法承认个别司法认知的事实或事项允许采用反证予以推翻的倾向。司法认知的对象范围大小与效力,直接关系到当事人的诉讼程序的启动,关系到其证明责任的免除或承担。我国《民事诉讼法》第 64 条第 1 项的规定表明,通过当事人的证明行为,协助裁判者进行采证,分清是非,但证明责任的免除也是民事诉讼证据制度的重要内涵。最高人民法院通过的《民诉证据规定》第 9 条界定了六类免证事项。

二、司法认知在船舶碰撞诉讼证据采证中的运用

裁判者一般经常采用的司法认知对象为船舶碰撞法、航海习惯以及众所周知的事实。

船舶碰撞中司法认知的法律一般为发生碰撞的当事船舶所在国的船舶碰撞法,但各国对本国法和外国法的司法认知程度或方式是不同的。经常被裁判者的特殊采证行为指向的是1972 年《国际海上避碰规则》对船舶之间的避碰规则的调整,诸如追越局面时的避碰规则、对遇局面的避碰规则以及交叉局面的避碰规则等。这些明确的规则应是作为一名合格航海人员或相关人员所熟知并深刻理解的。如在 1972 年《国际海上避

碰规则》中规定一个重要指导航海人员避碰的原则，即积极及早避让原则。在 the *Billings Victory* 一案中[1]，裁判者 Willmer 认为："让路船的责任应是积极及早地采取行动，以便使他船对让路船正在做出的行为不可能产生怀疑。"这是 1972 年《国际海上避碰规则》的规定。一般地，不能以任何理由来反证积极及早避让原则的合理性和正确性。

　　没有包含在航海法定规则中的航海习惯适用于当地的情况，已在世界某些国家或地区的法院得到认可。在航海界存在的有关规则空白由当地的航海习惯来补充。裁判者已经承认某些航海习惯有法律效力，并把它们作为该国或地区相应航海行为的标准。在美国内水域密西西比河的"点-弯道"习惯（Point-Bend Custom）是一个很好的例子。"点-弯道"习惯虽不是法定的法律规则，但已经赋予永久的司法认知的效力。该习惯的地位已变得如此牢固以致当存在"特别情况"而不遵守它时裁判者也不愿意原谅。然而，近来一些裁判者已经试图将航海习惯的应用范围限制在能够引起重大航海危险的场合。因此，虽然航海习惯还在法庭中生存着，但只有它未必是满意的航海行为标准，而它的适用性应该由谨慎原则、良好船艺和常识加以调和。[2] "点-弯道"航海习惯可以有"法律效力"，但该航海习惯不是一条"法律规则"。

---

[1]　[1949] 2 Lloyd's Report，877.

[2]　Robert Force，*Admiralty and Maritiem Law*．Federal Judicial Center，2004，p.126.

第四节　决定船舶碰撞诉讼裁判者采证对象的两个因素

确定船舶碰撞诉讼证据采证对象,是裁判者在船舶碰撞诉讼中采证行为的重要一环。

民事诉讼证据采证对象的确定,在学理上存在争议。一般地,认为为裁判者所采证的证据对象涉及诉讼证据的三个基本特征或称三大要素:客观性、关联性、合法性(或称法律性)①。笔者认为,为裁判者所采证的证据对象是作为动态的诉讼证据,这种动态的诉讼证据是由诉讼证据材料向诉讼证据的演变,而这种演变是以诉讼证据的三个基本特征或三大要素来确定的。其理由是,只有把民事诉讼证据采证对象的确定理解为一种动态的过程,才符合裁判者采证的本质属性。

由此本书认为,决定船舶碰撞诉讼证据采证对象的两个因素:第一因素是船舶碰撞诉讼证据所具有的三个基本特征;第二因素是船舶碰撞诉讼证据具有的独自特征。以上两方面相得益彰,相互映衬,共同决定了船舶碰撞诉讼证据采证对象。

第一因素是船舶碰撞诉讼证据的基本特征,即客观性、关联性和合法性。船舶碰撞诉讼证据的客观性是指该证据的形式是以客观形态存在着,人们可以通过某种方式感知到它的存

---

① 毕玉谦:《民事证据法判例实务研究》,法律出版社 1999 年版,第 527 页。

在,而绝非仅仅存在于人们的头脑中和意识中的东西。这也是船舶碰撞诉讼证据的基本属性。船舶碰撞诉讼证据的关联性即联系性,它是指船舶碰撞诉讼证据与船舶碰撞当事人所主张的船舶碰撞事实及双方当事人之间的争议具有一定的联系。这是船舶碰撞诉讼证据的本质属性。船舶碰撞诉讼证据的合法性是法定属性。合法性作为船舶碰撞诉讼证据的属性或基本特征之一,一方面要求船舶碰撞诉讼证据具有合法的形式,即符合现行有关法律对船舶碰撞诉讼证据形式的要求;另一方面要求船舶碰撞诉讼证据的取得经过合法的程序。

第二因素是船舶碰撞诉讼证据具有的独自特征。船舶碰撞诉讼证据具有的独自特征,是其区别于一般民事诉讼证据特征的重要因素,也是其在船舶碰撞诉讼实践中长期沉淀和演化的结果。船舶碰撞诉讼证据的独自特征决定了证据规则的范畴和运用特定。

第五节 船舶碰撞诉讼证据 采证对象的内容

一、船舶碰撞诉讼证据采证对象内容概述

确定船舶碰撞诉讼证据采证对象的内容,就是裁判者在采证的过程中要采纳什么、采信什么的问题。裁判者会面对众多

的有关船舶碰撞诉讼证据材料,必须按照法定程序进行一系列的采证判断。此种采证行为的目的应涵盖两个层次:第一是认定某个船舶碰撞诉讼证据材料能否获准进入船舶碰撞诉讼的"关口";第二是认定或判断某个或某组船舶碰撞诉讼证据是否能作为定案的依据。因此,船舶碰撞诉讼证据采证对象的内容是船舶碰撞诉讼证据的证据能力和证明力。

船舶碰撞诉讼证据的证据能力,指的是船舶碰撞诉讼证据材料能否满足诉讼活动对船舶碰撞诉讼证据的基本标准或要求。船舶碰撞诉讼证据材料是否具有符合诉讼程序和标准的"准入资格",从这个角度看,是一种"证据资格"(Probative Competency)。船舶碰撞诉讼证据的证明力,即证据效力,指的是船舶碰撞诉讼证据对船舶碰撞这一侵权中待证事实的证明效果和证明力量,也即此种证据是否够达了法定标准能证明船舶碰撞的待证事实,也即一种"证据价值"(Probative Value)的问题。

联系船舶碰撞诉讼证据采证对象的两个决定因素,船舶碰撞诉讼证据的证据能力主要是船舶碰撞诉讼证据合法性的反映,而船舶碰撞诉讼证据的证明力是船舶碰撞诉讼证据的客观性和关联性的反映。船舶碰撞诉讼证据的证据能力是普遍证据材料必须具备特定的条件而被法律允许为诉讼证据的资格。这种资格是一种国家意志的表现,体现了立法者对某种证据材料是否能够作为认定船舶碰撞事实的根据而产生可采性问题的直接干预。证据能力在证据法上属于证据的可采性与排除的问题,但是证据的可采性与有无证据能力,其范畴并非完全一致。凡无证据能力,便无法被认为具有证据的资格。虽有证据能力,有时因裁判者的自由裁量,认为所调查证据的证明价值甚微或已无必要时,也不得予以允许或采纳为诉讼上的证据。① 由此可见,船舶碰撞诉讼证据的证据能力的有无与裁判者在采证时的认识有着千丝万缕的联系。

在船舶碰撞诉讼司法实践中,有的船舶碰撞诉讼证据材料是不能获准进入诉讼程序的。在 1983 年 3 月 11 日由英国海事法庭裁判者 Barry Sheen 审理的"金平轮与玛利亚·路易斯碰撞"案中,裁判者对"玛利亚·路易斯"号提供的 1976 年 12 月 12 日的书面证词表示怀疑。因为这些书面证词是在事故发生后由意大利检验人登轮调查写成的。裁判者怀疑对方检验人和证人在起草证词时参照了航海日志,因此没有准许该船舶碰撞证据进入诉讼程序,因为它没有合法性,当事人也不能证明其真实性。② 由于船舶碰撞诉讼证据的证明力价值是以证据的真实性为前提的,所以对船舶碰撞诉讼证据的证明力的认定也离不开对船舶碰撞诉讼证据真实性的认定。基于这种理解,船舶碰撞诉讼证据的真实性贯穿于整个船舶碰撞诉讼证据的采证活动。

证据的证明力体现在证据的客观性与关联性之上。在诉讼中对证据的证明力的认定,实质上是对某一证据本身是否具有客观性,以及与待证事实是否具有关联性的确认。

---

① 李学灯:《证据法比较研究》,五南图书出版公司 1998 年版,第 468 页。

② Barry Sheen, "Coventions on Salvage," *Tulane Laws Review 1982—1983*, Vol.57, pp.1391—1393.

这种认定本身是裁判者审判职能使然。裁判者对证据的采证,实质上便是对证据证明力的大小与强弱的认定,是对证据证明力的价值的评估与判定。因此,裁判者对证据证明力的采证属于对证据所进行的实质要件的认定。相对而言,裁判者对证据能力的采证属于对证据所进行的形式要件的认定。二者的统一则构成裁判者对证据进行采证的完整内容。[①]

由此可见,船舶碰撞诉讼证据采证对象的内容,实质上是对船舶碰撞诉讼证据的采纳与采信过程的反映。具体而言,裁判者在船舶碰撞诉讼活动的采证过程中,即是由采纳向采信发展的认识过程。船舶碰撞诉讼证据的采纳是采信的基础,采信是采纳的发展。从船舶碰撞诉讼证据采证行为结果的视角来看,船舶碰撞诉讼证据若没有被采纳,则当然没有被采信的可能性,但在某种情形下,船舶碰撞诉讼证据被采纳了,但并不一定被采信。采纳只是对船舶碰撞诉讼证据的初步认可,采信才是把船舶碰撞诉讼证据用作定案的依据。

明确船舶碰撞诉讼证据采证的两层内涵,不仅对深刻把握船舶碰撞诉讼证据采证对象的内容具有理论上的指导意义,而且对于探索船舶碰撞诉讼证据采证的一般规律具有积极作用。同时,可以辩证地科学地认知船舶碰撞诉讼证据采证对象内容中证据的证据能力和证明力的关系。

---

① 毕玉谦:《民事证据法判例实务研究》,法律出版社 2001 年版,第 531 页。

二、船舶碰撞诉讼证据的证据能力
和证明力之探析

　　我国《民事诉讼法》对民事诉讼证据的规定是原则性的,可操作性差。我国《海事诉讼法》作为《民事诉讼法》的特别法,对船舶碰撞诉讼证据的证据能力和证明力并没有规制。最高人民法院出台的《民诉证据规定》,在《民事诉讼法》第 64 条第 3 项的基础上,总结丰富的民事审判的实践经验。根据民事诉讼活动的特点和规律,确立了富有现代自由心证特征的中国特色的裁判者依法独立的运用和操作证据的原则。船舶碰撞诉讼有其自身的规律性,因此,有必要对船舶碰撞诉讼证据的证据能力和证明力进行探究。

　　船舶碰撞这种海上侵权行为所衍生的证据形式是多种多样的。在英国,1938 年《证据法》(The Evidence Act)和 1894 年《商船航运法》(British Shipping Law, 1894)中对船舶碰撞诉讼证据有具体的规定,诸如航海日志(Deck log book),轮机日志(Engine Room log),海事声明(Sea Protest),电罗经记录(Gyro-Compass Recorder),气象报告(Weather Report),船长、船员和其他人员的陈述(Statements by Master, seaman and others of ship),专家证据(Expert Evidence),船长给船舶所有人的信件(Letter by Master to Owner),航海顾问(Navigation Consultant),驾驶台及机舱车钟记录簿(Deck Log Book & Engine Room Log Book)、船舶规范(Ship's particulars),航海

人员的适任证书或其复印件(Certificate of Competency),相关海图(Nautical Chart),航向记录仪(Course Recorder),雷达使用记录簿(Radar Log),证人或目击者的陈述(Statement made by a Witness),碰撞船舶船长的通话(Communication between the Masters of the Ships),船舶碰撞部位或碰撞残骸(Ship's Wreck),船舶油漆(Ship's Paint),海军观测资料(Naval Observation),检验报告(Inspection Report),损害估价书(Valuation of Damage),航海专家意见(Advice from Navigational Expert)等等。当然,随着造船、航海技术的发展,会有更多形式的船舶碰撞诉讼证据产生。

(一)船舶碰撞诉讼中航海电子证据的证据能力和证明力

造船、航海技术的飞速发展,使船舶越发呈现大型化、集装化和智能化的趋势。航海电子技术和计算机技术广泛应用于航海,许多船舶都装备了先进的航海设备或航海仪器,比如 *APRA* 系统、*GMDSS* 系统和 *Total Navigator* 系统等。因此,一旦发生船舶碰撞并引起船舶碰撞诉讼,裁判者在采证中会面临如何采纳采信充满复杂和专业技术性的航海电子证(Nautical Electronic Evidence)的证据能力和证明力问题。

裁判者在采证过程中需对航海电子证据的证据能力和证明力进行采纳和采信。在理论上,学者和各国立法对电子证据的界定分歧比较大,而且各国立法各异。基本理论研究仍处于起步阶段,学者们趋向于采用广义的方法对电子证据进行定义,即以电子形式存在的、用作证据使用的一切材料及其派生物,或者说借助电子技术或电子设备而形成的一切证据。[1] 航海电子证据包括以航海电子形式存在的材料,也包括其派生物,如电子航向记录仪,该仪器既能显示船舶航行中在"每一船时"(at any ship's time)的航向转变,同时也会将其内部资料打印出来。航海电子证据是借助航海电子技术或电子设备而形成的,而且航海电子证据是可以作为船舶碰撞诉讼证据的材料。

关于航海电子证据的法律定位有两种主要观点:一种认为它不是一种独立的证据形式,而是分别属于《民事诉讼法》所规定的七种传统证据类型;另一种观点认为,《民诉证据规定》已将计算机资料列为一种法定证据形式,作为一种新型证据,电子证据与传统证据存在显著差异,对传统证据法提出新的挑战。[2] 故本书以为,既不能笼统地将其归为视听资料一类进行采纳,也不能断然否认其证据能力。

航海电子证据具有无形性、复合性、易破坏性、时效性等特点。既然《民诉证据规定》第 22 条以司法解释的形式赋予了电子证据的法律地位,关于航海电子证据的证据能力,本书认为应有条件地进行采纳。因为航海电子证据具有自身的特点,其脆弱性决定了其真实性和安全性受到威胁。此脆弱性在"波卡霍塔斯船公司"案中有反映。裁判者认为,航海人员在使用雷

---

[1]　何家弘主编:《电子证据法研究》,法律出版社 2002 年版,第 5 页。

[2]　黄贤福:《新民事诉讼证据司法解释中的电子证据问题研究》,《科技与法律》2002 年第 5 期,第 65 页。

达时,对用雷达观测的结果无法断定,而且也不予置信。在这种情况下如再继续使用雷达,那就完全是蛮干和冒险了。①

各国立法对证据的采纳要求或标准不同,这必然带来航海电子证据采纳上的复杂性。对 *Total Navigator* 系统中的船舶动态显示,如果航海人员对该设备的初始化(Initial)设定出现错误,那么 *Total Navigator* 系统显示船舶的动态自然不准确。这时电子证据显然是不能被裁判者所采纳的。

航海电子证据的证明力一般具有两个层次的范畴:其一,航海电子证据一般情况有间接证据的证明价值;其二,航海电子证据可有条件地作为直接碰撞诉讼证据使用。一般情况下,由于航海电子诉讼证据容易被伪造、篡改,再加上航海电子诉讼证据受人为原因或技术条件的影响,易出现失常状态,如 *Total Navigator* 系统的初始化错误。此种情形下,本书认为,可将航海电子诉讼证据归入"视听资料"范畴,其根据为我国《民事诉讼法》第 69 条规定:"人民法院对视听材料,应当辨别真伪,并结合本案的其他证据,审查确定能否作为认定事实的根据。"由此,视听资料一般不能单独、直接地证明待证船舶碰撞事实,属间接碰撞诉讼证据的范畴,这与初始化错误的 *Total Navigator* 系统的作用是相吻合的。

但航海电子证据与一般的视听资料又有不同之处。本书认为,依据法定形式准确、清晰打印出来的航海电子证据的输出打印稿的证明力应该得到裁判者的采信。航海仪器中的电

---

① Christopher Hill, *Maritime Law* (2nd ed.). Lloyd's of London Press, 1985, p.138.

子航向记录仪,如果该仪器在各方面符合要求,那么通过分析其记录纸上的航向记录,可以正确分析出船舶发生碰撞前、碰撞时以及碰撞后当事船舶的一系列航向变化。在此情形下,航海电子证据的证明力是很强的,可以视为一种直接碰撞诉讼证据,认可其具有独立的证明有关船舶碰撞事实的证据效力。

根据《民诉证据规定》,可以推导出如下结论:其一,已被法院生效裁判、仲裁机构生效的裁决所确认的航海电子证据事实,或者为有效的公证文书所证明的船舶碰撞事实,或者人民法院依法调查收集的航海电子证据,或船舶碰撞诉讼中双方均承认的航海电子证据,裁判者可以直接认定以上情形下的航海电子证据的证明力;其二,船舶碰撞诉讼中当事人只提交输出打印稿或其他输出件,而原件在计算机中被永久删除且又无其他船舶碰撞诉讼证据印证,除非对方认诺,否则不能单独作为定案依据。

(二)间接船舶碰撞诉讼证据的证据能力和证明力

间接证据居多是由船舶碰撞侵权行为的特点决定的。裁判者在采证时,会面临大量的间接船舶碰撞诉讼证据,这也是裁判者对船舶碰撞诉讼证据进行采证所面临的不可回避的问题。船舶碰撞诉讼中的间接证据不能单独、直接地证明船舶碰撞的主要事实,但可以单独直接地证明船舶碰撞的某个情节或片断。船舶碰撞诉讼中的间接证据对船舶碰撞主要事实的证明具有间接性,但是对于船舶碰撞事实中某个情节或片断的证明则可能具有直接性。因此,在这个意义上,间接船舶碰撞诉讼证据具有的重要作用主要有如下表现。

首先,间接船舶碰撞证据内含有获取直接的船舶碰撞证据的线索。船舶碰撞诉讼实践表明,在船舶碰撞发生后,当事人往往对航海日志进行伪造或涂改,使所记载的内容与船舶碰撞发生时毫无关系,但裁判者仍需将这种航海日志作为采证对象的内容进行认定,因为通过这些可以发现直接船舶碰撞诉讼证据。其次,间接船舶碰撞诉讼证据可以用来鉴别、印证直接船舶碰撞诉讼证据,强化、弱化或否认直接船舶碰撞诉讼证据的证明力。再次,间接船舶碰撞诉讼证据可以和直接船舶碰撞证据相结合,全面证明船舶碰撞事实。直接和间接的船舶碰撞诉讼证据相结合,往往具有很强的证明力。最后,在无法取得直接船舶碰撞诉讼证据的情形下,可以利用概率理论原理和相关规则,使用间接的船舶碰撞诉讼证据证明船舶碰撞事实。

从以上分析可以看出,间接船舶碰撞诉讼证据的证明力是由船舶碰撞诉讼证据与船舶碰撞事实之间联系的性质和程度所决定的,而且间接船舶碰撞诉讼证据与船舶碰撞事实之间联系的实现离不开推理、离不开一定的前提,因此,评断间接船舶碰撞诉讼证据的证明力就是要分析该证据赖以连接船舶碰撞事实要素的推理及其前提。有学者在研究间接证据的证明力时,总结出两条规律:其一,以必然真实性判断为前提的间接证据的证明力大于以或然真实性判断为前提的间接证据的证明力;其二,在以或然真实性判断为前提的间接证据中,前提为真的概率与证据的证明力成正比。①

本书认为,该原理完全可以指导船舶碰撞诉讼中间接证据的证明力的认定。在 the *Nordic Ferry* 一案中,对于碰撞位置的确定是裁判者要决定的极其关键的问题,而碰撞双方都无法提供直接证据来证明发生碰撞的位置。裁判者根据 *Nordic Ferry* 轮和 *San Salvadour* 轮的相关的间接碰撞证据,推理出两船的碰撞位置大约在疏浚航道距 Fort 浮 1 链处(One Cable),进而裁判者认为"两船对碰撞应受同等的谴责"。②

(三)海事行政机关依职权调查和收集的船舶碰撞证据材料的证据能力和证明力

我国《海上交通安全法》赋予我国海事行政机关依职权对民事纠纷具有调查调解的权能,这必然产生海事行政机关关于船舶碰撞的调查处理对船舶碰撞诉讼的重大影响。因此,研究海事行政机关依照职权收集的船舶碰撞证据材料的证据能力和证明力是非常必要的。英国 1938 年《证据法》明确规定,海事行政机关制作的船舶碰撞证据材料不能作为船舶碰撞诉讼证据援引,这是由英国的"司法权优于行政权"的理念所决定的。正是在这种理念下,英国的行政强制执行制度下的一切行政活动都必须在司法权的控制之下。美国的《证据法则》规定,美国海岸警卫队(U.S. Coast Guard)所作的调查报告可以作为证据被法院接受,其所得出的有关船舶碰撞原因的结

---

① 何家弘主编:《刑事审判认证指南》,法律出版社 2002 年版,第 152 页。
② The *Nordic Ferry* [1991] 2 Lloyd's Rep.591.

论对法院虽不具有约束力,却起到了重要的参考作用。① 这表明,美国相关证据法对海事行政机关调查收集的船舶碰撞证据材料的证据能力是予以承认的,但对其证明力则表现了谨慎的态度。

本书认为,裁判者在采证过程中,对于海事行政机关调查收集的有关船舶碰撞诉讼证据材料的证据能力应予以一定程度的采纳,但在对船舶碰撞诉讼证据的证明力的采信上,应力图构建一套法定程序,合理地进行采信,既不能断然地否认海事行政机关调查收集的证据,也不能全盘地承认其证据的证明力。

首先,由于船舶碰撞诉讼证据本身的匮乏性,裁判者对船舶碰撞诉讼证据进行采证时技术明显不足,因而造成裁判者在采证过程中对海事行政机关调查收集的证据形成了一定的依赖性。在这种局面下,裁判者在采证时,之所以应采纳海事行政机关依职权调查收集的相关船舶碰撞诉讼证据,是由于海事行政机关调查收集的有关船舶碰撞的证据材料也是由法律来规制的,即是法律效力使然。我国海事局制作的《海上交通事故调查表》是以我国相关法律法规为依照的,从其制作特点、内容以及法律属性来看,调查报告书的确对目前的船舶碰撞诉讼证据的采证行为产生了很大影响。

其次,必须努力构建一种法律程序或机制,对海事行政机关调查收集的相关证据,如调查报告书的证明力,即证据效力

---

① 金正佳主编:《海事诉讼法论》,大连海事大学出版社 2001 年版,第 347 页。

进行科学地认定,使之程序化、规范化。

最后,海事行政机关调查收集证据的目的在于行政责任的确定,而不是船舶碰撞纠纷的解决,海事行政机关最终的宗旨是实现其作为国家行政机关的依法行政的职能,发现事故原因,预防事故的发生。因此,我国海事行政机关收集、制作的船舶碰撞证据材料不一定符合我国法律对证据的要求。我国海事局制作的《"运鸿"轮与"爱丁堡"轮碰撞事故调查报告》《"大勇"轮与"大望"轮碰撞事故调查报告》,以及《"汇兴"轮与 *OOCL FIDELITY* 轮碰撞事故调查报告》,都表明了这一点。对于海事行政机关收集的航海日志、航向记录仪等船舶碰撞证据材料,如符合我国法律所界定的法定证据要求,则可以承认其作为证据的证明力。但对于海事行政机关所制作的调查报告书或其他书面材料,因其不属我国《民事诉讼法》七种法定证据之列,故裁判者在采证时,不能全然地将这类材料作为定案的证据,而只能作参考使用。此情形下应考虑综合采证的方法,即以其他船舶碰撞诉讼证据辅证,以决定其证明力是否采信。因此,要想使裁判者在采证过程中认定海事行政机关所调查收集的相关船舶碰撞证据材料的证明力,应明确规范完善海事行政机关所调查收集船舶碰撞证据的程序,从效力先定性角度来对海事行政机关主体权限、程序进行完善。

（四）船舶碰撞诉讼中鉴定结论的证据能力和证明力

船舶碰撞诉讼中鉴定结论的历史渊源——航海顾问的作

用。作为历史上航运大国的英国,航海顾问的作用是向法院提供航海和船舶驾驶方面的咨询意见。尽管关于当事人责任的最终认定是由法院或裁判者做出,[1]但航海顾问的意见仍会产生重大影响,而且航海顾问的意见多作为证据予以考虑。[2] 航海顾问对船舶技术所有事项提供证据,当事人一般无权对此质证。[3] 虽然航海顾问的作用仅仅是向法院提供咨询意见,并不对案件做出决定,但是由于航海顾问的咨询意见被当作证据,也由于这是一个传统规则,当事人指定的专家证据常常不予许可。因此,航海顾问的意见非常重要。根据法院的要求,航海顾问为获取与争议事项有关的信息与证据,可以对船舶进行检验,但当一方当事人的普通方式可能证明事情问题时,法院不得命令航海顾问进行调查或获取证据。[4]

航海顾问是英国船舶碰撞诉讼中特定历史时期的产物,到今天,航海顾问的作用虽不如历史上的那般显著,但在裁判者对船舶碰撞诉讼证据进行采证时,仍然会邀请航海专家参与其中,是谓"专家裁判者"。总之,在英国特定历史时期,航海顾问的意见作为证据,其证据能力和证明力是毫无疑问的。在 1983 年 3 月 11 日英国海事法院审理"金平"轮碰撞案时,在对船舶碰撞前双方船速的认定时,双方当事人各执一词,裁判者 Barry Sheen 征求了两名航海顾问的意见,并且采信了航海顾问的意见。

---

[1]　The *Fina Canada* (1962) 2 Lloyd's Rep.445.

[2]　The *Fritz Thyssen* (1967) 2 Lloyd's Rep.199.

[3]　The *Victory* (1996) LMLN No.443.

[4]　刑海宝:《海事诉讼特别程序研究》,法律出版社 2002 年版,第 383 页。

我国《民事诉讼法》以法定形式对鉴定结论予以规定,《海事诉讼法》第 86 条更是针对船舶碰撞诉讼程序对因船舶碰撞产生的鉴定结论进行了规定。《民诉证据规定》第 71 条对鉴定结论的证明力予以明确:"人民法院委托鉴定部门做出的鉴定结论,当事人没有足以反驳的相反证据和理由的,可以认定其证明力。"船舶碰撞诉讼中的鉴定结论是法定证据类型之一,本规定的鉴定结论特指人民法院委托鉴定部门做出的鉴定结论。因此,对船舶碰撞诉讼当事人自行委托鉴定部门做出的鉴定结论,不应包括在本条规定的范围之内。

船舶碰撞诉讼中的鉴定结论在证明力的采信条件方面与书证、物证、视听资料等证据形式不同。这表现在如果船舶碰撞一方当事人对于裁判者委托鉴定部门做出的鉴定结论持有异议时,除了必须提供足以反驳这种鉴定结论的反证证据外,还应提供具有说服力的理由,而其他却无需提出反证的船舶碰撞当事人同时附具理由。其原因是船舶碰撞诉讼中的鉴定结论,涉及特定领域的专门知识,非普通人的常识所能了解。这一点在《民诉证据规定》第 70 条和第 71 条的规定中有体现。

裁判者在采信船舶碰撞诉讼中鉴定结论的证明力时,虽然其有完全的证明力,但并不能说一个鉴定结论就能够证明所有的待证船舶碰撞事实,必须与船舶碰撞其他诉讼证据相印证,在综合分析的基础上才能做出正确的判断。《民诉证据规定》第 59 条规定:"鉴定人应当出庭接受当事人质询。"可见,船舶碰撞诉讼对方当事人没有足以反驳的相反证据和理由的,可以采信其为完全证明力的诉讼证据。

造成船舶碰撞诉讼证据匮乏性的因素之一是裁判者在采证时的技术不足或缺陷。为了解决这一问题,有学者提出两个措施:其一是建立专家陪审员制度,将各海事法院覆盖地区的航海专家列成名册,经海事法院聘请作为陪审员参与案件的审理,或允许诉讼当事人各自从各册中选出一位航海专家作为己方的陪审员;其二是当事人可聘请航海专家对碰撞事故进行分析并提出意见。裁判者毕竟不是全才通才,在采证时往往需要专家鉴定,海事法院在这方面有过很多成功的经验。而在强化当事人举证后,因发生船舶碰撞海损事故,船舶碰撞双方当事人均可聘请航海专家,对船舶碰撞进行分析。① 这就产生了船舶碰撞诉讼中专家证人的证据能力和证明力问题。

我国《海事诉讼法》并未视专家证人(Expert Witness)为法定证据种类,但考虑到船舶碰撞诉讼中的专业性和诸多特殊性,应当认可专家意见作为审理船舶碰撞的法定证据。《民诉证据规定》第 61 条的规定确立了有关专家证人制度,但也有学者认为这是关于诉讼辅助人的规定,认为诉讼辅助人与专家证人虽有联系且相似,但又有着本质的区别,专家证人是英美法系国家证据法上的概念。②

船舶碰撞诉讼中的专家证人是不同于一般证人的特殊证人,也是不同于鉴定人的证人。确定船舶碰撞诉讼中专家证人的法律地位是构筑专家证人制度的基础。英美法系的专家证人制度

---

① 刑海宝:《海事诉讼特别程序研究》,法律出版社 2002 年版,第 397—398页。

② 最高人民法院民事审判第一庭:《民事诉讼证据司法解释的理解与运用》,中国法制出版社 2002 年版,第 296 页。

是我国鉴定人制度所不具有的,在与我国的鉴定人制度相比较中更能显现出它的独特之处,可弥补我国现行鉴定人制度的不足。在理论层次上,之所以鼓吹在船舶碰撞诉讼中对专家证人的证据能力和证明力予以承认和倡导,是由专家证人制度的属性决定的。具体而言,其一,船舶碰撞诉讼中的专家证人制度是一种诉讼竞争机制,是在涉及船舶碰撞专业性鉴定的民事诉讼中设定一种竞争机制。这种机制以《民事诉讼法》规定的诉讼原则为指导而设立,其基本要件是当事人诉讼地位是平等的,诉讼目的是对立的。其二,船舶碰撞诉讼中的专家证人制度是一种维权机制,是在涉及船舶碰撞专业性鉴定的民事诉讼中设立的维权机制。其三,船舶碰撞诉讼中的专家证人制度是一种制约机制,是在涉及船舶碰撞鉴定的民事诉讼中设立的制约机制。这种制度的设立,重在制约相对方权力的滥用。船舶碰撞诉讼中专家证人制度的设立,在于创设一个让船舶碰撞当事人拓展其专业知识面的机会和可能,延伸其在专业知识方面的诉讼抗辩能力,以利于遏制相对方当事人在诉讼中的不当行为。

有学者认为对专家证人证言证明力的采证宜采用"综合采信原则"。[①] 本书认为,在船舶碰撞诉讼中,一方当事人所委托的专家证人,可能在某些方面带有一定的偏向性,所以应结合全部船舶碰撞情况综合考虑决定是否对专家证言采纳或采信多少。船舶碰撞诉讼中的专家证言并不必然优于其他船舶碰撞诉讼证据的必然证明力。裁判者对专家证言的采纳与采信

---

① 杨钧、吴签楼、陆卫民:《专家证人制度研究》,上海市高级人民法院编:《中国证据制度与司法运用》,法律出版社 2002 年版,第 69 页。

在于专家证言反映船舶碰撞的真实性程度。

（五）当事人陈述与证人证言的证据能力和证明力

《民诉证据规定》第76条对当事人的陈述的证明力有明确阐述,裁判者在船舶碰撞诉讼中的采证行为完全可依据此规定决定对船舶碰撞诉讼证据的证明力是否采信。但裁判者在采证过程中,对当事人陈述的证明力应全面地理解。其一,应该审查认定船舶碰撞当事人是否基于不良动机或目的,提供虚假的陈述,以及有无受到自身私利、威胁、利诱、欺骗等而提供虚假陈述。其二,从发生争议的船舶碰撞法律关系本身来采纳采信船舶碰撞当事人的陈述所具有的证明力,即从船舶碰撞当事人陈述的具体内容上进行采证,看重查明其陈述与船舶碰撞事实的关系——是否符合船舶碰撞事实所涉及实体法律关系的发生、发展和消灭的实际过程,有无自相矛盾之处。其三,裁判者在采纳采信船舶碰撞当事人的陈述与其他相关船舶碰撞诉讼证据有无矛盾,是否能够互相印证。在"金平"轮碰撞案中,"玛利亚·路易斯"轮大副在船员证词中称,他们发现"金平"轮在0100时左右估计"金平"轮距"玛利亚·路易斯"轮1.6海里,但他们又自称在0120时发生碰撞。由此可见,"玛利亚·路易斯"轮所提供的船员证词前后矛盾,显然是弄虚作假。[①] 裁判者Barry Sheen表示该船舶碰撞诉讼证据材料无法令人相信,十

---

① Robert Force, *Admiralty and Maritime Law*. Federal Judicial Cenner, 2004，p.125.

分令人怀疑(Unbelieving)。

　　船舶碰撞诉讼中的证人证言的采纳和采信可以按照《民诉证据规定》第 78 条之规定来认定。由于我国《民事诉讼法》下证据部分没有类似于英美法系证据立法中关于证据排除规则的系统规定,长期以来我国裁判者在审理民事案件中对证人证言真实程度的判断基本上是根据裁判者内心的确信,即自由心证做出的。保障这类判断正确的是裁判者的职业道德、审判经验和社会阅历,而我国的裁判者选任制度决定裁判者的素质还存在较为偏低的问题,可见这种保障是脆弱且不牢靠的。①

　　解决此问题的理性途径是构建船舶碰撞诉讼证据采证规则。由于船舶碰撞诉讼证据的独自特征,以及船舶发生碰撞时的特殊侵权环境,裁判者对船舶碰撞诉讼中证人证言的采纳和采信是较为复杂的过程。裁判者在采证时,还会受个人的良心、船舶碰撞知识水平、社会经验、司法经验的制约。因而,裁判者对船舶碰撞诉讼中的证人证言的证据能力和证明力的采纳和采信,须考虑以下因素:其一是证人证言的智力状况,包括证人的年龄、精神状况;其二是证人的品德;其三是证人的知识、经验、法律意识和航海专业技能等。

　　因而,船舶碰撞诉讼中对证人证言的证据能力的采纳规则应是:①证人证言与船舶碰撞事实无关联性的不予采纳;②船舶碰撞诉讼中证人证言必须具有客观性,不具有客观性的证人证言,不予采纳;③在船舶碰撞诉讼中,证人就其所经历的事实

----

　　①　最高人民法院民事审判第一庭:《民事诉讼证据司法解释的理解与运用》,中国法制出版社 2002 年版,第 373 页。

进行推测的事项提供的证言属于意见证据,一般不予采纳,但对基于经验事实的某些常识性判断除外。

　　船舶碰撞诉讼中对证人证言的证明力的采信规则应是:①证人陈述船舶碰撞事实证言的内容前后矛盾又无其他证据佐证的,不予采信;②船舶碰撞对方当事人对证人证言提出确实的反证时,且提供证人证言的一方不能反驳的情况下,对该证人证言不予采信;③在没有直接船舶碰撞诉讼证据的前提下,作为间接船舶碰撞诉讼证据的证人证言,没能与其他间接证据形成一个完整的证据链,或是形成了证据链但得出的结论不具有排他的唯一性时,对该证人证言不予采信。

　　当事人陈述与证人证言一定程度的混同性,使得裁判者在采证时需要特殊的原则性才能使采证行为科学且理性,才能对此情形下的船舶碰撞诉讼证据的证据能力和证明力予以合理的采证。只有将船舶碰撞诉讼中的当事人陈述和证人证言的证据能力和证明力相结合,才能构建一套比较合理的采证规则。

　　裁判者在对以上情形的船舶碰撞诉讼证据的证据能力和证明力进行采证时,除了遵循一般的采证规则外,还应该对诉讼心理机制进行一定的探究和认知。根据诉讼心理学原理,社会环境条件对证人的作证动机、观念及对案件所涉及的人和事的态度与情感倾向都具有潜在的和显在的影响。[①] 据此,裁判者在对船舶碰撞诉讼证据进行采证时,还要考虑诉讼心理学原理,综合对特定情形下的船舶碰撞诉讼证据的证据能力和证明力予以采证。

────────────

① 　徐伟、陆千晓:《诉讼心理学》,人民法院出版社 2002 年版,第 233 页。

第五章
船舶碰撞诉讼采证的
标准与逻辑方法

第一节 船舶碰撞诉讼裁判者
采证标准之内涵

一、对采证标准的一般认知

在构建船舶碰撞诉讼证据采证对象的基础上，一个完整的船舶碰撞诉讼证据采证规则，还必须以明确船舶碰撞诉讼证据采证标准（Standard of Evidentiary Admissibility and

Evidentiary Weight)为构成条件。因此,确定船舶碰撞诉讼证据采证标准之内涵成为关键一环。

理论上学者对采证标准的内涵认识存在争议。同大部分在认识采证对象一般是从"认证"这个角度出发的观点一样,对于采证标准的探究,多数学者也是从"认证标准"的角度来考察的。有观点认为,所谓认证的标准,是指把证据材料认定为证据应满足的条件,满足了这些条件,证据材料才可以被认定为证据。该观点进一步认为,对认证的标准可以从客观标准和主观标准两个方面去考察。认定证据的客观标准是要对证据材料的三性,即客观性、关联性、合法性做出评价;认证的主观标准是裁判者把该证据材料放到整个案件中进行考察,看其是否能对形成内心确信起到作用。① 也有观点认为,民事诉讼认证的标准应当是真实性、关联性与合法性。用"真实性"取代"客观性",是由于学理对民事诉讼证据客观性的认识尚存分歧,以"真实性"来取代"客观性"的表述,指作为认定事实(Finding of Facts)依据的证据,必须是经人民法院查证属实的证据,真实性与客观性的区别还可以通过下面的表达来体现,即真实性的对立面是虚伪性,而客观性的对立面是主观性,具有客观性的证据即具有真实性,而带有主观性的证据却不一定是虚伪的。②

有学者在研究民事诉讼中裁判者的采证标准时抛开了"认证"传统理论的禁锢。本书认为,所谓采证标准,是指裁判者对

---

① 何家弘主编:《证据学论坛》(第四卷),中国检察出版社 2002 年版,第 54—58 页。

② 段厚省:《民事诉讼认证制度研究》,何家弘主编:《证据学论坛》(第四卷),中国检察出版社 2002 年版,第 93 页。

证据的证明力大小与强弱的认定所应遵循的标准。这种标准应仅限于对证明力的认定,即对构成诉讼证据的实质要件或证明价值的认定。而对诉讼证据的形式要件的认定,是对法律赋予证据资格的确认,在通常意义上,不能认定证据能力有大小与强弱之分,只能认为其有无并予以取舍。因此,在此涉及的采证标准仅涉及证明力的大小与强弱,即证据价值的判断与评估。①

本书之所以赞同这一对采证标准内涵的界定,其理由如下:①符合自由心证的理论更加理性的发展趋势,体现了对自由心证理论全新地和辩证地认知,这是对我国民事诉讼中证据规则受意识形态领域严重束缚的一次解脱;②抛开了传统对自由心证原则的误解,借鉴现代自由心证原则的合理因素,符合裁判者在采证实践中的实际情况;③也是本书不赞同前两种关于认证理论观点的理由,即虽然前两种观点也有其合理性,但有混淆采证标准与采证对象之嫌疑。

二、船舶碰撞诉讼裁判者采证标准的内涵及其制约因素

正是在对采证标准的一般认识和理解的基础上,船舶碰撞诉讼证据采证标准的内涵应是在船舶碰撞诉讼中,裁判者在当事人就船舶碰撞进行举证、质证的基础上,对所涉及的与待证

---

① 毕玉谦:《民事证据法判例实务研究》,法律出版社 1999 年版,第 532 页。

船舶碰撞事实有关联的船舶碰撞诉讼证据的证明力大小与强弱进行认定时所应当遵循的标准。充分全面地考量船舶碰撞诉讼证据采证标准的内涵,应从以下角度着手。

船舶碰撞诉讼证据采证标准与采证中裁判者的自由裁量权(Discretion)息息相关。要从实体方面对自由裁量权进行控制,是相当有限且困难的。如果立法技术可以对认证标准精确地具体化,那么自由裁量权也就没有存在的必要了。正因如此,国外立法对裁判者自由心证的控制,主要体现在程序方面。①

裁判者在采证中的自由裁量权体现为对船舶碰撞诉讼证据的证明力的判断上,根据前面所确定的船舶碰撞诉讼证据对象的内容,船舶碰撞诉讼证据证明力的大小实际决定于船舶碰撞诉讼证据的真实性和关联性。这是因为关联性要以客观性为前提,船舶碰撞诉讼证据只有真实性才会与船舶碰撞事实相关联。船舶碰撞诉讼证据和船舶碰撞事实的关联性越强,越能真实地反映船舶碰撞事实,船舶碰撞诉讼证据的证明力就越强。船舶碰撞诉讼证据和船舶碰撞待证事实的关联程度需要用某种标准来衡量,这种标准就是船舶碰撞诉讼证据采证标准。裁判者对船舶碰撞诉讼证据的证明力的认定就是为了确定该证据能否作为定案证据。裁判者的采证作为一种主观的认识,它的确信程度只能由裁判者根据具体的船舶碰撞情况而定,裁判者在船舶碰撞诉讼证据采证中关于自由裁量的含义就是容许裁判者进行判断和选择,要确信一个数量化的客观标准

---

① 黄继伟:《认证中裁判者的自由裁量权》,《司法审判动态与研究》2002 年第 2 期,第 91 页。

显然是不可能的。自由心证理论之所以有科学积极的价值，是因裁判者在船舶碰撞诉讼证据采证行为中的采证标准依据是客观的，即裁判者根据一定的方法来判断分析船舶碰撞诉讼证据，而不是心血来潮的任意行为。船舶碰撞诉讼证据采证标准的衡量有以下两种制约因素。

第一，船舶碰撞诉讼证据采证标准应以船舶碰撞所确立的公平和效率的法律价值为出发点。裁判者在对船舶碰撞诉讼证据的证明力自由裁量时，应当以船舶碰撞法所蕴含的公平与效率的法律价值为出发点，通过裁判者的采证行为，做出理性的选择。裁判者的采证行为是一种逻辑推理过程，因此，裁判者不能从个人好恶出发，而应当考虑船舶碰撞法所确定的法律价值，以使采证行为符合船舶碰撞这种侵权对当事人或第三人的法律救济的实现。裁判者的采证过程应当符合逻辑、理性，自由裁量要接受社会的检验。在构成船舶碰撞的诸原因中，缺乏正规的瞭望是极其常见的原因之一。但在 the Tacoma 案中，[①]裁判者关于船舶碰撞诉讼证据采证行为显示了"缺乏不重要的正规瞭望并不是过失"的观念。裁判者确立此观念便是建立在船舶碰撞诉讼证据采证标准应以船舶碰撞所确立的公平和效率的法律价值为出发点的基础上的，并不是船舶碰撞当事方一旦违反瞭望便应承担全部的碰撞责任，这也体现了船舶碰撞诉讼证据采证标准应具有一定的理性。

第二，船舶碰撞诉讼证据采证标准与船舶碰撞诉讼中的证明标准是息息相关的，是一个问题的两个方面。船舶碰撞诉讼的证

---

① The Tacoma（Wash 1888）36 L Ed.469.

明标准所指的对象是船舶碰撞诉讼的证明活动,是运用船舶碰撞诉讼证据证明船舶碰撞事实所应达到的程度。而船舶碰撞诉讼证据采证标准所指向的是船舶碰撞诉讼证据,是裁判者对船舶碰撞诉讼证据进行采证行为的根据和尺度。两大法系对证明标准的认知是不同的。[1] 就立法视角而言,证明标准指向的是裁判者,是一种裁判者掌握的尺度,当事人尽管也可以根据证明标准做出判断,但此种判断却只能是一种方向性的猜测。[2] 从这种视角来看,船舶碰撞诉讼证据采证标准与船舶碰撞诉讼中的证明标准是息息相关的,二者有着千丝万缕的联系。The Iran Torb 案[3]和 the General VI 案都表明船舶碰撞诉讼证据采证标准与船舶碰撞诉讼中的证明标准是息息相关的。[4]

第二节　心证规则主义:船舶碰撞诉讼
裁判者采证标准之理论基础

船舶碰撞诉讼证据采证标准的确定是以心证规则主义为理论引导的,对心证规则主义理论的塑构是确定船舶碰撞诉讼证据采证标准的理论基石。

---

① 毕玉谦:《民事证据法判例实务研究》,法律出版社 1999 年版,第 850 页。
② 吴宏耀、魏晓娜:《诉讼证明原理》,法律出版社 2002 年版,第 201 页。
③ Vol.2 Lloyd's Law Report.38.
④ Vol.2 Lloyd's Law Report.9.

一、自由心证的历史变迁

自由心证制度是近代诉讼的产物,是对中世纪后期宗教法庭推行法定证据制度的否定。由于法定证据制度严重地约束了裁判者在审判时的裁量范围,证据的证明力取决于僵硬的法律规制,因此,法定证据制度在 19 世纪下半期被逐步放弃。[①]自由心证作为一项实定的法原理与法制度,渊源并存在于大陆法系的传统。自由心证的法理基础是"不确定性"理论作用和影响的结果,必须不断地检查和修正法律,以适应法律所调整的实际生活变化。如果要寻求原理,那么既要探索程序性原则,又要探索变化性原理。[②] 渊源于法之不确定性的自由心证,在各国的发展是不同的,因而形成了不同的内涵和理解。

早期的自由心证强调裁判者的自由裁量权,形成了心证的隐蔽性,导致裁判者滥用自由裁量权的问题。现代自由心证产生于 20 世纪 30 年代后,大陆法各国对传统自由心证进行改造,抛弃非理性和非民主的因素,既强调裁判者采证时的心证自由,也注重法律规则特别是证据规则对裁判者自由心证的制约,突出心证过程与结果的公开。现代自由心证,既能保证裁判者的自由心证,也能有效地防止裁判者对自由心证的滥用,符合裁判者科学地进行采证活动的客观规律。

我国学术界在很长一段时期内不承认自由心证,认为自由

---

① 樊崇义主编:《刑事诉讼法学研究综述与评价》,中国政法大学出版社 1991 年版,第 193 页。

② 刘春梅:《自由心证制度研究:以民事诉讼为中心》,厦门大学出版社 2005 年版,第 125 页。

心证完全是主观主义、唯心主义的东西,它扩大了"资产阶级裁判者判断的任意性,助长了资产阶级裁判者的擅断"。① 早期我国部分学者主张"审查判断证据的标准是客观事实,审查判断证据的原则是'实事求是'。'实事求是'一词十分准确、简练地反映出我国《民事诉讼法》审查判断证据的原则和特色"②。事实上,裁判者对证据的判断过程,本身就是一个主观对客观的认识过程,这个过程是无法排除裁判者的主观因素对证据进行采证的影响。虽然法律没有规定自由心证制度,但在审判实践中,裁判者都在一定程度上实践着自由心证的原则。因此,我们应当抛弃对自由心证原则的误解,借鉴现代自由心证原则的合理因素,并对其进行符合中国国情的改造,以此为基础建立符合我国国情的证据制度。《民诉证据规定》第 64 条第 3 项和第 63 条,在民事诉讼实践的基础上,界定了"法律真实"的证明要求,确定了具有现代自由心证特征的中国特色的裁判者采证原则。③

二、心证规则主义的提出

无论从各国的立法上,还是学者们对现代自由心证主义的研究上,人们对自由心证主义的认知逐渐趋于理性化,其中心证规则主义理论的产生,足以说明这个问题。

① 最高人民法院民事审判第一庭:《民事诉讼证据司法解释的理解与运用》,中国法制出版社 2002 年版,第 303 页。
② 谭兵主编:《民事诉讼法学》,法律出版社 1997 年版,第 288 页。
③ 最高人民法院民事审判第一庭:《民事诉讼证据司法解释的理解与运用》,中国法制出版社 2002 年版,第 304 页。

　　所谓心证规则,是指立法者事先就裁判者在审判上所做事实认定时必须遵循的法律原则与程序规范。裁判者的心证本身就含有自由裁量权的本意与属性。裁判者的心证所需要的规则,也正是心证自由的相对性所决定的。裁判者的心证在立法者所设定的规则范围内所享有的自由是一种绝对性的自由,这种心证上的绝对自由由于有了规则所使然而并非是主观、恣意的产物,实则是完全依据客观标准、外在条件以及内在规律的合理性产物。这就是心证规则的基本含义。①

　　心证规则主义有三大基本特征。其一,心证规则主义体现的是裁判者心证与法定规则上的内容与形式的统一,其实质内容是裁判者的心证,但是形成裁判者心证必须依据相应的法定规则,这些法定规则构成了裁判者心证的必要形式。裁判者在审判上形成心证的过程,也就是适用法定规则的过程。其二,心证规则主义所体现的裁判者心证与法定规则之间的关系并非是对立的,而是相辅相成的有机统一体。其三,只有在法定规则的调整之下,裁判者心证的"自由"才是一种"绝对"的自由。裁判者心证上的这种"自由",在一般意义上只能说是相对的自由,因为这种相对的自由是在没有任何条件下的对应物。

　　法律上所制定的规则是对一般法律现象及通常规律的总结和反映,它本身就是人的智慧的集中体现,同时它的价值也在于规则本身是冷漠的,非人情化的,正因如此,才更能体现出

----

　　①　毕玉谦:《论心证规则主义的塑构》,毕玉谦主编:《中国司法审判论坛》(第二卷),法律出版社 2002 年版,第 63 页。

规则大公无私的禀性。但是,立法者的智慧与预见永远不能超脱由于其现实的局限性而体验到超出一般范畴的特殊情形,对此,唯有信赖裁判者的知识与智慧,充分发挥其个性优势,才能达到补充法源的现实司法目标。法定规则与人类的理性这对关系范畴正是创设心证规则主义的理论基础,因此,就实现诉讼的总体价值目标而言,法定规则与人类理性之间的关系是并行不悖、相互依存的。这是对确立心证规则主义的理性分析。

三、心证规则主义下船舶碰撞 诉讼证据的采证标准

心证规则主义下的采证标准是指,裁判者基于认定案件事实的需要借助证据以及有关证明方式在内心深处所获得的确信程度或定案尺度。英美法系与大陆法系对采证标准的认知是不同的。

英美法系国家确认的"盖然性占优势"(on a Preponderance of Probability)标准,是适用于民事案件的最低限度的证明要求,也叫或然性权衡或盖然性占优势的标准。该标准鼓励了双方当事人的相互举证和反驳,相比之下,裁判者无需获得较强的心证程度,举证责任或举证负担更具有实际意义,并起到了决定性作用。与英美法系不同的是,大陆法系在诉讼证明上主张"高度盖然性"(the High Degree of Probability),这种证明标准并不必须以当事人的激烈对抗为前提,虽然当事人能在庭审前准备证据以及在庭审中进行质证活动,但裁判者仍有较大的

职权来控制诉讼程序的进行。①

　　我国关于《民诉证据规定》的采证标准历来是有争议的。最高人民法院的《民事证据规定》第 73 条借鉴了其他国家的有益经验,确立了高度盖然性的标准。在当事人对同一事实举出的相反证据且都无法否定对方证据的情况下,由人民法院对当事人证据的证明力进行衡量。

　　心证规则主义下的船舶碰撞诉讼采证标准必然是遵循高度盖然性的标准,但本书以为,具体到船舶碰撞诉讼证据采证行为,这种标准应该是更高要求的采证标准,笔者谓之为特定条件下的"高度盖然性标准"(Conditional High Degree of Probability)。船舶碰撞诉讼证据采证标准追求特定条件下的高度盖然性的标准,其基本内涵是将盖然性占优势的认识手段运用于船舶碰撞诉讼审判中。在船舶碰撞诉讼证据对待证船舶碰撞事实的证明无法达到确实充分的情况下,如果船舶碰撞一方当事人提出的证据已经证明该碰撞事实发生具有高度的盖然性,裁判者即可对该船舶碰撞事实予以确认;但裁判者的这种确认应该严格遵循船舶碰撞诉讼证据的独自特征对裁判者采证行为的要求、船舶碰撞法以及航海习惯,因而形成所谓的特定条件下的高度盖然性标准,这主要是基于以下两个方面的因素。

　　其一,船舶碰撞诉讼活动有其自身的内在特点和规律,这是由船舶碰撞诉讼证据的独自特征决定的,并进一步影响了关

　　① 肖建国、肖建华:《民事诉讼证据操作指南》,中国民主法制出版社 2002 年版,第 293—294 页。

于船舶碰撞诉讼证据采证对象的确定。裁判者永远是在船舶碰撞发生之后来了解船舶碰撞事实的真相。这就决定了裁判者的思维是一种逆向思维,裁判者对船舶碰撞争议事实的认识只能是一种间接的认识,以"恢复"船舶碰撞的本来面目。裁判者力求通过对船舶碰撞诉讼双方当事人所提交的船舶碰撞诉讼证据做出判断来使自己的认识无限接近船舶碰撞争议事实的真相,却不可能重现船舶碰撞争议发生的全过程。

船舶碰撞诉讼证据的独自特征对裁判者的这种认识提出了更高的要求,即在遵循民事诉讼证据采证高度盖然性标准的基础上,更要兼顾船舶碰撞诉讼证据的独自特征对裁判者的采证行为提出的更高要求。因为只有完全、科学地把握船舶碰撞诉讼证据的独自特征,裁判者才有可能认知、恢复船舶碰撞争议事实的本来面目,进而在内心形成一种确信,达到高度盖然性的要求。但这种高度盖然性的要求是以裁判者对船舶碰撞诉讼证据的独自特征的一定程度上的把握为基础的,故而是特定条件下的高度盖然性标准。

其二,船舶碰撞诉讼中存在的调整船舶碰撞的法律、国际公约或航海习惯同样也要求心证规则主义下船舶碰撞诉讼证据的采证标准应为特定条件下的高度盖然性标准。裁判者对船舶碰撞事实的认识与船舶碰撞客观事实的接近程度必然要受到一定的限制,诸如裁判者在船舶碰撞诉讼证据采证行为中对调整船舶碰撞的法律或航海习惯的了解程度及其适用、对调整船舶碰撞的法律或航海习惯的思维加工过程是否正确、科学。调整船舶碰撞的法律或航海习惯与调整一般民商事领域的法律或习惯是在一定程度上、一定范围内是不同的,如在过失归责方面的不同。这些不同之处必然要求在确定船舶碰撞诉讼证据的采证标准时,认识到船舶碰撞诉讼中存在的调整船舶碰撞的法律、国际公约或航海习惯对裁判者的采证行为产生的影响。

第三节 船舶碰撞诉讼裁判者采证标准确定的实证分析及其在采证中的运用

一、确立船舶碰撞诉讼证据采证标准的实证分析

在 the *Mancunium* 案中,*Deepdale H* 轮与 *Mancunium* 轮在 Mersey 河东南 *Eastham* 航道上发生了碰撞,案情概要如下。1982 年 3 月 31 日,当地时间大约 0122 时 *Deepdale H* 轮与 *Mancunium* 轮发生了碰撞,*Deepdale H* 轮装有 507 吨油脂向内(Inbound)航行,碰撞时船长和大副都在驾驶台上;*Mancunium* 轮是一条挖泥船,装着烂泥正向外(Outbound)航行,碰撞时,*Mancunium* 轮的驾驶台上有大副 Hennessey 和一名舵工以及其他负责瞭望的水手。碰撞地点就在曼彻斯特港

161

界的外边,适用的有关规则是 1972 年《国际海上避碰规则》。
Eastham 航道是一狭水道,每一船舶都有义务按《国际海上避碰规则》第 9 条第 1 项的要求,即若安全可行时,应尽可能地保持在位于本船右舷的该航道外侧行驶。碰撞前两船的动态是 *Deepdale H* 轮正驶往 80 英尺的船闸,*Mancunium* 轮从 50 英尺的船闸出来。船舶碰撞后的相关碰撞证据表明,*Mancunium* 轮船尾与 *Deepdale H* 轮左舷相碰,碰撞点在 *Deepdale H* 自前向后大约 1/3 船长处,碰撞角为 65°(与 *Deepdale H* 轮船尾成交角)。碰撞时 *Deepdale H* 轮已全速倒车,*Mancunium* 轮以全速进车,大约对水速度有 7—8 节,且右满舵,碰撞前不久左满舵并左车全速倒车。[①]

在法庭上,两轮都提供了碰撞时两船的作业海图、航向记录仪、航海日志、车钟记录、轮机日志,并且 *Mancunium* 轮提供了证人证言。碰撞双方对于 *Mancunium* 轮在碰撞前是否偏向航道的两侧展开了激烈争辩,因为这关系到双方碰撞责任大小的界定。裁判者认为虽然双方提供的船舶碰撞诉讼证据都具有可采纳性,在航海顾问的协助下,裁判者经过对船舶碰撞诉讼证据的认真采证,认为在碰撞的紧迫局面阶段,证据表明 *Mancunium* 轮偏向航道的西侧,在驶往 *Deepdale H* 轮时认识到与 *Deepdale H* 轮要发生碰撞而操右满舵,*Mancunium* 轮船首开始指向下游。因而,裁判者认为 *Deepdale H* 轮提供的证据的证明力比较大,因而认定了 *Mancunium* 轮在发生碰撞时,偏向航道的西侧。根据双方提供的证据显示,*Mancunium* 轮

---

① ［1987］2 Lloyd's Rep.627.

在涨潮的情况下,没有以安全或正确的航速航行,*Mancunium*轮大副 Hennessey 提出的证据表明船已偏离航道的西侧,这才致使与 *Deepdale H* 轮发生碰撞,但避免 *Mancunium* 轮偏离航道的措施很简单,只要右满舵的操纵即可避免,可令人遗憾的是 Hennessey 先生并没有这样做。因而 *Mancunium* 轮没有保持在航道的正确一侧,属于未按海员通常做法(Ordinary Practice of Seamen)航行,以致与他船构成碰撞危险,*Mancunium* 轮是有过失的,该轮的过失无疑导致了碰撞。

但是不是碰撞责任完全由 *Mancunium* 轮承担呢?裁判者在认定 *Deepdale H* 轮提供的有关证据时发现,该轮车钟记录仪显示在碰撞发生前该轮采取了倒车的行为。综合当时的水文环境,裁判者认为,*Deepdale H* 轮若不倒车,也是完全无可指责的,因其一直航行在靠近航道的西侧,该轮在控制之下而且没有过快的速度,且也没让她的船头被漩涡或平潮滩所左右。如果说 *Deepdale H* 轮要承担责任的话,那么就是该轮不该倒车却采取了倒车的行动。裁判者在听取相关证人的意见后,认为 *Deepdale H* 轮实施倒车的行为是因为她觉察到 *Mancunium* 轮的行动结果会导致碰撞危险,她全速倒车不是海员通常做法,而且这种行动会增加而不是减少碰撞危险。裁判者综合了两船各自提供的船舶碰撞诉讼证据,认为 *Deepdale H* 轮也有过失,但少于 *Mancunium* 轮的过失,责任分摊是 *Mancunium* 轮负 2/3,*Deepdale H* 轮负 1/3。[①]

----

① E.S. Roscoe, *The Measure of Damages in Actions of Maritime Collisions.* BiblioBazaar, 1909, pp.2—5.

本案涉事双方争议的焦点之一是碰撞发生前 *Mancunium* 轮是否偏向航道的西侧,因为这是决定碰撞的责任大小划分的主要依据。两船提供的船舶碰撞诉讼证据都具有可采纳性,但对于船舶碰撞诉讼证据的证明力的可采信性上,裁判者依据 *Mancunium* 轮提供的航海日志、车钟记录仪、航向记录仪、轮机日志、舵工的证词、碰撞海域的水文资料,认为 *Mancunium* 轮的行为与发生船舶碰撞的关联程度更大。关联程度大,也即表明导致船舶碰撞的船舶碰撞诉讼证据的证明力越大,因而裁判者认为 *Mancunium* 轮应负主要碰撞责任。

裁判者之所以如此判决,是由船舶碰撞诉讼证据的特征决定的,而且为裁判者所考量的另一重要因素是调整船舶碰撞的法律或航海习惯对该案的规制作用。因为在裁判者的采证行为过程中,裁判者时刻在对有关船舶碰撞法或航海习惯的使用进行认定。这也是裁判者对船舶碰撞诉讼证据的采信过程。而在这一过程中,表明了裁判者的一种"心证",即船舶碰撞诉讼证据采证标准的问题。

裁判者在 the *Mancunium* 案中对船舶碰撞诉讼证据的采证行为,实质是展示了船舶碰撞诉讼证据的采证标准的选择过程,这种特定条件下的高度盖然性采证标准的选择过程是在船舶碰撞诉讼实践中逐步形成的,是在充分考量船舶碰撞诉讼证据的独自特征的基础上沉淀而成的,也是对船舶碰撞诉讼证据采证对象认知的升华。

二、特定条件下高度盖然性标准在船舶碰撞诉讼证据采证行为中的运用

在民事诉讼中,采证标准的认定依据应是客观的,采证标准的内容也应是具体的、客观的,但是采证标准的形式却是抽象的和主观的,这是由裁判者的自由裁量权产生的对某一证据的证明力的内心确信程度所决定的。自由裁量或自由心证的本旨在于,在特定诉讼原则与证据规则约束下,裁判者在法律许可的范围和限度内,在就证明力所产生的多重价值进行抉择时,有权选择、认可其中的一种而取舍、规避另一种裁判定式。

对证据证明力的采证标准应体现在裁判者"心证"的确信程度上,这种程度是主观和抽象的。① 从这个意义上讲,民事诉讼中采证标准实质是证明责任与心证规则主义相互作用的关系问题。这种相互关系表现为,民事诉讼中当事人是否尽到了证明的责任,是由裁判者根据心证规则主义进行判断决定的。有学者把裁判者的心证程度分为四等:①微弱的心证,即不完全的心证;②盖然的心证;③盖然的确定心证;④必然的确实心证。①②两级心证都是属于弱的心证,③④属于强的心证,前

---

① 毕玉谦:《民事证据法判例实务研究》,法律出版社 1999 年版,第 533 页。

两种心证不能做出确认的判断。① 关于民事诉讼中的证明标准达到何程度才是一个理想的标准存在重大分歧。《民诉证据规定》第 73 条界定了民事诉讼中证据标准是高度盖然性,也即内心确信标准。

根据船舶碰撞诉讼证据的独自特征,宜有深入研究船舶碰撞诉讼证据采证标准之必要,或在一般民事诉讼采证标准的基础上,对船舶碰撞诉讼证据采信标准进行细化。这种细化行为,并不是建立一种新的与一般民事诉讼采证标准不同的标准,而是结合船舶碰撞诉讼实践的特点,讨论特定条件下高度盖然性标准是如何在船舶碰撞诉讼证据采证行为中运用的。

1. 通过相关庭审,船舶碰撞诉讼当事人要进行举证、质证。此时,裁判者所拥有的据以做出船舶碰撞责任或过失的船舶碰撞诉讼证据材料,可能相互矛盾或不是很丰富可靠的情形下,裁判者的采证行为尽可能地减少随意性或增加可信性或理性的办法,就是对裁判者的思维认识过程规定一些必须遵循的原则或标准。船舶碰撞诉讼当事人对同一船舶碰撞事实分别举出相反的诉讼证据却不能提供足够的证据否定对方当事人的诉讼证据情形下,裁判者便可借鉴现代自由心证的规则,即心证规则主义,结合船舶碰撞情况对双方的诉讼证据的证明力大小进行自由裁量。在此基础上,裁判者要对船舶碰撞双方证据证明力大小进行评估,决定船舶碰撞诉讼证据证明力的大小,即采信证明力较大的船舶碰撞诉讼证据作为认定船舶碰撞争

_____

① 中岛弘道:《举证责任研究》(第 6 版),有斐阁 1957 年版,第 88—94 页。

议事实的依据。

2. 特定条件下的高度盖然性采证标准在船舶碰撞诉讼证据采证行动中的运用具体表现之一是,在碰撞双方当事人对同一船舶碰撞事实分别举出相反的诉讼证据但却都没有足够的依据否定对方诉讼证据的情形下,裁判者应如何运用特定条件下的高度盖然性标准对相反的船舶碰撞诉讼证据进行采证,从而正确地确立船舶碰撞诉讼证据采证标准。在船舶碰撞诉讼中存在相反的证据情形是很常见的,对此,裁判者的采证行为就是权衡哪一船舶碰撞诉讼证据的证明力比较大的问题。船舶碰撞诉讼证据采证对象的决定因素既包括船舶碰撞诉讼证据的基本特征,又包括船舶碰撞诉讼证据的独自特征,因而,船舶碰撞诉讼证据的基本特征和独自特征是衡量一个船舶碰撞诉讼证据证明力大小的决定性因素。

一般地,在对船舶碰撞诉讼证据的证明力进行采证阶段,说明裁判者对船舶碰撞诉讼证据的证据能力即来源的合法性的采证已完毕,因而从这个视角看,裁判者的采证行为是针对船舶碰撞诉讼证据的关联性和真实性(客观性)两个方面进行的。如果两个船舶碰撞诉讼证据的真实性在裁判者心目中相同或接近相同,但其中一个船舶碰撞诉讼证据与船舶碰撞待证事实的关联性明显要强,那么裁判者会在内心确信这个证据的证明力明显大于另一方提供的证据的证明力。裁判者采证面临的另一种情形为,两个船舶碰撞诉讼证据与待证船舶碰撞事实的关联性相当,此情形下,则需要就船舶碰撞诉讼证据的真实性进行比较并做出取舍,此时裁判者的采证标准的形成依据

是《民诉证据规定》第 65、66、69 条。在此基础上,若裁判者的
采证标准的形成仍有困难,则《民诉证据规定》第 64 条的规定
为采证标准提供了依据。《民诉证据规定》第 64 条确立了具有
中国特色的裁判者采证的原则。本条规定显示了学者在对自
由心证的认识上有了发展和创新,并且达成了共识。事实上,
自由心证与主观主义、唯心主义没有必然联系,自由心证也不
等于自由擅断。现代自由心证已经克服了传统自由心证自由
擅断的弊端,既强调裁判者的自由判断,也强调裁判者应当遵
循法律的规定以及判决理由和结果的公开性,即是裁判者在遵
守法律规定的前提下,依据良知和理性行使自由裁量权,从而
形成裁判者内心确信的过程。

　　3. 船舶碰撞诉讼证据的证明力无法认定船舶碰撞待证事
实情形下的船舶碰撞诉讼证据采证标准。出现船舶碰撞诉讼
证据的证明力无法认定船舶碰撞待证事实的情形主要有两种:
其一,船舶碰撞双方提供的诉讼证据的证明力势均力敌,不能
确认哪方的诉讼证据的证明力更强;其二,经过裁判者的采证
行为,认为船舶碰撞诉讼双方提供的诉讼证据均不能达到认定
船舶碰撞事实所需的证明力要求。此情形下裁判者的采证行
为发生转移,即转向证明责任分配原则上。在船舶碰撞事实难
以认定的情形下,裁判者只能按照船舶碰撞诉讼中证明责任分
配原则,由负有证明责任的一方碰撞当事人承担不利的后果。
这就决定了裁判者在船舶碰撞诉讼中把握证明责任分配原则
是一个关键的环节,这也更加印证了民事诉讼中采证标准实质
是证明责任与心证规则相互作用的论断。

第四节　1972年《国际海上避碰规则》 对确立船舶碰撞诉讼证据 采证标准的影响

1972年《国际海上避碰规则》是调整船舶避碰领域的重要法律。它既具有技术性规范的特点，又具有法律规范的特点，就是所谓的避碰规则的双重性质。船舶碰撞诉讼证据采证对象的决定因素之一是船舶碰撞诉讼证据中以避碰规则为准则的规律性举证活动的独自特征，因而裁判者在采证行为中，往往将避碰规则作为船舶碰撞诉讼证据采证标准确定的决定性因素之一。1972年《国际海上避碰规则》无一不映射出可供裁判者构建船舶碰撞诉讼证据采证标准的痕迹。

1972年《国际海上避碰规则》是在英国、法国等航海发达国家有关航海规则的基础上，逐渐完善发展并且在世界范围有重大影响的法律规范。英美法系法律规定盖然性占优势的证明标准，其盖然性高低由裁判者自由判断。英美法系有长期的判例积累，总结制定了相当严格、完备的证据规则，对于证据的取舍、证据的证明力等做了尽量详细具体的规定，有的对证明标准也做了明确规定。但是，一旦规定证明标准，就不可回避地要用到自由心证。[①]

---

①　吴东辉：《试论以"规范自由心证"支持证明标准》，乔宪志主编：《中国证据制度与司法运用》，法律出版社2002年版，第388页。

这一点在以避碰规则为指引审理的一系列船舶碰撞案对船舶碰撞诉讼证据进行采证时有淋漓尽致的体现。

一、正规瞭望因素所确定的船舶
碰撞诉讼证据采证标准

保持正规瞭望在航海中是极其重要的。1972 年《国际海上避碰规则》第 5 条规定了正规瞭望在船舶避碰中的重要性,船舶碰撞诉讼裁判者在对船舶碰撞诉讼证据进行采证时,往往着重对与船舶是否保持正规瞭望的诉讼证据进行认定。而事实上,航海人员未能保持正规的瞭望确实是引发船舶碰撞的诱因之一。

正规瞭望必须包含有瞭望人员的因素。在 the *Cabo Santo Tome* 案中,①裁判者兰顿在采证后认为:"从一艘过路船提供的证据,以及从个人对柴油机全速前进时的常识来看,都说明该船的主机噪声肯定比较大。而航海顾问也认为该船在有雾的情况下,不在船的前部配备瞭望人员是错误的。船舶如借助这种手段,即能获得在各种浓度的雾中船前 150 英尺以远的来船情况。该船在这方面没有这样做,这是十分错误的。她听到的雾号所以如此微弱,原因就在于她没有在船的前部恰当地配备瞭望人员。"裁判者为何认为当时船舶的瞭望是"十分错误"的,其采证标准的形成是以 1972 年《国际海上避碰规则》第 5 条的规定为依据,既然当事船舶没有这样的正规瞭望的诉讼证

---

① ［1933］46 Lloyd's Rep.165.

据被采信,则裁判者便可自如地判定船舶碰撞责任。因为裁判者形成了一种内心确信,即是否违反了正规瞭望的要求,是造成船舶碰撞的原因之一,因为避碰规则对正规瞭望有明确的规定。这种确定就是裁判者在船舶碰撞诉讼证据采证行为中形成的自发的标准。

　　裁判者常常将"正规瞭望"一词解释为除了使用视觉和听觉外,还包括对现有设备和仪器的有效使用。这尤其指对雷达的使用,但使用望远镜和使用甚高频无线电话(VHF),从港口雷达站或从他船接收的情报也都包括在一切使用的有效手段中。[①] 以雷达的使用为例,在 the *Vechtstroom* 案中,[②]裁判者 Hewson 认为:"我和引航公会会员曾一起讨论过对所有的雷达设备应当怎样正确使用的问题。要是我可以这样说的话,我完全同意他们的这种说法,即建立这些提供雷达咨询的设备,通常是为了船舶更安全和航海更准确。船舶有意忽视这种可用的助航设备,这不仅使本船而且也使其他船舶遭受到不应有的危险,而若有海员谨慎,这种危险是足以能够且应当可以避免的。因此,我认为当有这种设备方便可用时,船舶就有责任使用这种设备。我说的是方便可用,并不是说立即可用。如果船舶硬是不用这种设备,那就只好由她自己去承担风险。"裁判者 Hewson 之所以确立这样的有关瞭望的船舶碰撞诉讼证据采证标准,原因是十分简单的,即避碰规则所界定的正规瞭望要以

---

　　① 　A.N.Cockcroft and J.N.F Lameijer, *A Guide to the Collision Avoidance Rules: International Regulations for Preventing Collisions at Sea*. Elsevier, 2004, p.3.

　　② 　[1964] 1 Lloyd's Rep.118.

"一切适用的有效手段"为标准。

二、安全航速因素所确定的船舶
碰撞诉讼证据采证标准

1972 年《国际海上避碰规则》第 6 条确定了"安全航速"（Safe Speed）的内涵及其在防止船舶碰撞中的重要作用。在 the *E.R. Wallonia* 案中，*Hedlloyd Seine* 轮和 *E.R. Wallonia* 轮发生碰撞的原因之一便是两船都违反了 1972 年《国际海上避碰规则》第 6 条，没有采用安全航速，两船都从自己的利益出发，坚持认为对方应承担主要责任。[①] 裁判者 Sheea 认为："当地时间大约 0558 时 *Hedlloyd Seine* 轮进入雨区，能见度急剧下降，然而该轮仍然保持 18 节的高速度前进，这不是安全航速，应大幅度减速。假如 the *Hedlloyd Seine* 轮采用了安全航速，她肯定会有足够的时间和空间避免碰撞。*Hedlloyd Seine* 轮为让路船（Give-way Vessel），根据交叉规则条款，*Hedlloyd Seine* 轮不能因为自己采取了过高速度就免除让路的责任。在考虑超速的过失时，有关的因素是指超过对特定船舶而言为安全速度的速度。航行中两船都有超速航行的过失，即 *E.R. Wallonia* 轮也未采用安全航速航行，但 *Hedlloyd Seine* 轮在高速航行方面的过失稍大一些。*E.R.Wallonia* 轮应当承担 40％的碰撞责任。"

---

① ［1987］2 Lloyd's Rep.485.

裁判者 Sheea 掌握了充实有力的船舶碰撞诉讼证据,证明发生碰撞的两船都是在碰撞发生前未采用安全航速,故在认定碰撞责任时,两船都是有责任的,哪怕其中一船的责任小些。因为避碰规则对安全航速是如此的敏感和重视,故裁判者在对船舶碰撞诉讼证据进行采证时,不得不参照 1972 年《国际海上避碰规则》的规定。[①]

船舶碰撞诉讼活动中裁判者在对船舶碰撞诉讼证据采证时,对安全航速的理解很重要。安全航速是一个相对概念,没有办法下一个确定的、适用于所有情况的定义,即安全航速是不能量化的,它取决于环境及当时的多种因素,诸如船舶因素、能见度因素、通航密度因素等。

三、碰撞危险评估因素所确定的 船舶碰撞诉讼证据采证标准

1972 年《国际海上避碰规则》第 7 条,强调碰撞危险评估与"雷达标绘"(Radar Plotting)是同等重要的。有学者从碰撞危险判断要素过失举证的视角,认为碰撞危险是一个事实问题,碰撞危险的判断与许多因素有关,构成碰撞危险的最主要的因素是两船的"会遇距离"(Distance of the Closet Point of Approach)小于本船航海人员视当时环境和情况所选择的安全通过距离。此外,两船的距离、相对速度的大小等都是影响碰撞危险判断

---

① Christopher Hill, Julius Starfourth, *Maritime Law*. Lloyd's Shipping Guides, LLP, 2003, p.294.

的因素。避碰规则对航海人员判断是否存在碰撞危险的要求是很严格的,每一船舶应用适合当时环境和情况的一切有效的手段来判定是否存在碰撞危险。同时要求航海人员在判断碰撞危险时,如果不能明确是否存在碰撞危险,但如有任何怀疑,则应视为存在碰撞危险。① 从这一角度来看,碰撞危险评估对确立船舶碰撞诉讼证据采证标准的影响是很明显的。裁判者Clarke 在 the *Angelic Spirit* 案中的观点有力地说明了这一点。②

也有学者从碰撞危险与 1972 年《国际海上避碰规则》的适用时机角度来研究碰撞危险估评的内涵,进而明确碰撞危险估评对确定船舶碰撞诉讼证据采证标准的影响程度。③ 由于碰撞危险是一个与 1972 年《国际海上避碰规则》适用时机有密切关系的因素,因此,某些裁判者把规则若干条款中出现的"致有构成避碰危险"一语作为 1972 年《国际海上避碰规则》对这些条款适用时机的表达。就长期实践而言,这种解释给司法工作带来了一定的方便,但实践也表明,它对航海人员的避碰实践并没有积极的指导作用。裁判者的这种解释与航海人员决定 1972 年《国际海上避碰规则》适用时机的实际思维过程有错位。本书认为,构建一种既适合于裁判者又适合于航海人员的解释模式成为必然。

由于 1972 年《国际海上避碰规则》并没有给出明确的内涵,因而从概率论上引入了碰撞危险的本质,并以此为基础提

---

① 肖建民:《论船舶碰撞案件中要素过失举证法》,《海商法研究》2001 年第 4 辑,第 57 页。

② [1994] 2 Lloyd's Rep.595.

③ 朱军:《碰撞危险与避碰规则的应用时机》,《大连海事学院学报》1989 年第 3 期,第 9—10 页。

出了布莱特原则。该法则是英国裁判者 Brett. M.R 在对相关船舶碰撞案中的碰撞危险进行评估时提出的。其实质是船员对规则适用时机的确定是一个多目标因素的决策过程，关于这一点，1972 年《国际海上避碰规则》在条款中并没有具体的规定，也不可能做出具体的规定，这只能由航海人员根据具体情况做出判断。

　　然而在船舶碰撞诉讼中，为了根据 1972 年《国际海上避碰规则》来对船舶碰撞诉讼证据进行采证从而确定碰撞责任，往往首先需要确定 1972 年《国际海上避碰规则》适用的"起始点"，而且还要通过解释避碰规则的形式，在 1972 年《国际海上避碰规则》条款中找到关于"起始点"的表述。航海人员对碰撞危险的大小或有无，只能做定性的估计，而且这种估计在一定程度上表现为直觉的形式。因此，布莱特原则对航海人员来说，并没有切实的指导意义，它只不过为裁判者表达避碰规则的适用时机提供了一点方便，并为裁判者在 1972 年《国际海上避碰规则》中援引规则适用的"起始点"提供了一种方法。该观点真正的目的是通过对船舶碰撞危险与避碰规则适用时机之间关系的研究，在航海人员与裁判者之间建立一种关于对船舶碰撞危险评估领域的和谐与平衡。

　　事实上，在裁判者对船舶碰撞诉讼证据采证标准的衡量上，也充分认识到了正确合理的船舶碰撞危险评估对确立船舶碰撞诉讼证据采证标准的影响。在 the *Banshee* 案中，①作为裁判者的埃希尔勋爵写道："那么规则究竟何时才开始适用于

---

　　①　[1887] 6 Lloyd's Rep. 627.

两船？不能说两船不管相距多远，规则都可适用。没有人会坚决主张两船还相距 6 海里，避碰规则就可适用于两船。规则只适用于两船中的一船做了违反规则的事，即会引起碰撞危险时。在这种时间未到来时，任何规则都不适用。这就是说在规则适用的时间到来之前，两船做任何事情都无关紧要。因为在这个时间之前所做的任何事情都不能产生在规则含义之内的碰撞危险。"埃希尔勋爵的判词表明，裁判者在掌握有关船舶碰撞危险评估的诉讼证据后，在对该诉讼证据的证明力进行认定时，拥有一定的自由裁量权，但裁判者在行使这种自由裁量权时，又受到了避碰规则对碰撞危险评估的制约。

四、避碰行动因素所确定的船舶 碰撞诉讼证据采证标准

1972 年《国际海上避碰规则》第 8 条对船舶避碰行动从不同的角度进行了界定，如及早采取积极行动、充分避让、在安全的距离驶过等。在船舶碰撞双方所采取的避碰行动是否是正确的证据中，裁判者如何看待碰撞双方当事人所提供的相关证据，裁判者在对这种相关诉讼证据采证时，往往寻求 1972 年《国际海上避碰规则》第 8 条的支持。从而裁判者的采证标准或多或少地受到该规则中对避碰行动所规制的制约。

以 the *Maloja* Ⅱ 案为例，[①]可以看到避碰规则中"及早采

---

① ［1993］1 Lloyd's Rep.50.

取积极行动"这个因素对裁判者在船舶碰撞诉讼证据采证行动
中的影响。裁判者 Clarke 认为,制定避碰规则的目的是要保
证,只要可能,船舶不会接近到"紧迫局面的状态"(Close
Quarter Situation),在这种状态下就存在碰撞危险,而且也没
有时间仔细考虑从而做出决策。避免紧迫局面的行动要在航
海人员还没有必须迅速决策或不得不依据不充分的资料做出
决策时就采取,这些行动要能使他船明显察觉到。该法官认
为,最严重的航行过失是那些航海人员在还有时间思考时所犯
的过失,在此时没有不遵守避碰规则的借口。这实质上是对有
关是否及早采取积极行动的船舶碰撞诉讼证据进行采证标准
认定时,不由自主地以 1972 年《国际海上避碰规则》为指导的
一种心证反映。在该案中,裁判者 Clarke 认为采信的程度完全
可以从 1972 年《国际海上避碰规则》中找到一种依据和标准。

五、违反船舶避碰规则情境
下的采证规则探讨

本书以江苏炜伦航运股份有限公司诉米拉达玫瑰公司船
舶碰撞损害赔偿纠纷案为实证研究对象,对违反 1972 年《国际
海上避碰规则》导致船舶碰撞情境下的采证规则展开初步探讨
(附录二)。

2008 年 6 月 3 日晚,原告江苏炜伦航运股份有限公司所有
的"炜伦 06"轮与被告米拉达玫瑰公司所有的 *MIRANDA
ROSE* 轮(以下简称"玫瑰"轮)在各自航次的航程中,在上海

港圆圆沙警戒区相遇。当日 2327 时由外高桥集装箱码头开出的另一艘外轮"里约热内卢快航"轮与"玫瑰"轮联系后开始实施追越。2332 时"里约热内卢快航"轮引航员呼叫"炜伦06"轮和位于"炜伦06"轮左前方约 0.2 海里的"正安8"轮,要求两轮与其绿灯交会。"正安8"轮予以拒绝并大角度向右调整航向,快速穿越到警戒区北侧驶离。"炜伦06"轮则在"里约热内卢快航"轮引航员执意要求下,同意绿灯交会。"玫瑰"轮随即与"炜伦06"轮联系,也要求绿灯交会,"炜伦06"轮也回复同意。2338 时当"炜伦06"轮行至"玫瑰"轮船艏偏左方向,发现"玫瑰"轮显示红灯,立即联系"玫瑰"轮,要求其尽快向左调整航行。"炜伦06"轮随后开始减速,但"玫瑰"轮因"里约热内卢快航"轮追越尚未驶过让清,距离较近,无法向左调整航向。2341 时"炜伦06"轮与"里约热内卢快航"轮近距离交会,位于"玫瑰"轮左前方且距离仅 0.2 海里。此时,"炜伦06"轮、"玫瑰"轮均觉察危险,同时大角度向左转向。2342 时"炜伦06"轮右后部与"玫瑰"轮船艏右侧发生碰撞。事故造成原告遭受救助费、清污费、货物减损费、修理费等各项损失共计人民币 4 504 605.75 元。原告遂以"玫瑰"轮违反双方关于"绿灯交会"的约定为由,诉请法院判令"玫瑰"轮承担 80% 的责任。被告则提出,原告应就涉案碰撞事故承担 90% 的责任,且原告主张的部分损失不合理。[①]

[①] 参见指导案例31号,江苏炜伦航运股份有限公司诉米拉达玫瑰公司船舶碰撞损害赔偿纠纷案,参加 https://www.court.gov.cn/shenpan-xiangqing-13350.html。登陆时间:2022-07-04。

上海海事法院于 2011 年 9 月 20 日做出(2010)沪海法海初字第 24 号民事判决:一、被告米拉达玫瑰公司应于本判决生效之日起十日内向原告江苏炜伦航运股份有限公司赔偿损失人民币 2 252 302.79 元;二、被告米拉达玫瑰公司应于本判决生效之日起十日内向原告江苏炜伦航运股份有限公司赔偿上述款项的利息损失,按照中国人民银行同期活期存款利率标准,从 2008 年 6 月 3 日起计算至判决生效之日止;三、对原告江苏炜伦航运股份有限公司的其他诉讼请求不予支持。宣判后,当事人双方均未上诉,判决已发生法律效力。

在航行过程中,当事船舶协商不以 1972 年《国际海上避碰规则》确立的规则交会,发生碰撞事故后,双方约定的内容以及当事船舶在发生碰撞事故时违反约定的情形,不应作为人民法院判定双方责任的主要依据,仍应当以前述规则为准据,在综合分析紧迫局面形成原因、当事船舶双方过错程度及处置措施恰当与否的基础上,对事故责任做出认定。

法院生效裁判认为,在两轮达成一致意见前,两轮交叉相遇时,本应"红灯交会"。"玫瑰"轮为了自己进北槽航道出口方便,首先提出"绿灯交会"的提议。该提议违背了 1972 年《国际海上避碰规则》规定的其应承担的让路义务,但是"炜伦 06"轮同意了该违背规则的提议。此时,双方绿灯交会的意向应是指在整个避让过程中,双方都应始终向对方显示本船的绿灯舷侧。在这种特殊情况下,没有了 1972 年《国际海上避碰规则》意义上的"让路船"和"直航船"。因此,当两轮发生碰撞危险时,两轮应具有同等的避免碰撞的责任,两轮均应按照 1972 年

《国际海上避碰规则》的相关规定,特别谨慎驾驶。但事实上,在达成绿灯交会的一致意向后,双方都认为对方会给自己让路,未能对所处水域的情况进行有效观察并对当时的局面和碰撞危险做出充分估计,直至紧迫危险形成后才采取行动,导致最终无法避免碰撞。综上,两轮均有瞭望疏忽、未使用安全航速、未能尽到特别谨慎驾驶的义务并尽早采取避免碰撞的行为,这些都违反了 1972 年《国际海上避碰规则》中有关瞭望、安全航速和避免碰撞的行动等规定,对碰撞事故的发生责任相当,应各承担 50％的责任。

被告系"玫瑰"轮的船舶所有人,根据《最高人民法院关于审理船舶碰撞纠纷案件若干问题的规定》的规定,应就"玫瑰"轮在涉案碰撞事故中对原告造成的损失承担赔偿责任。法院根据双方提供的证据,核定了原告具体损失金额,按照被告应负的责任份额,依法做出如上判决。

第五节　船舶碰撞诉讼证据采证标准外化的 途径：裁判文书采证标准公开

船舶碰撞诉讼证据采证标准外化的途径很多,其中建立裁判者的裁判文书采证标准公开制度是有效途径之一。英美法系特别是英国在船舶碰撞诉讼实践中裁判者的判词可谓是裁判文书采证标准公开的表率,研究英国裁判者有关船舶碰撞诉讼的判词,对建立船舶碰撞诉讼中裁判文书公开制度具有启迪意义。

　　作为裁判者内心确信的最终结果,裁判文书的内容与质量直接决定着裁判者的心证是否真正公开。一般来说,如果裁判者能够在裁判文书中展开其心证过程,当事人就能基本了解裁判者采证行为的思维过程,从而增加对司法裁判的信赖感,同时也能迫使裁判者在采证行为中尽到其应有之注意,以实现公开心证之宗旨。① 但目前,我国有关船舶碰撞诉讼中的裁判文书往往写得极为武断,通常的写法是千篇一律,即在列出双方当事人的诉辩主张后,接下来是"经本院审理查明"写出法院所认定的案件事实,最后是"经本院审理认为"诸如此类。因此,从法院的裁判文书中既看不出法院是运用哪些船舶碰撞诉讼证据材料来认定案件事实,也看不出对存有争议的船舶碰撞诉讼证据材料裁判者是如何评价、如何采信的。②

　　对此,广州海事法院对裁判文书的内容进行了改革,以突出裁判者在采证过程中的心证。通过船舶碰撞诉讼裁判文书便可对裁判者的采证行为过程有充分的了解,当事人能够在裁判文书中把握裁判者所展开的心证过程。这样的船舶碰撞诉讼裁判文书实质上就成为船舶碰撞诉讼证据采证标准外化的主要途径之一,同时这也符合现代民事诉讼理论的发展趋势。

---

　　① 程春华主编:《民事证据法专论》,厦门大学出版社 2002 年版,第 262—263 页。

　　② 李浩:《我国民事证据制度的问题与成因》,王利明等主编:《中国民事证据的立法研究与应用》,人民法院出版社 2000 年版,第 153 页。

第六节　船舶碰撞诉讼证据采证的
逻辑方法与 CGS 证据规则

一、船舶碰撞诉讼证据采证的
基本逻辑方法

船舶碰撞诉讼实践,无论是大陆法系国家还是英美法系国家,都形成了众多船舶碰撞诉讼证据采证的逻辑方法。裁判者对船舶碰撞诉讼证据的采证活动,其实质就是裁判者的主观意识作用于客观事物而对其进行分析、判断和认定的过程。船舶碰撞诉讼证据采证的基本逻辑方法主要有逐一鉴别法、综合印证法、鉴定法、相互对比法,以及运用其他方式辅助法。

(一) 逐一鉴别法

所谓逐一鉴别法,是指裁判者对与船舶碰撞当事人提供的和依法定职能机关收集到的、与船舶碰撞事实有关的诉讼证据材料逐一地进行单个审查,并判断其证据能力和证明力的方法。在船舶碰撞诉讼证据采证行为中,逐一鉴别法是对船舶碰撞诉讼证据材料进行采证的常见形式,它通常作为对有关船舶碰撞证据材料加以初步筛选、判断的必要手段。这种方法要求采证主体针对单一的船舶碰撞证据材料的特征、性质、表现形式等是否符合船舶碰撞而产生、发生和变化的一般过程,是否符合人之常理,是否有违反自然规律或船舶碰撞法,加以识别和判断从而得出相关结论。对单一的船舶碰撞诉讼证据本身进行比较分析,查明船舶碰撞诉讼证据有无矛盾。

(二)综合印证法

所谓综合印证法,指在船舶碰撞诉讼证据采证行动中,裁判者将涉及对船舶碰撞事实有关的所有诉讼证据材料加以综合性分析、判断,以认定船舶碰撞诉讼证据之间以及船舶碰撞诉讼证据与所认定的船舶碰撞事实结论之间是否相互照应、协调一致的采证方法。

通常情况下,船舶碰撞诉讼中对于某船舶碰撞事实的认定,仅凭审查某一个船舶碰撞诉讼证据是否具有真实性、可靠性无法达到确认船舶碰撞事实的目的。任何一个船舶碰撞诉讼证据都无法借助自身来证明其真实性、可靠性,只有与其他船舶碰撞诉讼证据结合起来,加以综合分析、判断,才能确认其真伪。只有通过综合考察所有船舶碰撞诉讼证据之间的相互关系以及这些诉讼证据与船舶碰撞事实之间的关系,才能对案件事实做出正确的认定。综合印证法就是通过注重对船舶碰撞诉讼中证据与证据之间、船舶碰撞诉讼证据与船舶碰撞事实之间的矛盾,分析出现矛盾的原因,正确地解决这些矛盾。这一印证过程即是分析矛盾、解决矛盾的过程,也是船舶碰撞诉讼证据的真伪被鉴别、船舶碰撞诉讼证据与船舶碰撞事实的内在的必然联系被揭示的过程。

在船舶碰撞诉讼证据采证行为中，综合印证法通常用于对船舶碰撞当事人所提供的有关诉讼证据的真伪鉴别程序中。

（三）鉴定法

船舶碰撞诉讼证据采证中的鉴定法，是指裁判者对涉及专门知识的有关船舶碰撞专门问题，通过指定或聘请鉴定人进行鉴定或要求重新鉴定，补充鉴定予以查明船舶碰撞事实的方法。我国《海事诉讼法》第 86 条规定："船舶检验、估价应当由国家授权或者其他具有专业资格的机构或者个人承担。非经国家授权或者未取得专业资格的机构或者个人所做的检验或者估价结论，海事法院不予采纳。"

（四）相互对比法

船舶碰撞诉讼据采证中的相互对比法，是指裁判者在对涉及两个或两个以上的具有可比性的船舶碰撞诉讼证据进行采证时，根据船舶碰撞的特征或内在属性的同一性原理对船舶碰撞诉讼证据进行相互的比较，查明船舶碰撞诉讼证据与证据之间有无矛盾，从而确认结论的方法。

采用这一对比的采证方法有两个前提。一是基于船舶碰撞之间的差异现象而使人们存在识别的可能，船舶碰撞之间的差异性的内在原因，是由船舶碰撞诉讼证据的独自特征决定的。如果船舶碰撞本身不具备这种相互间的差别性，那么就无法采用这种互相对比的采证方法。二是作为对比的两个或两个以上的船舶碰撞诉讼证据材料之间必须具备可比性，这一可比性是由这些船舶碰撞诉讼证据材料均与船舶碰撞事实具有的某种关联性所决定的,即都是能够用来证明船舶碰撞中的同一事实,否则就无法产生相互比较的必要基础,也就必然会得出错误的结论。相互对比法是裁判者在对船舶碰撞事实进行认定时经常采用的一种方式。

(五)验证法

所谓验证法,是指在船舶碰撞诉讼证据采证行为中,裁判者根据船舶碰撞诉讼证据的某些独自特征,为了提高对船舶碰撞诉讼证据采证后的效率和准确性,利用某种数学或其他手段对裁判者的采证行为进行辅助的方法。船舶碰撞诉讼中裁判者可以事先用数学方法及计算机方法所确定的采证模型以辅助其采证行为。当然这种运用其他方式辅助法的采证方法,并不是裁判者对船舶碰撞诉讼证据采证的主要方法,而是一种仅具有参考价值的方法。

这种方法一般从数学模型入手,设计一套完整的计算机辅助采证程序,并最终决定船舶碰撞双方的责任分担。[①] 首先,建立一种新的 Fuzzy 事件及其主观概率空间,一个 Fuzzy 事件,即是能用自然语言描述的能判断其发生的可能程度的一个客观事实,并讨论这种 Fuzzy 事件;其次,构筑船舶碰撞过错责任比例分配数学模式;最后,确立船舶碰撞信息的"可能性"咨询方法,它关系到能否尽可能多地获取关于该船舶碰撞争议的判决信息,从而给出正确裁决(如图 5-1 所示)。

---

① 陆春学:《船舶碰撞案件的计算机辅助审理》,《大连海事学院学报》1989 年第 2 期,第 56 页。

图 5-1 "可能性直线"模糊信息问题

　　直线称为"可能性直线",直线左端是一系列问题,要求被咨询者以在直线上做记号的方式来回答各个提问。通过模糊信息过滤器,最后得出案例分析及结论。下面即是运用验证法的一个船舶碰撞案例。该案例是 A 轮与 B 轮的碰撞案例。原告为 A 轮,被告为 B 轮。经英国海事法庭裁决,A 轮负 1/3 的责任,B 轮负 2/3 的责任。被告 B 轮不服,向高级法庭上诉,但被驳回,高级法庭主审裁判者认为:"上议院曾清楚地提出,上诉法庭不应轻易地干预初级法庭对双方过失所制定的谴责比例。"就该案而言,裁判者的判决和运用验证法所得出的结论如图 5-2 所示。

船舶碰撞案例	模型判决	法庭判决
B 轮应负责任为:	64.589 01%	2/3
A 轮应负责任为:	35.410 99%	1/3

图 5-2 验证法在船舶碰撞诉讼中运用实例

　　该案例的试验结果是令人满意的。这为在船舶碰撞诉讼活动中应用计算机数学模型使用验证法开辟了一条途径。

二、船舶碰撞诉讼 CGS 证据合法性问题^①

根据有关研究,计算机模拟(Computer Generate Simulations,简称 CGS)证据更加可靠。计算机模拟不仅能展示出动态画面,还能展示所收集的数据以及其如何处理的过程。而船舶碰撞轨迹图是通过建立各参数物理意义鲜明、并可从船舶资料中直接或间接获取的船舶运动数学模型,再利用计算机直观显示或绘制船舶运动轨迹。船舶碰撞模拟不仅仅只是以动态画面形式展示船舶碰撞的模拟场景,还展示了所收集的数据以及其如何进行数据处理的过程。^②

智能船舶碰撞的特殊性诱发船舶碰撞证据规则的新问题。遥控驾驶智能船舶由岸基操作人员借助智能系统进行操控,因此,其责任主体包括岸基操作人员和系统设计者,现行法律未就发生碰撞事故后的责任划分、责任承担方式做出规定。^③ 同时,人工智能产品可模拟人脑自主根据航行状况选择处理方法,此时智能船舶设计者、系统开发者是否还要适用过错责任原则和产品责任的严格责任原则,仍然没有统一的定论。^④ "顺强 2"轮与"永安"轮碰撞案是"船舶数据分析系统"在我国首次

---

① 关于船舶碰撞诉讼采证中吸收计算机模拟的理论与实践,主要是参照了有关研究成果。参见王东:《海事诉讼 CGS 证据合法性能力规则建构》,《中国外贸》2021 年 12 月(上)第 23 期。

② 王东:《海事诉讼 CGS 证据合法性能力规则构建》,《中国外贸》2021 年 12 月(上)第 23 期,第 86 页。

③ 冷松明:《船舶碰撞事故处理中赔偿的规则》,《江苏船舶》2016 年第 2 期,第 43—44 页。

④ 娄世超:《论智能船舶碰撞的法律责任》,《黑龙江工程学院学报》2021 年第 4 期,第 59 页。

当庭应用以模拟船舶碰撞、用于辅助法院查明案件事实的尝试。"船舶数据分析系统"是由上海海事法院自主研发,在全国海事法院中属于首创。

计算机模拟证据与电子数据最大差别在于"算法"。计算机模拟证据并非电子信息环境下的必然产物,而是特定人工智能算法的分析结果,但特定人工智能算法是逻辑的产物,本身就带有人工的色彩。上海海事法院运用船舶数据分析系统所进行的模拟船舶碰撞则不同,计算机模拟证据的产生经过了三个明显的阶段:第一,数据的收集与储存;第二,数据的分析与处理;第三,数据的输出与模拟。数据的分析与处理阶段是计算机按照特定程序自动生成的一系列连续性动画图像。① CGS证据的价值主要体现在民事诉讼领域。船舶碰撞是常见的海上事故,船舶碰撞发生时的具体情形往往缺少第三方目击证人、视听资料等证据,造成的经济损失巨大且船舶碰撞案件的取证难度大,现场痕迹不易保存,航行资料的完整性与真实性难以保证。船舶碰撞案件的证据问题是海事法院法官在面对海事碰撞纠纷中面临的最头痛的问题之一。

法院审理船舶碰撞案件对计算机证据也有迫切的需求。一方面,通过数据收集,绘制船舶碰撞双方的运动轨迹图以模拟船舶碰撞,在处理船舶碰撞纠纷中已经有很长的实践历史。但在计算机模拟船舶碰撞分析投入使用之前,船舶碰撞轨迹图是由航海专家人工绘制,存在作图工作量大、精度低等缺点,因

---

① 王东:《海事诉讼 CGS 证据合法性能力规则构建》,《中国外贸》2021 年 12 月(上)第 23 期,第 88 页。

而说服力低。另一方面,我国《海事诉讼法》针对船舶碰撞案件审理,特别制定了海事事故调查表制度以克服船舶碰撞的证据难以收集、固定的情形,对船舶碰撞诉讼当事人附加了法律义务。[①] 船舶本身的智能化发展与数据交流技术相对成熟,上海海事法院可通过船舶数据分析系统获取的船舶 AIS 数据,与交通部门的海事调查情况对接,也可广泛收集与海事审判执行密切相关的船舶、气象海况等数据,为船舶碰撞案件审理提供先进的技术。相对于一般的民事诉讼领域而言,计算机模拟证据在海事诉讼中处理船舶碰撞纠纷中有迫切的实践需求,也有深厚的技术与经验的沉淀,对于建立计算机模拟证据规则以保障计算机模拟证据在司法实践中的广泛应用具有紧迫性与可行性。

在船舶碰撞纠纷案件中,计算机模拟证据已经投入海事法院的司法审判中,一方面反映了计算机模拟证据在海事诉讼处理船舶碰撞纠纷中具有广泛的应用前景和紧迫的需求,但另一方面,作为一种新的证据类型,目前还没有相应的计算机模拟证据能力规则,对于计算机模拟证据的真实性、合法性、关联性还没有取得共识。[②]

CGS 证据的合法性认证规则是一个存在争议的理论问题,但证据的合法性通常包括三方面的内容:收集证据的合法性、证据形式的合法性、证据材料转化为证据的合法性。《民事诉

---

① 王东:《海事诉讼 CGS 证据合法性能力规则构建》,《中国外贸》2021 年 12 月(上)第 23 期,第 90 页。

② 王东:《海事诉讼 CGS 证据合法性能力规则构建》,《中国外贸》2021 年 12 月(上)第 23 期,第 89 页。

讼法》及相关司法解释也未规定电子数据的取证主体和取证范围,仅在《新民诉法解释》中排除了以严重侵害他人合法权益、违反法律禁止性规定或者严重违背公序良俗的方法形成或者获取的电子数据的取证方式角度,但该规定过于笼统。在《民事诉讼法》"证据"一章的相关规定中,取证主体可以为案件当事人、诉讼代理人和法院。这一规定虽然可适用于电子数据的取证主体,但对于海事诉讼中计算机模拟证据的取证主体而言却并不合适。如果海事法院计算机模拟证据的来源是一方当事人提供或由其聘请的第三方的计算机模拟系统,几乎等同于当事人一方选择自己的法官,有违程序的公平与正义。① 鉴于船舶碰撞案件的特殊性,对证据的官方权威性的规定,其实在《海事诉讼法》关于审理船舶碰撞案件的规定中早有体现。

上海海事法院合议庭考虑到案情复杂决定当庭使用船舶数据分析系统,并由当事人双方来确认是否认可模拟结果。这一司法实践也证明了在海事诉讼处理船舶碰撞纠纷案件中,海事法院事实上已经依据具备了作为计算机模拟证据的取证主体的能力。由于计算机模拟证据的取证主体需要限制在法院的前提下,因此需要考虑进一步完善法院调查收集证据的取证方式。② 关于法院调查收集证据的启动,根据《最高人民法院关于适用〈中华人民共和国民事诉讼法〉的解释》(《新民诉法解

---

① 樊崇义、李思远:《论电子证据时代的到来》,《苏州大学学报》(哲学社会科学版)2016 年第 2 期,第 101 页。

② 周继军:《民事证据规则适用》,中国民主法制出版社 2013 年版,第 59 页。

释》)第 96 条第 2 项、《最高人民法院关于民事诉讼证据的若干
规定》(《证据规定》)第 16 条,除了法定的"人民法院认为审理
案件需要的证据"以外,应当依照当事人的申请进行。

在审理船舶碰撞案件中,应当通过立法明确海事法院可以
依职权启动获取计算机模拟证据。对《海事诉讼法》第 8 章第 1
节"审理船舶碰撞案件的规定"的修改中应当为计算机模拟证
据证据留有空间。对于数据模拟分析的轨迹与真实轨迹是否
有误差,可由当事人各方对演示的船舶碰撞轨迹进行确认或提
出相反证据。计算机模拟证据的作用仍然是辅助法院查清事
实,举证责任仍应当由相应的当事人承担,并非每一起船舶碰
撞纠纷都有必要通过海事法院启动计算机模拟船舶碰撞。因
此,海事法院虽然应当具有依职权调查获取计算机模拟证据的
权利,但并非完全没有前提条件。

本书认为,海事法院除了依据《新民诉法解释》第 106 条、
《民诉证据规定》第 15 条等,应当根据《海事诉讼法》针对"涉及
船舶碰撞当事人无法提交有助于查清船舶碰撞的证据"的情
况,补充作为在法院审理船舶碰撞案件中"人民法院认为审理
案件需要的证据"的特殊情况,可以由法院主动依职权调查获
取。这为法院在庭审中依职权启动计算机模拟获取计算机模
拟证据确定法律依据。[①] 计算机模拟证据需要建立针对"算法"
的独特的合法性证据规则,在《海事诉讼法》的未来修改中,完
善关于法院审理船舶碰撞案件的特有证据规则部分,特别是从

---

① 王东:《海事诉讼 CGS 证据合法性能力规则构建》,《中国外贸》2021 年 12
月(上)第 23 期,第 89 页。

计算机模拟证据中的取证主体、取证方式和取证范围三方面建立起计算机模拟证据合法性认证规则。为了规范和强化人民法院审理船舶碰撞案例证据规则,最高人民法院发布了《最高人民法院关于审理船舶碰撞纠纷案件若干问题的规定(2021年)》,其中有关船舶碰撞证据规则的运用有初步的涉猎(附录一)。

第六章
代结论：船舶碰撞视域下海上执法中
船舶操控方式的合法性

　　心证规则主义是当代两大法系相互监督、走向趋同的一种历史的必然产物。这种司法理念与裁判模式绝非是自由心证主义与法定证据主义的简单拼凑，而是在批判地继承、借鉴与扬弃历史上曾经出现过的法定证据主义、绝对自由心证主义的一种新型司法证明模式。

　　船舶碰撞诉讼证据采证过程，实质是裁判者在心证规则主义下，根据船舶碰撞诉讼证据采证规则进行一定程度的自由裁量权的过程，从而形成船舶碰撞诉讼证据的采证标准。因此，构建船舶碰撞诉讼证据采证的基本规则,必然是裁判者在船舶碰撞诉讼证据采证行为中形成心证的前提与基础。

船舶碰撞诉讼证据采证规则应该涵盖船舶碰撞诉讼证据关联性实质内涵的界定,船舶碰撞诉讼证据可采性的基本原理、船舶碰撞诉讼证据采证行为中事实推定规则以及司法认知规则的运用。船舶碰撞诉讼证据关联性实质内涵,应该是船舶碰撞诉讼证据关联性与待证船舶碰撞事实关系的考量,而且是对船舶碰撞诉讼证据关联性在证据效力上的定位与价值评估。船舶碰撞诉讼证据中大量间接证据的存在是构成船舶碰撞诉讼证据采证对象的决定因素之一,因而研究船舶碰撞诉讼证据采证规则,应该考虑船舶碰撞诉讼证据关联性与间接证据的关系。由于我国《民事诉讼法》对民事诉讼证据的关联性并未作明确的规定,这必然在司法实践中产生裁判者的自由裁量,在裁判者素质参差不齐的情况下,可能会产生裁判者轻视间接证据的证明力的情况。

本书从研究船舶碰撞诉讼证据采证规则的法律价值蕴含着手,在分析和考察船舶碰撞诉讼证据的基本特征和独自特征的基础上,认为船舶碰撞诉讼证据采证的主体应该是裁判者。

船舶碰撞诉讼证据采证的对象是船舶碰撞诉讼证据材料,采证的内容是船舶碰撞诉讼证据的证据能力和证明力。对船舶碰撞诉讼证据的证据能力和证明力的把握应该是不同的证据运用不同的采证规则。对心证规则主义理论的塑构是确定船舶碰撞诉讼证据采证标准的理论基石。船舶碰撞诉讼证据采证的标准追求特定条件下的高度盖然性标准。之所以如此,是由船舶碰撞诉讼活动自身的内在特点、规律以及调整船舶碰撞的法律、国际公约或航海习惯等因素决定的。笔者正是在对前述各问题进行论证的基础上，试图简略地对船舶碰撞诉讼证据采证规则进行一定程度的探究，并形成了船舶碰撞诉讼证据采证规则的建议(附录四)。

作为海上特殊侵权行为，船舶碰撞与海上执法中船舶操控方式息息相关。而海上执法中船舶操控方式的合法性问题，经常诱发海洋权益维护的问题。海上执法中船舶操控方式的合法性之判定，受制于国际法与国内法的界定。南海仲裁案第13项仲裁请求涉及中国在黄岩岛海域海上执法中的船舶操控方式问题，对这一行为的准确定性是判断该行为是否合法的前提。仲裁庭将1982年《公约》第94条适用于领海，以在本项仲裁请求中并入1972年《国际海上避碰规则》的规定，严重违背了条约解释的原则。针对海上执法中的船舶操控方式，在1982年《公约》与1972年《国际海上避碰规则》存在条约冲突的情况下，根据条约本身的冲突条款以及特别法优先原则，应该优先适用前者。在中国执法船的海上执法权利与菲律宾违法船舶的航行权利发生冲突的情况下，司法实践应该根据法律的价值顺位进行权利位阶上的考量，优先保障海上执法这一维护国家主权的基本权利。

海上执法是国际海洋治理中的重要课题，亦属一国维护其海洋权益的重要手段和方式。在海上执法活动中，因船舶冲撞等危险操控方式导致的事故多有发生。然而，关于海上执法中执法船舶的操控方式及其合法性，并没有达成国际社会的共识。相关国际法，诸如1982年《公约》和1972年《国际海上避碰规则》都没有直接规范海上执法船舶的操控方式。海上执法船舶操控方式及其合法性问题，日益引起国际社会的关注。这一点在 2013 年菲律宾单方面启动的南海仲裁案第 13 项仲裁请求及其裁决中有明显体现。

南海仲裁案第 13 项仲裁请求涉及中国执法船于 2012 年 4 月 28 日和 2012 年 5 月 26 在黄岩岛海域的执法活动。菲律宾指控中国危险地操作执法船，对在黄岩岛附近航行的菲律宾船只造成了严重的碰撞危险，违反了 1982 年《公约》第 94 条、第 21 条以及 1972 年《国际海上避碰规则》第 2、6、7、8、15、16 条所规定的安全航行义务。[①] 2016 年 7 月 12 日，仲裁庭对第 13 项仲裁请求做出了"实体性裁决"（以下称"实体性裁决"），裁决中国执法船在上述两次行动中违反了 1982 年《公约》和 1972 年《国际海上避碰规则》的规定。[②] 本书以南海仲裁案第 13 项仲裁请求的裁决为实证，审视海上执法中船舶操控方式行为的法律属性与权利，分析海上执法中船舶操控方式的合法性，并提出相关对策建议。

一、海上执法中船舶操控方式行为之定性

认知海上执法中船舶操控方式的法律属性是判断其合法

[①] Memorial of the Philippines, March 30, 2014, Vol. I, paras. 6.114, 6.131, 6.133, 6.140, pp.202, 208—209, 212.

[②] Award of Arbitration between the Republic of Philippines and the People's Republic of China, July 12, 2016, PCA case No. 2013—19, paras. 1082—1083, 1091, 1095, 1109, 1203.

性的前提。执法船舶操控方式通常意指海上执法活动中船舶
采用什么航行模式展开执法，国际司法实践也无法回避这一
问题。

　　在 1988 年的西班牙与加拿大的渔业管辖权案中，加拿大
根据《沿岸渔业保护法》在距离其海岸线约 245 海里的公海上
扣押了西班牙船籍 *Estai* 号船舶并逮捕了该船船长。加拿大认
为争端涉及在北大西洋渔业组织监管区域捕捞渔船及其在保
护和管理渔业种群方面采取的执法措施。西班牙认为加拿大
没有权限在公海上对悬挂西班牙国旗的船舶采取行动，主张
"保护和管理的措施"必须根据国际法进行解释，不满足条件的
措施并不属于"保护和管理的措施"而仅仅是纯粹和简单的非
法行为。对此，国际法院认为国际法体系下问题的存在以及概
念的内容是一个定义的问题，而寻求具体行为是否违反了该体
系下的规范性规则属于另一个问题。根据国际法，能否将一行
为定义为"保护和管理的措施"，重要的是其行为的目的在于保
护和管理生物资源并且符合此目的的各项技术要求。作为结
论，国际法院认为尽管加拿大的执法行为发生在公海，其行为
仍属于"实施养护和管理措施"。[①]

　　在南海仲裁案第 13 项仲裁请求中，菲律宾指控的是中国
渔政 310 和中国海监 71 的"非法"行为。显而易见的是，政府
公务船舶代表国家实施行动，[②]而在对国家行为进行定性时，最

----

　　① 　Fisheries Jurisdiction (Spain v. Canada)， Jurisidiction of the Court，
Judgment，ICJ Reports 1998，paras.12，19，23，64，68，70，84，pp.437，443，446，
460—461，466.
　　② 　仲裁庭在"实体性裁决"中也认为这些船只构成了中国的官方行为。

先予以考虑的应是国家实施这一行为的动机和目的。国家通常根据国际条约或国内立法进行相应的执法活动,即使沿海国行动所依据的国内法律和规章并非依照国际条约的规定,由此其行动的国际法依据存在争议或甚至不存在,也不必然改变其行动的性质。[①] 因此,姑且不谈中国的一系列行为是否符合1982年《公约》的规定,其行为本身属于1982年《公约》第298条第1款(b)项规定的关于行使主权权利或管辖权的执法活动的范围应该是毫无疑问的。作为裁判中国执法船舶操控方式是否合法的大前提,仲裁庭首先应该明确这一行为不同于一般的船舶航行行为,而属于海上执法行为的根本属性。

通常,沿海国的海上执法行为是国家维护海上安全的固有权利。海上执法的必要性和正当性主要源自对海上安全利益的保障。有学者指出,海洋法适用于两种不同类型的安全利益:一则是以公海自由为主要法律表现形式的全球流动性;一则是以沿海国国家主权和管辖权为主要法律表现形式的沿海国安全。[②] 上述两种不同的利益诉求体现在海上执法层面上,就十分清晰地表现为以国家主权为界限划分了不同的措施,前者包括船旗国对悬挂该国旗帜船舶广泛的管辖、控制以及国家对某些罪行的普遍性管辖权,后者则意在强调沿海国对其管辖内海域排他性的权利。[③] 针对南海仲裁案第13项仲裁请求,中

---

① 高健军:《联合国海洋法公约争端解决机制研究》,中国政法大学出版社2014年版,第177页。

② Bernard H. Oxman, "The Territorial Temptation: A Siren Song at Sea," *The American Journal of International Law*, 2006, (4): 840.

③ 前者如1982年《公约》第94条规定了船旗国的义务,第100条规定了国家对海盗行为的普遍性管辖权;后者如1982年《公约》第25条规定了沿海国的保护权。

国自始至终坚持对黄岩岛的主权，并强调对黄岩岛及其海域采取的各种管辖措施完全属于中国主权范围。[①] 尽管不可回避的是中国与菲律宾在黄岩岛主权和海洋划界问题上存在争议，但是，存在争议强调的是争议的事实状态，与权利的存在与否或行使权利的合法性无关。因此，承认中国与菲律宾在黄岩岛海域的主权争议并不能否认中国对相关海域的执法权利。[②]

沿海国海上执法权利的行使取决于海上执法行为实际所发生的不同海域，主要表现为在不同海域下对不同事项的管辖权以及可能采取的不同执法手段。就管辖事项而言，1982 年《公约》对内水、领海、毗连区和专属经济区等分别规定了属地管辖权以及特定事项的管辖权。[③] 在中国尚未对黄岩岛海域内水、领海、专属经济区等海域进行划定的情况下，仲裁庭显然不可能就中国对不同海域的执法权限问题得出结论。[④] 就执法手段而言，一般可采取检查、登临、驱逐、责令改航等方式。此外，为保障沿海国的执法权利，国际司法实践基本明确了在确有必要及合理的情况下，在海上执法过程中可以使用武力的原则。[⑤]

---

① Note Verbale from the Embassy of the People's Republic of China in Manila to the Department of Foreign Affairs, Republic of the Philippines, May 25, 2012, No.(12)PG-239.

② 熊勇先：《争议专属经济区内适度性执法研究》，《中国法学》2016 年第 9 期，第 155 页。

③ 参见 1982 年《公约》第 2 条、第 33 条、第 56 条、第 77 条的规定。

④ 中国国际法学会：《南海仲裁案裁决之批判》，外文出版社 2018 年版，第 340 页。

⑤ 有关海上执法行为中的武力使用问题，参见高健军：《海上执法过程中的武力使用问题研究——基于国际实践的考察》，《法商研究》2009 年第 4 期。

在面对菲律宾在中国海域内的挑衅行为时,中国采取了一系列以驱离为目的的维护主权的反制措施,避免了军事力量的参与。① 可以说,中国执法船采取的船舶操控方式已经做到了基本的约束和克制,中国的海上执法行为正是沿海国基于国家主权以保障海上安全而采取相关措施的最好注脚。

二、1982 年《公约》视域下海上执法 船舶操控方式合法性之判定

在南海仲裁案中仲裁庭指出,1982 年《公约》第 94 条将1972 年《国际海上避碰规则》并入 1982 年《公约》,因此二者均对中国具有约束力。1972 年《国际海上避碰规则》作为关于确保海上安全必要措施的"普遍接受的国际规则",违反 1972 年《国际海上避碰规则》即构成了对 1982 年《公约》本身的违反。② 作为结论,仲裁庭认为由于中国执法船在黄岩岛附近的船舶操控方式,对菲律宾船只和人员造成了严重的碰撞风险和危险,认定中国违反了 1972 年《国际海上避碰规则》第 2、6、7、8、15和 16 条,因此违反了 1982 年《公约》第 94 条的规定。此外,菲律宾在其仲裁请求中提及了 1982 年《公约》第 21 条第 4 项和第

---

① 《中华人民共和国政府关于菲律宾共和国所提南海仲裁案管辖权问题的立场文件》,第 1、58、48 段,中华人民共和国外交部[DB/OL]. https://www.fmprc.gov.cn/web/ziliao_674904/tytj_674911/zcwj_674915/t1217143.shtml,2022-06-28.

② Award of Arbitration between the Republic of Philippines and the People's Republic of China, July 12, 2016, PCA case No. 2013-19, paras. 1082—1083, 1091, 1095, 1109, 1203.

24 条在此情况下的适用。

（一）1982 年《公约》第 94 条的适用

1982 年《公约》第 94 条规定了船旗国对悬挂其旗帜的船舶的义务，特别是在"对行政、技术及社会事项上的管辖和控制"，以及确保"海上安全"等方面。本书认为，仲裁庭未加任何解释直接将 1982 年《公约》第 94 条的规定适用于其认定的第 13 项仲裁请求的争端发生地领海，①完全没有法律上的根据，严重违背了条约解释应遵循的原则。

首先，从条约用语的角度分析，1982 年《公约》第 94 条规定在《公约》第七部分"公海"项下。1982 年《公约》第 86 条作为第七部分的导言，明确指出了第七部分的适用范围，即该部分规定适用于不包括在国家的专属经济区、领海或内水或群岛国的群岛水域的全部海域。其次，考察上下文，1982 年《公约》第 58 条第 2 项明确规定在不与专属经济区部分的规定相抵触时，公海部分的有关规定可以适用于专属经济区以便在此并入公海部分的规定。显而易见的是，如果没有类似于第 58 条第 2 项的规定，1982 年《公约》第 94 条作为调整公海部分的规定不能够适用于领海。如若不然，1982 年《公约》第 58 条第 2 项的规定根本没有存在的必要。② 再次，条约的目的与宗旨决定了有关公海与领海部分的规定不能够相互适用。在有关海洋法最

---

① Award on Jurisdiction and Admissibility of Arbitration between the Republic of Philippines and the People's Republic of China, October 29, 2015, PCA case No. 2013-19, para.410.

② 中国国际法学会：《南海仲裁案裁决之批判》，外文出版社 2018 年版，第 342 页。

初的国家实践中,国际社会曾一度认为海洋水域要么属于公海,要么属于领海或内水。① 1958 年的《公海公约》第 1 条将公海的定义表述为不属于领海或一国内水域之海洋所有各部分。1982 年《公约》第七部分"公海"中的某些条款也正是以《公海公约》为基础修订的。② 就法律地位而言,公海航行自由满足了它们(海洋国家)对外扩张的需要,领海制度则着眼于实现沿海国安全。③ 可见,海洋法中公海和领海完全不同的法律地位已然是一个深入人心的观念,不同的法律地位决定了不同的法律规范,不同的法律规范未加解释当然不能够相互予以适用。如果说在利用海洋资源方面,沿海国对专属经济区的权利主张具有类似领海的法律地位,因而存在某些规则共同适用于领海及专属经济区,抑或是在航行自由方面,专属经济区与公海类似的法律地位因而同样存在可以共同适用的规则——有关公海的规则无论如何都不存在直接适用于领海的可能性,将公海部分的规定直接适用于领海明显违背了条约的目的和宗旨。④ 最后,条约的善意解释原则要求仲裁庭以公正合理的方式善意解

---

① Report of the International Law Commission on the Work of its Eighth Session. 23, July 4, 1956, Official Records of the General Assembly, Eleventh Session, Supplement No.9 (A/3159), Article 26, Commentary(1), p.277.

② 例如 1982 年《公约》第 94 条第 1 项、第 3 项、第 5 项的规定是以 1958 年《公海公约》第 5 条第 1 项,第 10 条为蓝本修订的。

③ 王阳:《全球海洋治理:历史演进、理论基础与中国的应对》,《河北法学》2019 年第 7 期,第 166 页。

④ 1982 年《公约》第 58 条第 2 项与第 86 条的结合使与公海航行和交通有关的规则适用于领海的外部界限以外的海域,而从前包括在公海自由概念中的权利,特别是涉及自然资源的权利,都在专属经济区被剥夺或完全废除了。参见萨切雅·南丹、沙卜泰·罗森主编:《1982 年〈联合国海洋法公约〉评注》(第三卷),法律出版社 2016 年版,第 59—60 页。

释条约,进而使条约的解释符合当事国的合理预期并促进通过谈判等方式实现争端的解决。[①]

在本项仲裁请求中,仲裁庭明知中国为维护主权、领土完整而采取一系列船舶操控行为的主观意图,却扩张性地将 1982 年《公约》第 94 条的规定适用于领海的情况强行并入 1972 年《国际海上避碰规则》,这显然不符合条约的善意解释原则,无益于争端的最终解决。此外,针对条约的扩张性解释这一问题,曾有学者指出,"本身明白清楚的一个规定,进行类推而予以扩张解释是不适当的,这种规定实际上应被认为只适用于构成该条约主题的事项"。[②] 显然,1982 年《公约》第 94 条仅仅适用于公海这一主题下的事项。无论是从条约用语、上下文、目的与宗旨还是从善意的角度考察 1982 年《公约》第 94 条,均不能得出本条适用于领海的结论,因此,仲裁庭的裁决实属荒谬。

(二) 1982 年《公约》第 21 条第 4 项和第 24 条的解释与适用

除此之外还有必要提及的是,菲律宾似乎意识到 1982 年《公约》第 94 条并不能够不加解释地适用于领海,因此在其仲裁请求中援引了 1982 年《公约》第 21 条第 4 项和第 24 条有关无害通过权的规定。[③] 1982 年《公约》第 21 条第 4 项规定外国船舶在行使无害通过权时应该遵守沿海国的法律规章以及关

[①] 赵建文:《条约法上的善意原则》,《当代法学》2013 年第 4 期,第 123 页。
[②] 李浩培:《条约法概论》,法律出版社 2003 年版,第 338 页。
[③] Memorial of the Philippines, March 30, 2014, Vol. I, paras. 6.114, 6.131, 6.133, 6.140, pp.202, 208—209, 212.

于防止海上碰撞的一切普遍接受的国际规则。1982年《公约》第24条规定沿海国不应该妨碍外国船舶的无害通过权。笔者认为,菲律宾之所以援引上述两项规定,主要是为了强调1982年《公约》在第二部分"领海和毗连区"项下,同样并入了关于防止海上碰撞的一切"普遍接受的国际规则"这一规定,以此主张1972年《国际海上避碰规则》在领海的适用。

菲律宾诉称"尽管第21条第4项仅仅适用于无害通过的外国船舶,但是如果沿海国未能确保其船舶在领海内遵守1972年《国际海上避碰规则》,这就会对领海内航行的外国船舶造成危险,由此沿海国即违反了第24条规定沿海国不应妨碍无害通过和妥为公布航行危险的义务"。本书认为,菲律宾在此将中国认定为黄岩岛的沿海国,而菲律宾认为无论其船舶是否符合无害通过,中国的船舶都应该遵守1972年《国际海上避碰规则》,否则即是违反了1982年《公约》第24条中规定的沿海国保障外国船舶无害通过的义务。毋庸置疑的是,菲律宾的上述主张已经完全背离了基本的常识和1982年《公约》的文意,与强盗逻辑无异。

领海是国家领土的重要组成部分,承认外国船舶的无害通过权,仅仅是沿海国行使领土主权的一项例外,其本质是国际社会通过1982年《公约》赋予外国船舶的一项权利,而并非出于沿海国的善意。[①] 1982年《公约》第21条第4项仅仅赋予了外国船舶在领海内无害通过的权利并要求外国船舶行使无害

_____

① Wilson, Brian, James Kraska, "American Security and Law of the Sea," *Ocean Development and International Law*, 2009, p.279.

通过权时(并非沿海国船舶)符合1972年《国际海上避碰规则》的要求。试问：在外国船舶的航行并不符合无害通过的情况下，1982年《公约》又如何会保障外国船舶的权利？沿海国针对非无害通过的外国船舶的海上执法中的船舶操控方式怎么会违反其在1982年《公约》下的义务呢？与此相对的是，1982年《公约》第25条第1项规定，沿海国可以在其领海内采取必要的步骤以防止非无害的通过，这不仅是沿海国维护国家主权的固有权利，更是沿海国为保障海洋航行秩序应尽的义务。在这种情况下，菲律宾的上述仲裁请求显然不能成立。

此外，也有学者分析认为菲律宾在援引1982年《公约》第21条第4项时将争端发生地视为菲律宾领海，据此主张中国违反了1972年《国际海上避碰规则》。① 在1982年《公约》第21条第4项规定外国船舶的义务，而在第24条规定沿海国义务的前提下，菲律宾同时援引上述两项规定本身就存在矛盾。显然，菲律宾并未就其主张进行充分地解释和准确地论述。菲律宾这种混乱的表述再一次佐证了第13项仲裁请求与主权争端密不可分的事实。在1982年《公约》第21条第4项和第24条分别规定了在外国船舶和沿海国这两个利益相对方义务的背景下，能否适用和如何依据条文进行裁判的大前提即是清晰地辨明哪一方是"外国船舶"、哪一方是"沿海国"，而这基本上等同于对黄岩岛领土主权的判断。最终，仲裁庭在"实体性裁决"中没有采纳菲律宾的观点，也未就其援引上述两项条款的主张

---

① 曲波、梁赟：《海洋维权执法下〈联合国海洋法公约〉的适用——南海仲裁案第13项仲裁请求裁决评析》，《太平洋学报》2017年第2期，第23—24页。

做出任何评价。仲裁庭的这种裁决方式不仅没有很好地回应当事国的仲裁请求,也表明了仲裁庭有意回避第 13 项仲裁请求离不开领土主权问题的本质而强行进行裁决的居心。

三、1972 年《国际海上避碰规则》框架下船舶操控方式合法性审视:公约冲突

(一)第 13 项仲裁请求的适用:1982 年《公约》与 1972 年《国际海上避碰规则》的冲突

第 13 项仲裁请求的关键在于 1972 年《国际海上避碰规则》的适用。1972 年《国际海上避碰规则》是规范船舶航行行为的一项重要国际公约,规定了船舶在航行时应遵守安全的航速、保持安全的距离以避免碰撞,避免横越他船前方及让船等义务。① 与此相对的是,1982 年《公约》为保证海洋安全,规定了沿海国的保护权、登临权、紧追权等海上执法权利。② 不难发现,登临、紧追、驱离等海上执法行为中的船舶操控方式很难遵守 1972 年《国际海上避碰规则》的上述规定。菲律宾提供的专家证人 Allen 教授也承认,执法船的操作要求(例如拦截船只)可能会与 1972 年《国际海上避碰规则》"偶然发生冲突",并且提及了其服务的美国海岸警卫队的任务经常需要驶近接近的

---

① 参见 1972 年《国际海上避碰规则》第 6、8、15、16 条。
② 参见《公约》第 25、110、111 条。

船舶，以便确认其身份和船旗以及行为性质，并且在情况需要时可截停船舶进行登临执法。①

由此可见，就船舶操控方式而言，1972 年《国际海上避碰规则》与 1982 年《公约》的规定存在一定冲突。有关条约冲突，从狭义上讲，学者 C. Wilfred Jenks 将条约冲突定义为条约义务上的冲突，即两个条约的同一当事国不能同时履行其在条约下的义务。② 从广义上讲，条约冲突不仅仅局限于条约所规定的义务。有学者将条约冲突分为固有的冲突（inherent conflicts）和适用法律的冲突（conflicts in the applicable law），前者指向条约规则本身的冲突，后者指向依某一项规则行使权利或履行义务时会违反另一项规则的情况。③ 根据这一分类，第 13 项仲裁请求下的条约冲突即属于后者。本书认为，针对本项仲裁请求中条约冲突的情况，1982 年《公约》的规则应该优先予以适用。

"条约经常载有一项条款，旨在规范条约的规定与另一条约的规定或与条约所处理的事项有关的任何其他条约的规定之间的关系。"④由于此类冲突条款是以条约文本的方式体现缔

---

① Opinion of Craig H. Allen, Judson Falknor Professor of Law, University of Washington, March 19, 2014, Memorial of the Philippines, Vol. VII, Annex 239, pp.5—6.

② C. Wilfred Jenks, "The Conflict of Law-Making Treaties," *British Year Book of International Law*, 1953, p.426.

③ Joost Pauwelyn, *Conflicts of Norms in Public International Law: How WTO Law Relates to Other Rules of International Law*, Cambridge University Press, 2003, p.177.

④ United Nations, Yearbook of the International Law Commission, A/CN.4/SER.A/1966/Add.1,1966 Vol.II, p.214.

约国的意愿,因此是解决条约冲突最为有效和合理的一种方式。① 1982 年《公约》第 311 条第 2 项即是此类条款。该款规定,本公约不应改变各缔约国根据与本公约相符合的其他条约而产生的权利和义务,但以不影响其他缔约国根据本公约享有其权利或履行其义务为限。有鉴于 1982 年《公约》的通过和生效远在 1972 年《国际海上避碰规则》之后,且 1982 年《公约》第 21 条第 4 项提及了外国船舶行使无害通过权时须遵守为防止海上碰撞的一切国际规章,但在有关海上执法权利的相关条款却并未存在类似表述。据此可以清晰地得出结论,1982 年《公约》中有关海上执法的船舶操控方式不应该受到 1972 年《国际海上避碰规则》的影响。

(二)船舶操控方式合法性中的公约冲突的减损

1. 特别法优于普通法

特别法优于普通法是一项广为接受的法律准则和一种解决规范性冲突的手段。这一原则表明,若某一事项同时受一个一般标准和一个更具体的规则管辖,则后者应优先前者。② 本书认为,在判断一般标准与具体规则时,不应该取决于条约本身覆盖的范围,而应该考虑针对该事项本身是否存在特殊规定。

---

① 廖诗评:《条约冲突的基本问题及其解决方法》,《法学家》2010 年第 1 期,第 152 页。

② UN General Assembly Doc. A/CN.4/L.682,para.56.

现行的 1972 年《国际海上避碰规则》于 1977 年生效，其最初版本于 1863 年由英国和法国政府共同协商制定，目的在于减少蒸汽船发生碰撞的危险。① 到 1864 年底，这些规则慢慢形成了一些条款为包括美国和德国在内的海洋国家所采用，其中包括给予位于本船右舷的船舶让路等规则在某种程度上已经具有习惯国际法的效力。② 有关 1972 年《国际海上避碰规则》的立法目的，英国学者认为 1972 年《国际海上避碰规则》，一是就如何避免海上碰撞为海员提供指导，二是在发生碰撞后可作为分摊过失的依据。③ 同时，1972 年《国际海上避碰规则》在序言中提及了各缔约国为保持高度的海上安全的愿望这一立法宗旨。可见，1972 年《国际海上避碰规则》最初是以调整商船航行时的船舶碰撞问题为目的的公约，是为了防止航行碰撞、保障海上航行安全而形成的海上交通规则。

1982 年《公约》意在"以互相谅解和合作的精神解决与海洋法有关的一切问题"，几乎涵盖了海洋法的全部领域。从这个角度而言，显然 1982 年《公约》是更为全面的一项普遍规则。但是，第 13 项仲裁请求下的争议事项并非一般的船舶航行行为，而是有关沿海国的海上执法中的船舶操控方式。海上执法行为本身的必要性和为达成目的所采取手段的特殊性

---

① A. N. Cockcroft and J.N.F Lameijer, *A Guide to the Collision Avoidance Rules: International Regulations for Preventing Collisions at Sea*. Elsevier, 2004, p.8.

② 针对第 13 项仲裁请求，菲律宾指控中国的"违法"行为发生在 2012 年。尽管菲律宾在 2013 年才成为 1972 年《国际海上避碰规则》的缔约国，但仲裁庭认为这并不影响 1972 年《国际海上避碰规则》在此的适用。

③ 张铎：《避碰规则的宗旨、立法模式及其行动规则的选择》，《世界航运》2019 年第 6 期，第 12 页。

使这一行为不能与单纯的船舶航行行为相提并论。相较于
1972 年《国际海上避碰规则》规范一般船舶航行行为的立法
目的,针对海上执法行为中的船舶操控方式,1982 年《公约》
明显处于特别法的地位,应该优先予以适用。

2. 司法实践中权利位阶的考量

如前所述,1972 年《国际海上避碰规则》对一般船舶航行行
为的规范本身既与海上执法行为所依赖的船舶操控方式存在
不可避免的冲突,在 1972 年《国际海上避碰规则》的制约下,执
法船又不可能实现 1982 年《公约》下登临、紧追、驱离外国船舶
的执法目的。针对这一客观事实,仲裁庭在"实体性裁决"中认
为,如果执法船的操作要求与 1972 年《国际海上避碰规则》存
在矛盾,后者必须占先。① 如此而言,除非违法船舶在收到信号
后主动停船,否则其他情况下的海上执法几乎不存在成功的可
能,其行为背后的法益也很难得到保障。究其根本,1982 年《公
约》保障海上执法权利和 1972 年《国际海上避碰规则》规范船
舶航行行为的目的均是为了维护海上安全——前者出于对违
法船舶的打击,后者出于减少航行事故的发生。在二者发生冲
突的情况下,司法实践应结合具体个案进行权利位阶上的考量
以弥补立法上模糊的权利界限。而在对权利位阶进行考量时,
首先应该考虑法律的价值顺位,即涉及的一种法益较他种法益

---

① Award of Arbitration between the Republic of Philippines and the People's
Republic of China, July 12, 2016, PCA case No. 2013-19, paras. 1082—1083,
1091, 1095, 1109, 1203.

是否有明显的价值优越性。①

　　具体就第13项仲裁请求而言，中国针对菲律宾船舶在中国领海内非无害通过的一系列挑衅中国主权的行为具有当然的执法权，菲律宾则主张其在1972年《国际海上避碰规则》下的航行权利。海上执法是国家为维护主权享有的固有权利，国家主权作为国际法下最不容侵犯的一项权利显然应该率先得到法律和司法实践的保障。如果说执法船在海上执法过程中遇到其他船舶确应适当估计普遍的航行规则，其在面对违法船舶时所采取的船舶操控方式显然不应该受到1972年《国际海上避碰规则》的约束。② 此种情况下，违法船舶的航行权利当然应向执法船的海上执法权利让步，否则海上执法的目的和效果将难以实现，1982年《公约》的相关规定也就会沦为一纸空文。在这种情况下，仲裁庭忽略中国海上执法行为背后维护国家主权的基本权利，武断地适用1972年《国际海上避碰规则》的规定，不分青红皂白地支持菲律宾的主张，显然背离了司法裁判应有的原则和标准，实在难以令人信服。

---

　　① ［德］卡尔·拉伦茨：《法学方法论》，陈爱娥译，商务印书馆2003年版，第285页。

　　② 作为一项确保海上安全必要措施的"普遍接受的国际规则"，除商船外，军舰等政府公务船舶在一般航行行为中，显然同样应该遵守1972年《国际海上避碰规则》的约束以维持海上交通的秩序。1972年《国际海上避碰规则》第1条即表明其适用于在公海和连接公海而可供海船航行的一切水域中的一切船舶，这也成为菲律宾提供的专家证人Allen指责中国不遵守1972年《国际海上避碰规则》的有力说辞。然而，尽管1972年《国际海上避碰规则》适用于可航水域的一切船舶，但却并不能当然地适用于船舶航行的一切情形。参见张铎、张仁平：《中国执法船黄岩岛领海执法活动的合法性——评南海仲裁案第13项诉求及其裁决的荒谬性》，《亚太安全与海洋研究》2016年第5期，第64页。

四、作为行使海洋权利的船舶
操控方式的根本属性

海上执法中的船舶操控方式不同于一般船舶航行行为,是 1982 年《公约》赋予沿海国保障海上安全的基本权利。第三次联合国海洋法会议审议期间的主要冲突涉及沿海国的安全利益和海洋国家的航行利益。沿海国的主要利益诉求在于保护或限制进入该国内水、领海并扩大这些水域的主权以及在专属经济区内主张经济性权益。[①] 有关领海主权,在立法过程中,各国代表就沿海国对领海内事务具有最终管辖权这一观点达成了广泛一致:领海关乎一国主权,只有外国船舶的无害通过权(菲律宾的行为显然不符合无害通过的条款)涉及其他国家的权利。[②] 此外,1982 年《公约》有关领海宽度、专属经济区的法律地位等问题的确认,也充分体现了该法对沿海国权益的肯定及保护。第 13 项仲裁请求的实质在于菲律宾对中国在黄岩岛附近海域海上执法权利的质疑,[③]仲裁庭在裁决时应正视中国海上执法行为的根本属性,并据此考量海上执法行为背后维护国家主权的内在动因。显然,仲裁庭未能正确理解 1982 年《公

---

① George C. Kasouldes, "Jurisdiction of the Coastal State and Regulation of Shipping," *RevueHellenique de Droit International* , 1992: 143.

② 孙立文:《海洋争端解决机制与中国政策》,法律出版社 2016 年版,第 113 页。

③ 张晏瑲:《争议海域执法的法律问题研究》,《比较法研究》2018 年第 1 期,第 143 页。

约》赋予沿海国的权利，使善意行使海上执法权利的沿海国被无端扣上非法的帽子，有失法律的尊严和公正，实属遗憾。

南海仲裁案是菲律宾依据 1982 年《公约》附件七下的仲裁程序提起的，而 1982 年《公约》附件七第 2 条第 1 项对仲裁员的要求是"应在海洋事务方面富有经验"，但却并未对仲裁员的国际法背景进行相应的规范。在这种情况下，仲裁员能否根据国际法的规则和逻辑进行裁决难免令人心生疑虑。前国际法院法官小田滋曾对基于同样背景成立的国际海洋法法庭提出严厉的质疑。① 小田滋法官认为成立国际海洋法法庭本身即是一个错误，因为国际海洋法法庭的组成人员是从"海洋法领域中具有公认资格的"人员中选出的，但他们不必是国际法的专家——这与对国际法院成员的背景要求不同。如果将海洋法的发展与国际法的一般规则分离且置于不同的司法机构的管辖之下，则会导致破坏国际法基础的问题。② 就第 13 项仲裁请求而言，仲裁庭的裁决已然使小田滋法官的上述善意提醒变成了危险的事实。在"实体性裁决"中，仲裁庭用大量的篇幅对中国执法船具体的船舶操控方式进行了说明，同时采纳两位航海专家的证言以解释中国执法船的船舶操控方式不符合 1972 年《国际海上避碰规则》下对船舶航行行为的规定。对比仲裁庭关于船舶操控层面上如此详尽的事实分析，而对中国海上执法

---

① 1982 年《公约》附件六第 2 条第 1 项要求国际海洋法法庭的法官应由在海洋法领域中具有公认资格的人员中选出，与对组成本案中仲裁庭的仲裁员要求基本一致。

② Shigeru Oda, "Dispute Settlement Prospects in the Law of the Sea," *The international and Comparative Law Quarterly*, 1995, (4): 864.

行为的定性,对 1982 年《公约》和 1972 年《国际海上避碰规则》相关条款的立法宗旨、适用范围、解释等国际法问题却没有尝试进行任何具体的论述。仲裁庭这种游离在国际法规则之外的裁决方式大大地减损了仲裁庭作为 1982 年《公约》下国家间争端解决机制应有的效用和公信力,裁决结果显然于法无据,荒谬至极。

五、结语与余论

在南沙群岛区域,中国现有共计 42 座岛礁遭侵占,其中越南侵占 29 个,菲律宾侵占 8 个,马来西亚侵占 5 个。当前,中国与周边国家在南海具体争端中所涉及的历史、地理、法律等问题均存有一定差异。① 在这样的国际形势下,中国应一如既往地加强海上执法维权力度。此外,针对中国惯常采用的冲撞型(式)船舶操控方式,如何避免及减少在实践中可能与 1972 年《国际海上避碰规则》产生的冲突是中国海上执法队伍应该予以思考的问题。② 中国海上执法人员应具有国际法的规则意识,利用 1982 年《公约》等国际法赋予当事国的权利提高中国海上执法的主动性和话语权,合理解释、熟练运用、严格遵守规则以彰显和维护大国尊严。

第一,中国应在国内立法层面上细化海上执法措施和权

---

① 冯寿波:《论海洋法中"历史性所有权"的构成要件》,《河北法学》2018 年第 2 期,第 96 页。

② 张念宏:《中国海警船冲撞方式执法问题探究》,《中国海商法研究》2018 年第 2 期,第 49 页。

限。此前有学者提出国家海洋局重组后，海事与海警的执法权责划分存在模糊不明的问题。① 2018 年 6 月 22 日，全国人大常务委员会第三次会议通过《关于中国海警局行使海上维权执法职权的决定》，规定了中国海警局在执行打击海上违法犯罪活动、维护海上治安和安全保卫、海洋资源开发利用、海洋生态环境保护、海洋渔业管理、海上缉私等方面的执法任务，明确了中国海警局履行海上执法职责的主体地位。尽管上述《决定》划分了海上执法维权的具体方向，但总体而言，对比其他世界海洋大国详细的法律规定，中国在海上执法体系下的法律规制仍有待细化。② 例如美国的《美国海岸警卫队指挥官手册》针对海上执法中司法管辖权、武力的行使、其他海上执法协助等问题进行了详细的规定；③日本的《有关外国船舶在领海等航行的法律》规定了海上保安厅长官针对疑似非无害通过的外国船舶可以采取登临、检查物品、质问等措施以及对涉事船舶的告诫和驱离④，《海上保安厅法》规定了海警警官使用武力时比照适用警察执行任务时的执法权限⑤。中国应在海上执法队伍的主体地位、执法权限、职责范围、执法程序等方面继续加强相关法

---

① 王大鹏：《陈琳琳论海洋行政体制改革中海事与海警执法权责的划分》，《河北法学》2015 年第 8 期，第 109 页。

② 《关于中国海警局行使海上维权执法职权的决定》仅有 4 条规定，其中第 3 条既规定，条件成熟时，有关方面应该及时提出制定、修改有关法律的议案，依照法定程序提请审议。

③ See The commander's handbook on the law of naval operations（Edition July 2007），paras.3,11.

④ ［日］《领海等における外国船舶の航行に关する法律》第 5、6、7 条。

⑤ ［日］《海上保安厅法》第 20 条。

律法规的出台及修订,保障海上执法行为在国内法体系下于法有据。①

第二,强化海上执法的军民融合模式以提高海上执法效率。海上安全是海洋强国战略的基石,海上执法需要国家强制力保障的同时也离不开民间力量的配合。一方面,保护海上航行秩序和海洋渔业权利本身就是海上执法的重要目的;另一方面,面对海上复杂的环境安全和执法对象的多重抵抗,中国海上执法队伍应该合理利用过往渔船、商船提供情报信息以便更加及时、精准、有效地进行海上执法。军民联动可以为海上执法有效、遂成其目的提供良好助力。建设海洋强国之路关乎着中华民族千秋万代的富强和福祉,而成功绝非一蹴而就。追求光明之路必定荆棘满布,任重而道远,因此,需要我们砥砺前行。

---

① 董加伟:《中国海洋执法体制重构路径探析》,《公安海警学院学报》2018 年第 1 期,第 13 页。

附录一
最高人民法院关于审理船舶碰撞纠纷
案件若干问题的规定

（2020 年修正）

（2008 年 4 月 28 日最高人民法院审判委员会第
1446 次会议通过，根据 2020 年 12 月 23 日最高人民
法院审判委员会第 1823 次会议通过的《最高人民法
院关于修改〈最高人民法院关于破产企业国有划拨土
地使用权应否列入破产财产等问题的批复〉第二十九
件商事类司法解释的决定》修正）

为正确审理船舶碰撞纠纷案件,依照《中华人民共和国民法典》《中华人民共和国民事诉讼法》《中华人民共和国海商法》《中华人民共和国海事诉讼特别程序法》等法律,制定本规定。

第一条 本规定所称船舶碰撞,是指海商法第一百六十五条所指的船舶碰撞,不包括内河船舶之间的碰撞。

海商法第一百七十条所指的损害事故,适用本规定。

第二条 审理船舶碰撞纠纷案件,依照海商法第八章的规定确定碰撞船舶的赔偿责任。

第三条 因船舶碰撞导致船舶触碰引起的侵权纠纷,依照海商法第八章的规定确定碰撞船舶的赔偿责任。

非因船舶碰撞导致船舶触碰引起的侵权纠纷,依照民法通则的规定确定触碰船舶的赔偿责任,但不影响海商法第八章之外其他规定的适用。

第四条 船舶碰撞产生的赔偿责任由船舶所有人承担,碰撞船舶在光船租赁期间并经依法登记的,由光船承租人承担。

第五条 因船舶碰撞发生的船上人员的人身伤亡属于海商法第一百六十九条第三项规定的第三人的人身伤亡。

第六条 碰撞船舶互有过失造成船载货物损失,船载货物的权利人对承运货物的本船提起违约赔偿之诉,或者对碰撞船舶一方或者双方提起侵权赔偿之诉的,人民法院应当依法予以受理。

第七条 船载货物的权利人因船舶碰撞造成其货物损失向承运货物的本船提起诉讼的,承运船舶可以依照海商法第一百六十九条第二项的规定主张按照过失程度的比例承担赔偿责任。

前款规定不影响承运人和实际承运人援用海商法第四章关于承运人抗辩理由和限制赔偿责任的规定。

第八条 碰撞船舶船载货物权利人或者第三人向碰撞船舶一方或者双方就货物或其他财产损失提出赔偿请求的,由碰撞船舶方提供证据证明过失程度的比例。无正当理由拒不提供证据的,由碰撞船舶一方承担全部赔偿责任或者由双方承担连带赔偿责任。

前款规定的证据指具有法律效力的判决书、裁定书、调解书和仲裁裁决书。对于碰撞船舶提交的国外的判决书、裁定书、调解书和仲裁裁决书,依照民事诉讼法第二百八十二条和第二百八十三条规定的程序审查。

第九条 因起浮、清除、拆毁由船舶碰撞造成的沉没、遇难、搁浅或被弃船舶及船上货物或者使其无害的费用提出的赔偿请求,责任人不能依照海商法第十一章的规定享受海事赔偿责任限制。

第十条 审理船舶碰撞纠纷案件时,人民法院根据当事人的申请进行证据保全取得的或者向有关部门调查收集的证据,应当在当事人完成举证并出具完成举证说明书后出示。

第十一条 船舶碰撞事故发生后,主管机关依法进行调查取得并经过事故当事人和有关人员确认的碰撞事实调查材料,可以作为人民法院认定案件事实的证据,但有相反证据足以推翻的除外。

附录二

指导案例 31 号 江苏炜伦航运股份有限公司诉米拉达玫瑰公司船舶碰撞损害赔偿纠纷案

（最高人民法院审判委员会讨论通过 2014 年 6 月 23 日发布）

关键词 民事 船舶碰撞损害赔偿 合意违反航行规则 责任认定

裁判要点

航行过程中，当事船舶协商不以 1972 年《国际海上避碰规则》确立的规则交会，发生碰撞事故后，双方约定的内容以及当事船舶在发生碰撞事故时违反约定的情形，不应作为人民法院判定双方责任的主要依据，仍应当以前述规则为准据，在综合分析紧迫局面形成原因、当事船舶双方过错程度及处置措施恰当与否的基础上,对事故责任做出认定。

相关法条

《中华人民共和国海商法》第一百六十九条

基本案情

2008 年 6 月 3 日晚,原告江苏炜伦航运股份有限公司所有的"炜伦 06"轮与被告米拉达玫瑰公司所有的 *MIRANDA ROSE* 轮(以下简称"玫瑰"轮)在各自航次的航程中,在上海港圆圆沙警戒区相遇。当日 2327 时由外高桥集装箱码头开出的另一艘外轮"里约热内卢快航"轮与"玫瑰"轮联系后开始实施追越。2332 时"里约热内卢快航"轮引航员呼叫"炜伦 06"轮和位于"炜伦 06"轮左前方约 0.2 海里的"正安 8"轮,要求两轮与其绿灯交会。"正安 8"轮予以拒绝并大角度向右调整航向,快速穿越到警戒区北侧驶离。"炜伦 06"轮则在"里约热内卢快航"轮引航员执意要求下,同意绿灯交会。"玫瑰"轮随即与"炜伦 06"轮联系,也要求绿灯交会,"炜伦 06"轮也回复同意。2338时当"炜伦 06"轮行至"玫瑰"轮船艏偏左方向,发现"玫瑰"轮显示红灯,立即联系"玫瑰"轮,要求其尽快向左调整航行。"炜伦 06"轮随后开始减速,但"玫瑰"轮因"里约热内卢快航"轮追越尚未驶过让清,距离较近,无法向左调整航向。2341 时"炜伦 06"轮与"里约热内卢快航"轮近距离交会,位于"玫瑰"轮左前方且距离仅 0.2 海里。此时,"炜伦 06"轮、"玫瑰"轮均觉察危险,同时大角度向左转向。2342 时"炜伦 06"轮右后部与"玫瑰"轮船艏右侧发生碰撞。事故造成原告遭受救助费、清污费、货物减损费、修理费等各项损失共计人民币 4 504 605.75 元。

原告遂以"玫瑰"轮违反双方关于"绿灯交会"的约定为由，诉请法院判令"玫瑰"轮承担80％的责任。被告则提出，原告应就涉案碰撞事故承担90％的责任，且原告主张的部分损失不合理。

裁判结果

上海海事法院于2011年9月20日做出（2010）沪海法海初字第24号民事判决：一、被告米拉达玫瑰公司应于本判决生效之日起十日内向原告江苏炜伦航运股份有限公司赔偿损失人民币2 252 302.79元；二、被告米拉达玫瑰公司应于本判决生效之日起十日内向原告江苏炜伦航运股份有限公司赔偿上述款项的利息损失，按照中国人民银行同期活期存款利率标准，从2008年6月3日起计算至判决生效之日止；三、对原告江苏炜伦航运股份有限公司的其他诉讼请求不予支持。宣判后，当事人双方均未上诉，判决已发生法律效力。

裁判理由

法院生效裁判认为，在两轮达成一致意见前，两轮交叉相遇时，本应"红灯交会"。"玫瑰"轮为了自己进北槽航道出口方便，首先提出"绿灯交会"的提议。该提议违背了1972年《国际海上避碰规则》（以下简称《避碰规则》）规定的其应承担的让路义务，但是"炜伦06"轮同意了该违背规则的提议，此时，双方绿灯交会的意向应是指在整个避让过程中，双方都应始终向对方显示本船的绿灯舷侧。在这种特殊情况下，没有了《避碰规则》意义上的"让路船"和"直航船"。因此，当两轮发生碰撞危险时，两轮应具有同等的避免碰撞的责任，两轮均应按照《避碰规则》的相关规定,特别谨慎驾驶。但事实上,在达成绿灯交会的一致意向后,双方都认为对方会给自己让路,未能对所处水域的情况进行有效观察并对当时的局面和碰撞危险做出充分估计,直至紧迫危险形成后才采取行动,导致最终无法避免碰撞。综上,两轮均有瞭望疏忽、未使用安全航速、未能尽到特别谨慎驾驶的义务并尽早采取避免碰撞的行为,这都违反了《避碰规则》中有关瞭望、安全航速和避免碰撞的行动等规定,对碰撞事故的发生责任相当,应各承担 50％的责任。

被告系"玫瑰"轮的船舶所有人,根据《最高人民法院关于审理船舶碰撞纠纷案件若干问题的规定》的规定,应就"玫瑰"轮在涉案碰撞事故中对原告造成的损失承担赔偿责任。法院根据双方提供的证据,核定了原告具体损失金额,按照被告应负的责任份额,依法做出如上判决。

附录三
《上海海事法院船舶碰撞案件审判与航行安全情况通报》白皮书

（2015.1—2019.3）

一、船舶碰撞案件审判基本情况

（一）以机制建设打造专业化、国际化、智能化审理模式

（二）以典型案例明确船舶碰撞案件裁判规则

（三）以多元化手段推动船舶碰撞纠纷妥善化解

（四）以延伸服务促进船舶碰撞事故风险防范

二、船舶碰撞事故的特点

（一）从事故原因分析，主观因素为主导因素

（二）从事故时间分析，夜间为事故高发时段

（三）从事故地点分析，长江口水域为事故多发水域

（四）从事故船型分析，商船、渔船碰撞事故高发

（五）从事故船籍分析，外籍船舶碰撞占有一定比例

（六）从事故后果分析，各类衍生纠纷较多

（七）从事故发生后情况分析，肇事逃逸屡有发生

三、船舶碰撞事故的主要原因

（一）安全航速未使用

（二）冒险追越不谨慎

（三）良好船艺未应用

（四）违反禁令擅雾航

（五）船长指令不遵守

（六）疲劳驾驶存隐患

（七）引航作业不规范

（八）引航提示不重视

（九）锚地安全易懈怠

（十）设备维护不到位

（十一）船员配备问题多

（十二）水道环境不熟悉

（十三）安全管理不落实

（十四）水域复杂船舶密

（十五）通航渔区风险大

四、船舶碰撞案件中的主要法律问题

（一）多船碰撞事故的定性和因果关系判定

（二）严重违法航行者丧失海事赔偿责任限制权利

（三）未尽安全管理义务的船舶经营人或管理人的责任

（四）船长应在 VTS 中心指令下运用良好船艺

（五）肇事逃逸构成责任判定的加重情节

五、关于船舶航行安全的建议

（一）落实航运企业主体责任

　1. 船舶管理责任

　2. 船员培训责任

（二）提高航行避碰能力

　1. 严格遵守航行规则

　2. 掌握狭水道航行要领

　3. 提高锚地安全意识

（三）构建安全预防体系

　1. 立法保障

　2. 航运主体行政监管

　3. 内河船舶强制保险

　4. 改善航道通航条件

航行安全是上海国际航运中心建设的基本要求,《上海国际航运中心建设三年行动计划(2018—2020)》明确指出"要促进航运绿色、安全、高效发展"。近年来,上海各有关部门始终高度重视航行安全,积极采取各种工作措施防范风险、消除隐患,取得了显著成效。然而,影响和制约航行安全的因素复杂多样。随着国务院"建设综合立体交通走廊 打造长江经济带"的新战略出台,长江口航道的龙头作用日益显现,每年通过长江口深水航道进出长江的船舶数量不断增多,船舶密度趋于饱和,而长江沿线各大港口货物吞吐量持续增长,航道及港口长期处于"高负荷"状态,航道资源建设亟待加强。2018 年上海港货物吞吐量已达到 5.61 亿吨,集装箱吞吐量完成了 4 201 万标准箱,上海港船舶进出港总艘次达 150 万左右。密布的航线、集中的船舶、部分航道与传统渔区重叠等因素对航行安全和海洋生态环境保护提出了新的挑战。通过对四年来涉航行安全案件的审理和分析,我们发现船舶碰撞已经成为影响上海航道安全的重大隐患,部分重大船舶碰撞事故造成人身、财产、环境的重大损失。现将上海海事法院近年来船舶碰撞案件与航行安全情况通报如下。

一、船舶碰撞案件审判基本情况

2015 年 1 月至 2019 年 3 月,上海海事法院共受理由船舶碰撞事故引起的各类纠纷 203 件,其中船舶碰撞损害责任纠纷 114 件,船舶污染损害责任纠纷 25 件,海上、通海水域人身损害责任纠纷 64 件,涉诉标的额共计人民币 6.18 亿元,其中船货等财产损失 4.43 亿元,环境污染损害 0.75 亿元,人身损害赔偿 1.00 亿元。案件涉及船舶碰撞事故 38 起,造成人员死亡 70 人,船舶沉没 12 艘。在审结的船舶碰撞损害责任纠纷案件中,判决 30 件,调解 26 件,撤诉 20 件,按撤诉处理 33 件。

附图 3-1　船舶碰撞收案类型分布

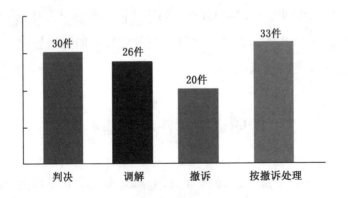

附图 3-2　船舶碰撞损害责任纠纷结案方式

船舶碰撞案件以及与之相关联的清污、打捞等案件是极具专业性的海事案件,重大、敏感、复杂,主要体现在四个方面:一是船舶体量巨大,价值较高,一旦发生碰撞事故,造成的人身、财产、环境损失均较严重,且损失及赔偿范围不易确定,案件的审理周期较长;二是船舶经营主体多元化,利益相关方众多,如造成多人死亡,还存在不稳定因素,处理不当易酿成群体性事件;三是划分碰撞责任比例专业性强,需要根据 1972 年《国际海上避碰规则》和我国有关法律法规的规定,运用航海技术,准确分析船舶碰撞前的格局及其各方过失;四是由于海上情况复杂多变,特别是夜间或者能见度不良情况下的碰撞,一旦肇事船舶逃逸,案件审理缺乏直接证据,肇事船舶认定难。

为了提高船舶碰撞案件及清污、打捞、货损、人损等关联案件的审判质量和效率,妥善化解纠纷,上海海事法院经过长期实践探索,逐渐形成一系列成熟的规则和做法。

(一) 以机制建设打造专业化、国际化、智能化审理模式

近年来,为回应辖区维护航行安全及保护海洋生态环境的需求,上海海事法院积极探索完善船舶碰撞、海洋环境污染案件专业化、国际化和智能化审理模式,于 2015 年 12 月设立海洋环境保护专业合议庭并加强专业审判团队建设,聘请专家陪审员、聘任特邀咨询专家参与案件审理和研讨,制定专业人员参加案件审理规则、设置海事专业鉴定机构名录支持专业技术调查。对于涉外船舶碰撞案件的审理,借助与院校搭建的外国

法查明合作平台、组建青年翻译员团队,及时对接国际最新海事司法动态,积极适用国际规则、遵循国际惯例。对于涉诉外轮、外籍船员,上海海事法院提供英文版诉讼指引,必要时登轮为外籍船员提供现场诉讼服务。作为最高人民法院国际海事司法上海基地和智慧海事法院(上海)实践基地,上海海事法院依托海事特色大数据平台和智能化辅助办案系统,运用自主研发的"船舶数据分析系统",模拟船舶碰撞事故的发生经过,辅助查明案件事实,使船舶碰撞案件的审理更加专业、高效。

附图 3-3　船舶碰撞轨迹图

（二）以典型案例明确船舶碰撞案件裁判规则

通过司法手段维护海上交通安全,保护海洋生态环境,是海事审判的重要职能之一。上海海事法院在船舶碰撞案件审判领域积极探索,形成了一批有利于规范通航行为、促进通航安全的典型案例和裁判规则,如在"泰联达"轮与"宁东湖680"轮、"宁连海606"轮碰撞,"兴龙舟578"轮与"浙椒机1156"轮、"兴航海168"轮碰撞,以及"善时"轮与"华德98"轮、"恒裕"轮碰撞等多起三船碰撞案中明确了关于多船碰撞事故的定性和因果关系的判定;在"浙嵊97506"轮与"台联海18"轮船舶碰撞案中明确了严重违法航行者应丧失海事赔偿责任限制权利,同时明确了未尽安全管理义务的船舶经营人或管理人的责任;在"海德油9"轮与"浙海156"轮碰撞案中,明确了船长应在VTS中心指令下运用良好船艺;在"三水805"轮与"浙三渔00046"轮碰撞事故中,明确了肇事逃逸对责任判定的加重情节等裁判规则。

（三）以多元化手段推动船舶碰撞纠纷妥善化解

上海海事法院密切关注辖区内发生的重大船舶碰撞事故、重大环境污染事故,及时主动与当地政府、海事主管机关、保险公司、保赔协会等取得联系,充分掌握舆情,制定应对措施,积极跟进海事主管机关的调查进度,协助妥处遇难船员家属的赔偿问题,敦促保险公司简化手续、快速理赔、先予赔付、出具担保等,力争将人身伤亡纠纷在诉前调解阶段予以化解。同时,

附图 3-4　执行法官扣押 *VAN MANILA* 轮

应当事人申请，上海海事法院及时采取扣押涉事船舶、财产保全、证据保全等措施，为遇难船员家属、清污打捞等相关主体依法提出诉求、维护合法权益创造了有利条件，取得了良好的法律和社会效果。

（四）以延伸服务促进船舶碰撞事故风险防范

上海海事法院就船舶碰撞案件审理过程中发现的航行安全、防治污染等方面存在的风险，定期发布典型案例、组织召开研讨会、发送司法建议、赴有关单位实地走访调研，为航运企业防范航行风险、航运主管部门加强航行安全管理提供司法支持。如针对审理 *EAST POWER* 轮与"和河"轮碰撞案件中发现的引航问题，向上海港引航站发送司法建议，得到上海港引航站的高度重视。

附图 3-5　上海海事法院延伸服务相关文件

二、船舶碰撞事故的特点

(一) 从事故原因分析,主观因素为主导因素

随着造船、航海、导航等技艺水平的不断提高,自然环境等客观因素对船舶碰撞事故的原因力大大降低。从上海海事法院受理的船舶碰撞案件来看,所有事故的发生原因均含有主观因素,包括航速过快、冒险追越、违规雾航、疏于瞭望、避碰不当、船员不适任、船舶和设备维护不到位等。并且,碰撞中各船均有过失的占大部分,共有 30 起,占 78.95%,单方过失 6 起,占 15.79%,原因不明 2 起,占 5.26%。

（二）从事故时间分析，夜间为事故高发时段

夜间航行、能见度不良等客观因素对碰撞事故有一定影响。统计显示，发生在夜间（2000—0500 时）的碰撞事故有 29 起，占 76.32%，死亡失踪人数达 66 人，占 38 起碰撞事故总死亡失踪人数的94.29%。其中，又以 0000—0400 时为多发时段，事故 15 起，占 39.47%。这一方面是由于夜间视线不良以及受岸上背景灯光的影响，船舶驾驶人员容易疏忽瞭望，且夜间尤其是下半夜受生理因素影响，驾驶人员容易疲劳犯困，从而导致事故的发生；另一方面是由于夜间涨潮和落潮期间，船舶集中进出港，也增加了碰撞事故的发生概率。

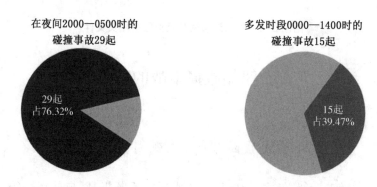

在夜间2000—0500时的
碰撞事故29起

29起
占76.32%

多发时段0000—1400时的
碰撞事故15起

15起
占39.47%

附图 3-6　涉案船舶碰撞事故时间分析

（三）从事故地点分析，长江口水域为事故多发水域

长江口水域为连接黄浦江和长江的重要水域，此处航线密布、船舶集中、通航环境复杂。以吴淞口警戒区为例，吴淞海域

属于长江入海区段,航道纵横交错、水文情况复杂,进出黄浦江的船舶、进出吴淞口锚地的船舶等在吴淞口警戒区形成多条船舶交通流,往来船舶会遇频繁,同时该区段航道不宽,锚地较多,交通状况复杂。在高峰时段,警戒区大量船舶聚集,如遇异常天气,极易引起拥堵,客观上增加了事故隐患。据统计,在38起事故中,发生于长江口水域的有18起,占47.37%,其中发生于吴淞口水域的就有12起。

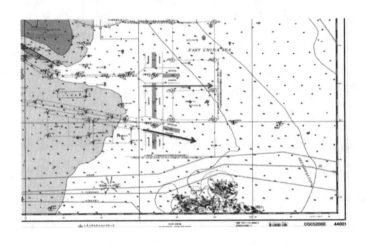

附图 3-7 长江口水域图

(四)从事故船型分析,商船、渔船碰撞事故高发

近年来,伴随海运事业的蓬勃发展,许多传统的渔区变成了航区,在长江口以外传统渔区与航道重叠的区域,特别是在渔汛期,商船、渔船交流并行,碰撞事故高发。由于渔船大多船型不大、动力较小、操纵性有限,在航行技术和航海设备配置方

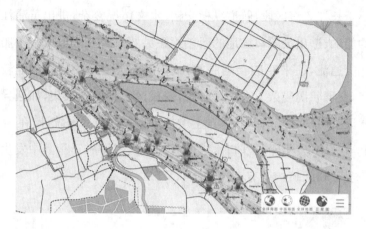

附图 3-8　事故地点海图

面较商船存在较大差距,部分渔船船员甚至不懂避碰规则、不能正确显示号型号灯、不进行海图作业、存在"穿过大船头、三年捕鱼不用愁"的盲目心理,商船和渔船的碰撞事故时有发生,且往往造成渔船船员的群死群伤。据统计,在 38 起事故中,渔船与商船碰撞事故有 9 起,占 23.68%,造成渔船沉没 4 艘,渔船船员死亡或失踪 21 人。在商船、渔船碰撞事故中,往往暴露出渔船存在较多不安全行为。如"华隆油 1"轮与"苏灌渔13144"轮碰撞事故,"苏灌渔 13144"轮因船舶不适航、职务船员配备不齐、作业类型不一致等被灌南渔港监督禁止离港,但该船仍然出航,且作为内河渔船却超航区从事海上捕捞作业,最终酿成悲剧。

（五）从事故船籍分析,外籍船舶碰撞占有一定比例

在统计的 38 起船舶碰撞事故中,涉及外籍船舶的碰撞事

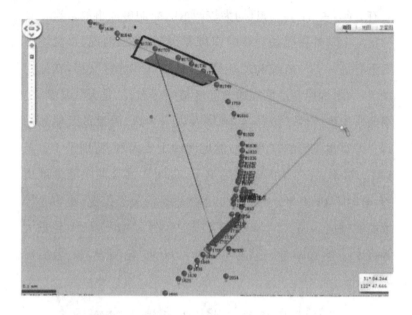

附图 3-9 *XIANGZHOU* 轮与 *VAN MANILA* 轮交叉会遇图

附图 3-10 *VAN MANILA* 轮

故有 8 起,占 21.05%,且均为较严重的船舶碰撞事故。这在某种程度上与外籍船舶对事故海域复杂的气象、海况、水文不够熟悉有关。一是航线和船舶密集,且航道和渔区交错,在捕捞季节,大量渔船和渔网在通航渔区集中分布;二是天气复杂,冬季经常出现阵性 9 级甚至 10 级及以上大风,严重危及船舶航行。海雾也是影响东海海域能见度的主要因素,特别是 1 月至 6 月为雾季,在冬季海雾的影响下,夜间和拂晓期间能见度更差,有时不到 50 米。外籍船员不熟悉东海复杂海况,更容易导致船舶碰撞。如 *XIANGZHOU* 轮与 *VAN MANILA* 轮重大等级水上交通事故,造成 *XIANGZHOU* 轮沉没,12 名船员死亡。

(六)从事故后果分析,各类衍生纠纷较多

如"善时"轮、"恒裕"轮和"华德 988"轮三船碰撞纠纷引发的责任限制基金、海难救助、确权纠纷系列案件超过 30 件。*XIANGZHOU* 轮与 *VAN MANILA* 轮碰撞引发的碰撞、救助、打捞、清污、货损等多起案件也进入诉讼程序。船舶碰撞事故衍生纠纷往往当事方众多、讼争标的额大、证据材料多、案情复杂、审理周期较长。

(七)从事故发生后情况分析,肇事逃逸屡有发生

船舶碰撞事故发生后,特别是在有他船人员伤亡的情况下,为逃避法律责任,有的船舶会利用夜色、海上能见度不良和大船自身优势,恶意关闭 AIS、尽快脱离现场,并串通隐匿证

据、覆盖 VDR 数据、隐瞒碰撞事故,给事故的查明及处理造成了极大的困难,甚至贻误了人员救助时机,加重事故损害后果。据统计,在 38 起事故中,有 8 起事故发生了肇事船舶擅自驶离事故现场的情况,占 21.05%,其中经主管机关认定为肇事逃逸的有 5 起,部分事故已追究或正在追究相关驾驶人员的刑事责任。

三、船舶碰撞事故的主要原因

船舶碰撞事故造成财产损失、环境污染、人身伤亡,以惨痛的代价昭示着海上交通秩序和安全保障仍然任重道远。船舶碰撞事故的发生大多是"人、船、环境、管理"各种原因叠加、交织的结果,因而在分析船舶碰撞事故原因和预防措施时,需要综合考量。通过梳理和分析,可以发现碰撞事故的发生有诸多共性因素,主要体现在以下方面。

(一)安全航速未使用

上海长江口水域狭长水道及长江口外航道、渔区重叠水域船舶密度大、船舶会遇态势复杂,保持安全航速是船员良好船艺的基本要求,但在上海海事法院审理的船舶碰撞案件中,未使用安全航速较为普遍。如"华隆油1"轮在长江口船舶定线制南报告线以南 2 海里处与"苏灌渔 13144"轮发生碰撞。事故发生前,"华隆油1"轮一直保持 11 节航速航行,直至碰撞前约 2 分钟,两船碰撞已经不可避免,才采取停车、全速后退的行动,其行为违反了 1972 年《国际海上避碰规则》第 6 条的规定,未使用安全航速。

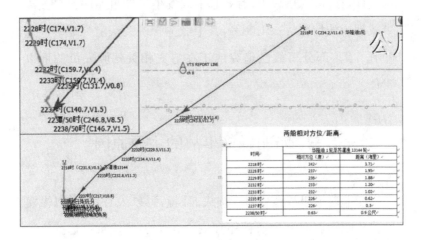

附图 3-11　长江口"华隆油 1"轮与"苏灌渔 13144"轮碰撞示意图

(二) 冒险追越不谨慎

　　冒险追越是导致碰撞事故发生的重要原因。在统计的 38 起事故中,冒险追越导致的事故有 4 起,占 10.53%。无论是内河避碰规则还是海上避碰规则,都规定一船从他船正横后大于 22.5 度的某一方向赶上、超过他船时,应认为是在追越中。随着航运业的发展,船舶种类增多,船舶的航行速度存在着较大差异,船舶间追越的频率逐渐增多。但在分道通航制或船舶定线制水域中,航道宽度有限,船舶密集,且船舶种类多,吨位差别大,船员操作能力与技术水平参差不齐,船舶在追越过程中,易产生更多人为不安全因素,甚至造成多船连环碰撞事故。如"善时"轮、"华德 988"轮、"恒裕"轮三船连环碰撞事故以及"浙舟 508"轮、"淳凯 6"轮、*Mar Connecticut* 三船连环碰撞事故,均是在航道拥挤、复杂的情况下,追越前船构成紧迫局面,最终导致了碰撞事故的发生。

(三)良好船艺未应用

船舶碰撞事故大多发生在港口、狭水道、航道交汇点、通航渔区、能见度不良区域。这些区域具有船舶密集、会遇频繁、交通情况复杂、航道和自然环境不佳、操纵受限等特点。在这些区域驾驶和操纵船舶,对船舶的航速和船员的船艺、瞭望等均有较高要求。数据显示,在相遇对遇情况下,多为让路船不避让或不尽早避让、两船避让动作不协调,导致紧迫局面形成,进

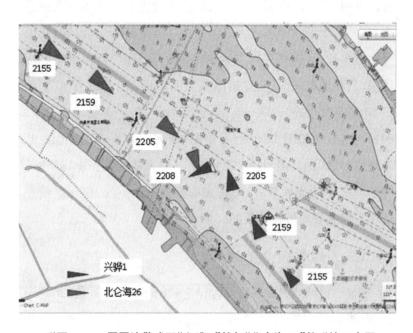

附图 3-12 圆圆沙警戒区"兴骅 1"轮与"北仑海 26"轮碰撞示意图

而造成碰撞事故,此类事故有 11 起,占 28.95％。同时,在相遇对遇情况下,除避让处置失误外,疏于瞭望、航速过高也是造成碰撞事故的常见原因。如"北仑海 26"轮与"兴骅 1"轮碰撞事故,"兴骅 1"轮在圆圆沙警戒区进口航行时,该水域交通流复杂,当值船长没有安排足够人员协助瞭望,系造成碰撞的重要原因。

(四)违反禁令擅雾航

部分船公司、船员安全意识淡薄,常存侥幸心理,不遵守有关通航安全管理规定,在能见度不良条件下违章驾驶船舶冒险航行。据统计,在能见度不良情况下船舶违章冒险航行导致的碰撞事故有 5 起,占 13.16％。根据《上海港长江口水域交通管理规则》第十条:"视程小于 500 米时,禁止船舶航行。"但在部分碰撞事故中,仍然存在航程中遇到浓雾冒险航行、船员心存侥幸、判断严重失误、应急措施不当的情形,如 2017 年 4 月 16 日 2052 时发生的"远顺 586"轮与"苏发达货 8898"轮碰撞事故、2014 年 11 月 22 日 0940 时发生的"浙海 156"轮与"海德油 9"轮碰撞事故、2018 年 1 月 16 日 0750 时发生的"丰海 18"轮与"惠丰 6799"轮碰撞事故,均是在浓雾禁令未解除、能见度极差情况下船舶冒险航行导致的。

(五)船长指令不遵守

船长对船舶的操控应当具有绝对的指挥权,而在"北仑海 26"轮与"兴骅 1"轮碰撞事故发生前,操舵水手没有按照船长的指令进行操舵,反而就船长的指令与船长发生了两次争执,并短暂离开操舵位置,甚至威胁打人。船长的指挥权被操舵水手漠视,船员的职责、船上的规章制度被无视,并因此构成紧迫局面,是最终导致事故发生的重要人为因素之一。

船长与船员之间的有效沟通也至关重要。在 *XIANG ZHOU* 轮与 *VAN MANILA* 轮碰撞事故中,因船长与三副来自不同国家,英语表达存在差异,在形成紧迫局面和紧迫危险后,未能持续保持驾驶台团队之间的有效沟通,系该起碰撞事故的影响因素。

(六)疲劳驾驶存隐患

船员疲劳会造成人员力量、速度、反应时间、协调能力、决策能力或平衡能力等多种生理能力的下降,这种情况在夜间值班时表现得尤为突出。实践中,因三副在 3 000 总吨以下的船上任职,不能取得晋升 3 000 总吨以上船舶二副的资历,造成 3 000 总吨以下船舶很难聘请到三副,船长不得不代三副值班,导致其值班时间过长。部分碰撞事故中,船长连续工作超过 9 个小时,长时间在船舶密集水域和狭水道航行值班,身体处于极度疲劳状态,难免会出现判断能力下降,反应迟钝和操作失误。

(七)引航作业不规范

船舶引航在保证航道安全、提高港区综合能力等方面发挥着重要作用。部分船舶碰撞事故中也存在引航员的不当行为。在"善时"轮、"华德988"轮、"恒裕"轮三船连环碰撞事故中,"善时"轮引航员在追越"华德988"轮、"恒裕"轮等船舶过程中,未按规定要求船舶鸣放追越声号,未取得被追越船同意,与被追越船之间未保持足够安全距离,导致形成碰撞危险局面并最终引发碰撞事故。在 *EAST POWER* 轮与"和河"轮碰撞事故中,*EAST POWER* 轮引航员为了离船便利,要求 *EAST POWER* 轮在深水航道南侧向左转向,右舷"做下风",船首朝向航道,但没有考虑 *EAST POWER* 轮后续的航行安全,至引航员离船时,船位已位于深水航道南边线上,超过海事部门为该水域划定的引航作业区范围,后因船舶舵效不够转入出口航道,最终与进口航道行驶的"和河"轮发生碰撞。

附图 3-13 "和河"轮碰撞破损图

(八)引航提示不重视

多数船舶经过长江口狭窄水道均有引航员引航,但有些船长对引航员的安全提示不够重视。如在一起碰撞事故中,引航员下船前与其所引航的出口船船长交接时提醒前方有进口船，要求将本船船首予以调节，以方便进口船从其左舷离船，但该轮船长未予重视，最终两船发生碰撞。

（九）锚地安全易懈怠

锚地并非安全港。相反，随着交通流的不断加大、锚地中船舶密度的增加，因为船员思想懈怠、航速控制不合理、对可能出现的突发情况准备不充分等，也极易造成碰撞事故。数据显示，在锚地发生的进出锚地船碰撞锚泊船，以及锚泊船走锚造成的碰撞事故有4起，占10.53％。可见，无论是已抛锚的锚泊船还是即将抛锚或靠港的在航船都要时刻保持警惕，保持正规瞭望，切忌麻痹大意。同时，还应当制订和落实周密、严格的值班计划，准备详尽的应急预案，确保船舶在锚地的安全。

（十）设备维护不到位

船舶投入营运后的维修保养不够，对机器设备的备件更换不及时，船舶容易发生机器故障。事故中因未能严格按照程序要求对船舶及设备进行有效维护，发现缺陷和隐患时，未能引起重视并及时整改，导致船舶操纵性欠佳而引发的船舶碰撞事故有3起，占7.89％。其中一起是因受大风浪的影响，船舶所系缆绳不够或不足以抵御大风浪而崩断，船舶失控漂移，碰撞了停泊在泊位的两条船舶；一起是因船舶舵机失灵，导致船体持续向左转向，与后船发生碰撞。

（十一）船员配备问题多

中小型船舶船上生活条件普遍不佳,船员工资待遇不高,部分船员素质较低,工作责任心不强,或者对特定水域环境不熟悉,容易导致事故的发生。内河船舶普遍存在配员不足、船员不适任情况,也是导致船舶碰撞的一个重要因素。如在"丰海18"轮与"惠丰6799"轮碰撞事故中,"惠丰6799"轮最低安全配员要求应为船长1人、水手2人、机工1人,后船长因故离船上岸,导致船上无船长,配员严重不足。在"华隆油1"轮与"苏灌渔13144"轮碰撞事故中,"苏灌渔13144"轮仅船主1人持有适任证书,事故当时有8人在船,远超该船核定乘员2人的要求。

附图3-14 "苏灌渔13144"轮碰撞损毁图

（十二）水道环境不熟悉

部分远洋船长对长江、黄浦江等内河狭水道状况不清楚,航行经验不足。如"永航6"轮与"昱林"轮碰撞事故,"昱林"轮船长在追越时对于警戒区内船舶的习惯航法不熟悉,对前方船舶在警戒区内特定地点要左转向进入黄浦江的惯常行为缺乏预判,导致船舶碰撞。又如"浙海 516 轮"与"长治"轮碰撞事故,事故航次系"浙海 516 轮"第一次自引进出长江,船长和驾驶员在狭水道独立操船的经验不足。

(十三)安全管理不落实

实践中发现,中小型船公司对安全生产重视不够,投入不足,安全管理形同虚设,未有效履行管理职责。在船舶配员、维护保养等方面没有切实落实安全管理要求;对于配员不足及任职资历重视不够,甚至配合船舶所有人应付海事检查;对船员培训力度不足,次数有限,内容非常笼统,且不能覆盖所有的在船船员;公司对船舶安全有重要影响的管理规定掌握不及时。在"丰海 18"轮与"惠丰 6799"轮碰撞事故中,"惠丰 6799"轮所属公司对于 2018 年 1 月 15 日生效的《长江上海段船舶定线制规定》,直到事故发生后才知道。而且,该轮虽然与有关公司签订了光船租赁合同,但公司作为船舶经营人却代而不管,实际上船舶的生产经营仍由船舶所有人负责。

(十四)水域复杂船舶密

长江上海段水域包括:主航道、辅助航道、小型船舶航道和吴淞口、宝山、圆圆沙三个警戒区及黄浦江出口、吴淞锚地等;沿岸有外高桥、宝钢、罗泾等码头,通航密度极大,同时又有部分从事施工作业的工程船舶往来,通航环境非常复杂。随着上海港和长江三角洲地区航运经济的快速发展,长江上海段船舶密度持续增大,如吴淞口警戒区处在黄浦江口外,是多条航路的交汇中心,在航的每艘船舶都有 5—6 种可能的运动态势,船舶通航密度高,航行难度大。

(十五) 通航渔区风险大

我国沿海水域南北航路与传统渔场交叉、重叠,沿海商船航路的南北大通道以及沿海港口之间的航路,穿越诸多渔区、渔场。由于部分渔船缺乏避碰知识、不遵守航行规则、不正确显示号灯号型、不规范投放渔船网具、作业时间无人值守、船舶配员不足,加之商船、渔船通信频道不互通、未能及早采取避让措施,商船不熟悉沿海渔船的船型特点、航行和作业习惯,避让渔船经验不足,进入通航渔区后缺乏应有的谨慎,导致商船、渔船刮擦和碰撞事故多发,如商船螺旋桨或舵叶与渔船网具缠绕,造成渔船网具丢失,甚至渔船船毁人亡。此外,审理中还发现渔船之间为争夺渔业资源,少数渔船船员以驾驶的渔船作为工具,在海上进行斗殴的恶性事件,成为与商船发生碰撞的重大隐患。

四、船舶碰撞案件中的主要法律问题

船舶碰撞案件具有专业性强、复杂性高、证据固定难等特点,审理难度较高。船舶碰撞事故原因认定日趋复杂,一般情况下,各船均有不同情形、不同程度的过失表现,如何对多方面的因果关系进行全面的考虑和科学的认定,是审理船舶碰撞案件需要面对的重要问题。

（一）多船碰撞事故的定性和因果关系判定

两船相撞后又与他船发生碰撞，或两船碰撞后第三船为躲避两船而遭受损害（如搁浅、触碰码头或其他设施）等多船碰撞事故，在航运实务中并不鲜见。该类纠纷涉及多艘船舶之间的多次碰撞，各次碰撞之间的因果关系较为复杂，如何认定各方应当承担的责任比例往往成为该类案件审理过程中的难点。因多船碰撞事故具体情况复杂，可在审慎认定各次碰撞间因果关系的基础上，将多船碰撞案件归入三类情形分别加以处理，即前后碰撞不存在必然因果关系、前后碰撞存在必然因果关系、多船会遇局面下连环碰撞船舶间存在直接避让关系。

前后碰撞不存在必然因果关系，在"泰联达"轮与"宁东湖680"轮、"宁连海606"轮的三船碰撞案中，"泰联达"轮先与"宁东湖680"轮发生第一次碰撞，在其倒车过程中又与"宁连海606"轮发生第二次碰撞。在第一次碰撞发生后，"泰联达"轮既未失去动力，也未失去控制。"泰联达"轮在脱离"宁东湖680"轮之后采取的持续倒车行为缺乏合理解释，在自身有充足时间采取避让措施，却认为"宁连海606"轮应会主动避让，故未采取任何有效措施，任由两船相撞。在该起事故中，"泰联达"轮存在严重过失，使得前后两次碰撞之间法律意义上的因果关系中断。法律意义上的因果关系，不仅要求前次碰撞是后次碰撞发生的原因，还要求这种原因具有法律上的可归责性。根据一般航海经验和良好船艺判断,前次碰撞一般不会导致后次碰撞。两次碰撞分别构成两次独立的碰撞事故,相关当事船舶应分别按照各自在各次碰撞事故中的责任比例承担责任。

前后碰撞存在必然因果关系,在"兴龙舟578"轮与"浙椒机1156"轮、"兴航海168"轮三船碰撞案中,各船方对两次碰撞构成一次事故还是两次事故及是否应当分别认定过错比例存在较大争议。上海海事法院经审理认为:首先,两次碰撞仅间隔2分钟,第一次碰撞发生时,"兴航海168"轮与发生碰撞的"兴龙舟578"轮和"浙椒机1156"轮间的距离很近,对避免第二次碰撞的发生没有充足的反应时间;其次,对"兴龙舟578"轮船员的操作要求应从宽把握,即使船员在紧急情况下有操作失误,也不应中断与前次碰撞之间的因果关系;最后,第一次碰撞前,"兴航海168"轮在与"兴龙舟578"轮形成紧迫局面后保向保速航行,未采取避让行动,客观上制约了距其左前方0.3海里的"浙椒机1156"轮可采取的避让措施,对第一次碰撞的发生产生了一定原因力。由于"浙椒机1156"轮造成的紧迫局面及在碰撞危险下的行动过失对两次碰撞的发生均有影响,故第一次碰撞与第二次碰撞之间的因果关系链条没有中断,第一次碰撞发生后,"兴龙舟578"轮船员即使发挥良好船艺和谨慎处理亦不能避免第二次碰撞的发生,所以应认定为一次事故。

多船会遇局面下连环碰撞船舶间存在直接避让关系,在"善时"轮与"华德988"轮、"恒裕"轮三船碰撞案中,碰撞发生当时,"善时"轮正在追越"华德 988"轮、"恒裕"轮,"华德 988"轮正在追越"恒裕"轮,各方均有不同程度的过失。上海海事法院经审理认定,涉案三船在通航环境较为复杂的航道内互相追越,各船处于一个复杂的格局之中,每一船的行动对另两船均具有影响,碰撞系因三船在瞭望、追越、安全航速、避让行动等方面的过失共同作用所致,故应作为一次海事事故来认定各方的责任。

(二)严重违法航行者丧失海事赔偿责任限制权利

责任人在何种情形下享有或者丧失海事赔偿责任限制的权利,是海事司法实践中涉及责任限制的重要问题。近年来,由无证(包括船舶未经登记、未经检验、船员未经培训、无适任证书等)、配员不足、超载、超航区航行、不接受航运主管机关的监督等违法航行行为引发的航行事故时有发生,且往往酿成严重损害后果,引起了人们对于航运安全及其监管的关注。

在"浙嵊 97506"轮与"台联海 18"轮船舶碰撞事故中,上海海事法院经审理认定,"浙嵊 97506"轮在核定航区限于沪、浙沿海的情况下,长期往返于沪、苏与浙江舟山之间从事石料运输,系超航区航行。该轮在船 11 人中仅有 2 人持有有效的适任证书,其余 9 人,尤其是履行船长、大副职责的当班人员孔某、乐某均系无证驾驶,严重危及航行安全。该轮超航区航行、配员不足、无证驾驶,且驾驶人员不能履行安全航行职责等多种严重违法行为结合在一起,是导致事故发生的根本原因。事故航次并非该轮违法航行的首个航次,该轮长年不办理航行签证往返于苏、沪、浙之间从事超航区运输。陈某作为船舶所有人及直接安排船舶营运的实际经营人,应当知道上述行为严重违法,对其可能发生的危险和造成的危害也应当预见,却仍长期多次实施上述严重违法行为,属于"明知可能造成损失而轻率地作为或者不作为",因此,"浙嵊97506"轮在本案中有关海事赔偿责任限制的抗辩不能成立。而"台联海18"轮未经船舶检验、登记,无任何船舶证书,船员无证驾驶,违法运营,毛某作为该轮所有人,对上述严重危及航行安全的违法行为是明知的,却依然放任此种行为的实施,同样符合法律规定的"明知可能造成损失而轻率地作为或者不作为"的情形,其对陈某在本案中的损害赔偿请求亦无权限制赔偿责任。

附图 3-15 "浙嵊97506"轮与"台联海18"轮船舶碰撞损毁图

(三)未尽安全管理义务的船舶经营人或管理人的责任

根据《最高人民法院关于审理船舶碰撞纠纷案件若干问题的规定》第四条,"船舶碰撞产生的赔偿责任由船舶所有人承担,碰撞船舶在光船租赁期间并经依法登记的,由光船承租人承担"。《海商法》第八章"船舶碰撞"虽然没有涉及船舶经营人的规定,但是船舶碰撞案件中经常会涉及碰撞责任主体识别的问题,其中船舶经营人是否应当对船舶碰撞承担责任争议很大。在"浙嵊97506"轮与"台联海18"轮船舶碰撞案中,江山公司与陈某订有"浙嵊97506"轮船舶委托经营管理合同,根据约定,江山公司负有对该轮的船舶、船员进行安全管理、对船员进行安全培训等义务,同时享有收取经营管理费的权利。更为重要的是,江山公司是"浙嵊97506"轮登记的船舶经营人,依法具有公示效力。基于此种公示效力,对外,不特定的第三人足以根据船舶登记簿的记载信赖该轮是由江山公司所经营,并可以向江山公司主张与船舶经营有关的赔偿责任;对内,江山公司应当切实履行起安全管理职责,确保"浙嵊97506"轮的船舶、船员符合安全管理规定和要求,以免因该轮船舶、船员不符合安全管理规定和要求而对外承担责任。在案有效证据显示,江山公司在2013年3月28日为孔某、乐某等11人向保险公司投保了团体意外伤害保险,而这些人员存在严重的无证上船情况。这足以说明江山公司对"浙嵊97506"轮在船人员的情况是明知的,却仍疏于安全监管,未尽到安全管理职责。

另外,江山公司早在2007年就已发现辖下船舶存在超航区航行、配员不足等现象,并向政府有关部门反映,还下发通知要求整改,但至涉案事故调查时,公司承认绝大部分船舶仍存在配员不足、超航区航行的现象,这就说明该公司对船舶的安全管理客观上收效甚微。此种情况下,该公司仍经营管理52

艘船舶,其中自有船舶仅 3 艘,受托经营管理船舶却达 49 艘。作为"浙嵊 97506"轮依法登记、对外公示的船舶经营人,江山公司未尽到安全管理职责,以致该轮长期超航区、不办理签证航行,且不满足最低安全配员标准,船员无证驾驶,由此引发了涉案事故,造成重大人员伤亡和财产损失,应与船舶所有人陈某承担连带赔偿责任。

(四)船长应在 VTS 中心指令下运用良好船艺

海事 VTS 中心发出的劝告、警告、指令或命令不等同于船长遵令航行而采取的相应管理和驾驶船舶措施,也不因此而免除船长遵守相应航行规则,并根据航行实际情况管理和驾驶船舶的职责和义务。

在"海德油 9"轮与"浙海 156"轮碰撞案中,事发时段及水域能见度骤降,"浙海 156"轮船长作为该轮管理和驾驶的责任人更应遵守相应的行动规则,及时在海事 VTS 中心的命令下,结合航行实际情况,并运用良好船艺具体指挥船舶航行以保障安全。上海海事法院经审理认为,"海德油 9"轮与"浙海 156"轮在长江口水域航行过程中应遵守我国相关法律法规及国际航行避碰规则,且事发时段及水域能见度视程小于 500 米,更应适用船舶在能见度不良时的行动规则。崇明海事局就涉案事故依职权进行了调查,查明涉案事故系两船在能见度极差情况下航行时未遵守相关法律法规及避碰规则而引发的责任事故,并综合事故原因最终判定"浙海 156"轮承担主要责任、"海德油 9"轮承担次要责任。

"浙海 156"轮虽辩称其系在海事 VTS 中心的命令下,采取相应措施后才导致涉案事故,但根据法律规定,船长负责船舶的管理和驾驶,且其责任不因引航员引领船舶而解除,相关航行规则及通行惯例亦未免除船长在任何情况下应对本船航行及安全所负之责。涉案事发时段及水域能见度骤降系引发事故的客观诱因,但两轮若事前关注大雾预警及航行通告、尽责遵守能见度不良时的行动规则、及时遵行海事 VTS 中心的提醒和指令、适时运用良好船艺,完全可以降低甚至避免碰撞紧迫局面的形成及危险的发生。而两轮却始终保持较高航速,在海事 VTS 中心多次提醒、催促、指令下方才选择降速、转向驶往锚地抛锚避雾,故两轮对紧迫局面的形成及碰撞危险的发生均存有过错。

(五)肇事逃逸构成责任判定的加重情节

《海上交通安全法》第三十七条规定:"发生碰撞事故的船舶、设施,应当互通名称、国籍和登记港,并尽一切可能救助遇难人员。在不严重危及自身安全的情况下,当事船舶不得擅自离开事故现场。"事故发生后,船舶擅自驶离现场不仅是违法行为,可能引发或扩大损害后果,还极易造成事故原因和事故责任认定困难。实践中,在事实查明和责任认定中,一般会对擅自驶离现场的一方做不利推定。在不严重危及自身安全的情况下,船舶所有人等责任人在听取当事船长、船员的报告后,应当明确要求船长、船员依法立即报告主管机关,并在主管机关给予下一步行动指示前留在事发区域搜寻、施救(如有需要)或等待。根据《水上交通事故肇事逃逸调查处理规定》第十四条规定，如无法判明责任，对已查实的肇事逃逸船舶应认定其承担全部责任或主要责任。对肇事逃逸船舶及有关人员按相关规定予以从重处罚。

在"三水 805"轮与"浙三渔 00046"轮碰撞案中，"三水 805"轮在能见度不良水域未使用安全航速航行，在通过雷达已发现"浙三渔 00046"轮在本船左舷存在碰撞危险的情形下，违反1972 年《国际海上避碰规则》相关规定，采取幅度较小的向左转向之避让行动，且始终保持全速航行，过错较为明显。该轮在违反 1972 年《国际海上避碰规则》导致碰撞事故发生后，亦未保持不间断的观察，未核实避让行动的有效性，反而在肇事后逃逸，恢复航向继续北上航行，最终导致涉案事故中"浙三渔00046"轮船舶沉没、随船船员全部遇难的严重后果。在此后的事故调查中，该轮值班三副和水手之陈述亦与调查核实确定之事实不符。故此，上海海事法院判定"三水 805"轮应就涉案事故承担 95％的责任。该案肇事逃逸船舶驾驶人员因涉嫌犯罪，已移送检察机关处理。

五、关于船舶航行安全的建议

（一）落实航运企业主体责任

1. 船舶管理责任

航运企业对水上交通安全负有不可推卸的主体责任。多起船舶碰撞事故表明,部分航运企业存在船舶管理制度不健全、规章制度不落实、船员配备不齐全、安全投入不充足、挂靠船舶不管理等问题。航运企业应承担船舶管理责任,构建和完善内部管理制度,对船舶及设备进行定期检查和有效维护,确保船舶机器设备处于良好的运行状态。进入狭水道、通航密集区等复杂水域前,严格按照相关规定进行关键机器设备的测试;加强对船舶配员及船员的适任控制,确保为船舶配备足够的适任船员;避免船员疲劳驾驶,保证船员良好的精神状态;强化对船舶的监督检查,督促船员严格遵守能见度不良等特殊情况下航行的操作规程;对于代而不让管的船舶,公司应及时退租,解除挂靠或管理协议。

2. 船员培训责任

航运企业应加强对驾驶人员航海技能与安全知识培训,提高船员遵守通航法规的意识与应对能见度不良等复杂局面的处理能力,督促船舶驾驶人员严格遵守 1972 年《国际海上避碰规则》和其他相关规定,熟悉中国沿海渔业船舶航行和作业习惯;加强岸基支持,对航行于渔区、狭水道、通航密集区等复杂水域的船舶做好监控和安全提醒,防止事故发生;定期开展救生演习和碰撞演习,减少事故真实发生时因惊慌而造成的衍生事故。船运企业对船员的培训内容还应包括对服从船长指令的培训、语言培训和沟通技巧培训,驾驶台团队成员之间的指令遵守和充分、有效的沟通是安全驾驶船舶的前提。商船、渔船碰撞事故易造成渔船船员群死群伤,后果严重,渔船相关从业人员应提高自身安全意识与适任能力,严格执行在航行、作业和锚泊时的相关安全制度。航运企业应加强对船员渔船避碰知识的培训,避免或减少商船、渔船碰撞事故的发生。

(二)提高航行避碰能力

1. 严格遵守航行规则

航行船舶应严格遵守 1972 年《国际海上避碰规则》《长江上海段定线制规定》《长江口深水航道通航安全管理办法(试行)》《上海港长江口水域交通管理规则》《上海黄浦江通航安全管理规定》,并服从 VTS 的管理,按照规定要求航行和生产作业;严格保持正规不间断瞭望,尤其在晚上或者视线不良的天气状况下,更应及时注意避让来船和障碍物,确保航行安全;要注意使用安全航速,根据能见度、海事规则、航经区域、风流状况、船舶性能、倒车能力、吃水等采取最合适的航速;严格遵守雾航规则,船舶在雾中航行,应按章施放雾号和采取安全航速;两船相遇或追越时,要使用 VHF 和声号保持有效联系,及时交换信息,明确表明自己的动态、意图和建议,使对方了解本船的操纵意图,协调好两船行动。同时还要遵守救援规则及配合主管机关调查的规则,船舶发生碰撞,在不严重危及本船和船上人员安全的情况下,对于相碰的船舶和船上人员必须尽力施救,碰撞船舶的船长应当尽可能将其船舶名称、船籍港、始发港和目的港通知对方,避免肇事逃逸等恶性刑事犯罪的发生。引航员在引航过程中也应进一步规范操作,船长应当重视引航员的安全提示。引航员登离轮时与船长要做好交接的程序,细化交接内容,避免引航员离船时船舶处于紧迫局面。

2. 掌握狭水道航行要领

上海长江口水域狭水道具有航道狭窄、水深频变、航道弯曲、灯浮较多、流向多变等特点,船舶密度大、船舶会遇态势复杂,各船舶在此水域尤其是长江口船舶定线制水域附近航行时,需特别谨慎驾驶。船长应尽可能在驾驶室亲自指挥,船舶间应提早沟通联系,统一避让意图,避免近距离时采取不协调的避让行动。船员在航行过程中应提高信息收集意识。在航行过程中,船员可以通过 AIS 以及 VTS 系统提前获得周边船舶的航行意图和方向,以便对本船航行方向进行调整。在航船舶要结合通航水域实际环境和海况,科学合理地设计和执行航行计划,避免穿越锚地,或逆向航行于船舶的习惯航路上,尽可能减少与他船形成碰撞危险。VHF 无线电话通信是船舶避碰和紧急通信的重要手段,船员一定要重视运用并认真守听VHF 无线电话,特别是在通航密集区域及进出港等位置,更要做好 VHF 守听工作,避免错过重要船舶避碰信息。同时,还应及时关注、接收并传递航警信息,了解雾情资料、航区特点、潮汐潮流及通航密度等信息,充分掌握海上交通状况和天气情况,合理规划航行安排,避免多船碰撞事故、避免冒雾航行等。外籍船舶尤其应当重视引航员的提醒,注意收集陌生港口、狭水道水文气候、通航渔区等综合信息。国轮与外轮间一旦沟通不畅,应及时联系 VTS 请求帮助。总之,船员应结合本船性能和条件,做好各种复杂条件下的风险预警和应急预案,采取预控措施,安全操纵船舶,杜绝麻痹、懈怠和侥幸心理,时刻保持谨慎的驾驶态度,提高情境意识和应急应变能力。

3. 提高锚地安全意识

在上海长江口水域,有多个锚泊区域,这些锚地连接了吴淞口警戒区和圆圆沙警戒区,为过往船舶提供锚泊地点。但因为目前船舶流量与锚地资源矛盾突出,锚泊区域船舶密集,船舶间距小,进出锚地或船舶走锚都极易引发碰撞事故,锚地安全须引起足够重视。目前海事主管机关已出台相应规定并采取措施,保障船舶在锚地的安全航驶。船舶在锚泊时及靠离泊时,思想上应高度重视,使用一切有效手段保持正规的瞭望。除了本船之外,还要时刻掌握附近船舶动态,就他船对本船安全是否造成威胁做出准确判断,同时保持信息畅通,利用 AIS等获得周围船舶的船名等重要信息,并及时与其沟通协调。进出锚地的船舶应使用安全航速航行,提早控制速度,与其他船舶保持足够的安全距离,并应合理使用拖轮,保障船舶靠离泊安全。未经主管机关许可,禁止在锚地内从事水上过驳、采砂等违法作业。

(三) 构建安全预防体系

1. 立法保障

在海事司法实践中,依法认定严重违法航行的责任人丧失赔偿责任限制权利,明确此类行为的民事赔偿后果甚至刑事责任,可以提高违法责任人的违法成本,从而指引相关航运主体遵守航运安全法律法规,合法营运,守规航行,营造安全的航运环境。但沿海小型船只超航区、超载,甚至实施其他更为严重的违法航行行为屡见不鲜,而其责任限额却往往较低,远远无法弥补发生事故后造成的实际损失。实施严重违法航行行为的责任人从违法航行经营中非法牟利,却在对人身、财产、环境造成严重损害后借责任限制"全身而退",这使责任限制制度的法律效果和社会效果受到了质疑,建议加快我国《海商法》修改进程,完善海事赔偿责任限制制度,更好地平衡当事人的合法权益与航运业的健康发展。

2. 航运主体行政监管

航运主管机关应充分履行对航运主体的监管职能,针对辖区航运主体的实际情况,建立完善安全管理规章制度、强化水路运输市场准入管理、打击不法船舶挂靠行为、打击内河船舶非法从事海上运输、加大对肇事逃逸船舶的处罚力度,杜绝安全隐患。渔船监督管理部门应加强对渔船驾驶员的安全教育与适任能力培训、加强对内河渔业船舶的安全监管,遏制内河渔船从事海上捕捞作业的违法行为;应严格要求渔船配备无线电通信、航行及信号设备,更新渔船设备,保证设备正常使用;严格把关渔业船员培训、考试和发证,以提高渔业船员的船艺和综合素养。同时,航运主管机关及相关机构应当加强对引航员的管理和培训,组织引航员对 1972 年《国际海上避碰规则》相关内容进行再学习,强化引航员安全责任意识教育,严格落实危险品船舶引领要求,确保船舶严格遵守相关航行与避让规定。

3. 内河船舶强制保险

船舶碰撞事故极易造成油污损害,而油污损害清理难、危害大、费用高。目前,我国规定符合一定条件的海船必须投保船舶油污强制责任保险,但针对内河船舶尚无此要求。然而随着内河航运业的蓬勃发展,内河船舶也日趋大型化,油类装载量明显增加,一旦发生船舶碰撞事故产生溢油,对内河水域环境及其流经的城市都将构成巨大威胁。因此,建立内河船舶油污强制责任保险应尽快提上议事日程。

4. 改善航道通航条件

航道条件是通航环境的根本制约因素,直接影响着航行安全。在长江口航道狭窄交错、泊位紧张、船舶流量大的现状下,为提高船舶通航效率、缓解长江口现有航道通航压力、提高水上交通安全指数,按照《长江口航道发展规划》《长江经济带综合立体交通走廊规划(2014—2020)》要求,建议各相关部门加强协作,通过综合治理提高通航能力,改善通航条件,提升通航效率,有效保障船舶航行安全。

附录四

船舶碰撞诉讼证据采证规则之建议稿

第 1 条　裁判者应当依照法定程序,全面、客观地对船舶碰撞诉讼证据进行采证,依据法律的规定,遵循裁判者职业道德,运用逻辑推理和日常生活经验,对船舶碰撞诉讼证据有无证明力和证明力大小独立进行判断,并公开判断的理由和结果。

第 2 条　裁判者对船舶碰撞诉讼证据进行采证时,应认定船舶碰撞诉讼证据的关联性。船舶碰撞诉讼证据的关联性,是指当船舶碰撞诉讼证据有助于增强或者减弱待证船舶碰撞事实在内心确信上所具有的特定条件的高度盖然性的程度。

第 4 条　裁判者决定采纳某一船舶碰撞诉讼证据材料,应取决于该船舶碰撞诉讼证据材料对待证船舶碰撞事实具有关联性上的满足程度。

第 5 条　对船舶碰撞进行检验,估价应当由国家授权或者其他具有专业资格的机构或者个人承担。该机构或个人的行为习惯或者惯常做法,无论是否有其他船舶碰撞诉讼证据加以佐证,均可视为具有关联性的船舶碰撞诉讼证据,用以证明该机构或个人的惯常行为。

第 6 条　船舶碰撞诉讼证据的可采性是指与待证船舶碰撞事实具有关联性且并非为调整船舶碰撞的法律法规所排除的证据的适格性。

第 7 条　凡不依照法律受到排除的、为裁判者认为足以证明或者促成争议得以证明的任何船舶碰撞诉讼证据材料,均具有可采性。

第 8 条　对船舶碰撞诉讼中的航海电子证据的证据能力和证明力的采证,应该依照综合认定的原则进行。

船舶碰撞诉讼中经过窃录、扣押、修改等非法方式而形成的航海电子证据不能被采纳。

第 9 条　只有船舶碰撞当事人的陈述而没有其他相关联的船舶碰撞诉讼证据予以佐证,除非对方船舶碰撞当事人承认,否则,该种陈述不能采纳为船舶碰撞诉讼证据。船舶碰撞诉讼双方当事人要如实填写《海事事故调查表》,并且对《海事事故调查表》的真实性负法律责任。

第 10 条　当航海日志、轮机日志等书证处于船舶碰撞一方当事人的占有、支配或者实际控制之下，而该方当事人无令人信服的正常理由拒不提交时，可推定船舶碰撞诉讼对方当事人关于该书证的主张为真实。

第 11 条　非经国家授权或者未取得专业资格的机构或个人所做的与船舶碰撞有关的检验或者后作结论，裁判者不得采纳。

第 12 条　船舶碰撞诉讼当事人可以向人民法院申请航海专家就专门性问题提供意见，该意见可以作为审理船舶碰撞案件的法定证据。

前款所称航海专家的资格的认定，由人民法院按照一定的标准和程序进行。

第 13 条　航海日志或轮机日志，一般可以予以采纳，但有其他船舶碰撞诉讼证据表明该航海日志或轮机日志的记载存在某种程度的不真实除外。

第 14 条　裁判者在对船长的海事声明或船员的证词进行采证时，应以其他船舶碰撞诉讼证据佐证，以决定是否采纳。

第 15 条　当待证船舶碰撞事实无直接证据足以证明，而可借助经验法则，根据已经认定的其他船舶碰撞事实来做出相关推定，这时如遇有间接证据证明其他船舶碰撞事实的，即可据以推定待证船舶碰撞事实的存否。

第 16 条　船舶碰撞诉讼证据采证中的司法认知的事实，应当是属于航海惯例、船舶碰撞法或有关法院诉讼管辖区域内众所周知的事实。

附录五
广州海事法院海事事故调查表

单位（盖章）　_____

填表人姓名　_____

职　　务　_____

填 表 时 间　_____

填 表 须 知

1. 此表应由原告在起诉时或被告答辩时，**由发生海事船舶船长或值班驾驶人员或其他有关人员**实事求是、认真负责地逐项填写，不得伪造，否则，将依法承担责任。

2. 填表人须使用钢笔或毛笔填写，使用中国语言和文字，字迹要工整清晰，意思表示明确，凡涂改之处须盖印章或加盖手印。

3. 填表人应根据所填写的内容，在限定时间内向本院提供相应的证据材料，凡系外文版本的材料，应附中文译本。

当事船舶基本情况

船名		船籍港		国籍		
船舶所有人		住所				
船舶经营人或租船人		住所				
船舶保险人		住所				
船舶代理人		住所		电话		
船舶类型		船质				
建造船厂		建造时间				
最后一次进坞修理时间		地点				
总长		型宽		型深		
总吨		净吨		载重吨		
空船吃水		满载吃水				
主机类别型号		功率		最大航速		
车叶类型		转向		是否可变螺距		
驾驶台位置		货舱数量及分布				
船速与主机转速	节 转/分	节 转/分	节 转/分	节 转/分		
惯性（冲程）						
旋回半径						
主机换向所需时间性		主机有无故障				
操舵装置类型及安装位置						
满舵舵角		舵效		左满舵至右满舵所需时间		
舵机有无故障						

（**续表**）

磁罗径航向			主罗径自差			
驾驶罗径自差			最近校对时间			年　月　日
电罗径型号			分罗径数量及分布			
雷达	型号	最大射程	最小射距	盲区	方向误差	距离误差
有无航向自动记录仪				是否正常		
有无航速自动记录仪				是否正常		
有无车钟自动记录仪				是否正常		
前吃水		后吃水		平均吃水		
航行灯、号灯开光位置						
始发港		开航日期		目的港		
对方船	船名			船籍港		
	船舶所有人					
	船舶类型					
	船质					

初见时船舶航行情况

初见时间		本船船位		
本船航向		本船航速		
初见时他船方位		初见距离		
他船航向		他船航速		
本船值班员姓名				
值班轮机、驾驶人员、瞭望人员姓名				
船长是否在驾驶台		船长何时上驾驶台		

初见时海况	风向		风速		海浪状况	
	流向		流速			
	气象		能见度			

观测方法			
本船显示的号灯号型		位置	
航行灯的工作状况			
初见他船显示号灯号型			
初见后相互联系方法			
雷达首次发现对方船情况			

雷达瞭望观测	观测人		发现目标	
	距离标尺		初见方位	
	初见时间		记录情况	

连续观测方法			
两船相对距离方位的变化			
操舵人		操舵方式	
何时听到对方船声号			
何时发现对方船改向改速			
其他需要说明的情况:			

碰撞发生之前的情况

两船会遇状态						
值班驾驶员			职务证书号码			
值班轮机员			职务证书号码			
何时相距 2 海里		航向			航速	
何时相距 1 海里		航向			航速	
何时开始避让	时间		何种避让行动			
	距离		避让待续时间			

见到对方船采取的避碰措施和时间：

于何时采取的其他避碰措施：

发生碰撞时的情况

时间			经纬度	
两船碰撞部位	本船			
	他船			
碰撞时本船航向			碰撞夹角	

本船受损情况简图：

船舶碰撞示意图

要求：1. 标明双方船名、灯号、声号、车舵的情况；
　　　2. 标明风向、流向、经纬度；
　　　3. 标明从初见到碰撞两船相互运动的时间、距离及避碰措施。

货物配载及货损示意图

（续表）

| 本船主要过失方面： |
| 对方船主主要过失方面： |
| 碰撞事故原因分析： |

碰撞时使用海图图号		出版日期	年　月　日
最近小改正日期		海图现在何处	

碰撞损失情况

碰撞后两船采取 了哪些救助措施 及行动	
船舶损失情况：	

估计修理费用		估计打捞费用	
沉船位置		测定方法	

人员伤亡、失踪情况	
碰撞后第一到达港名称	
何时向何机关 报告本次事故	
递交了哪些材料	

其他需要说明的情况：

附录六
1972 年《国际海上避碰规则》

[经 A.464（XII），A.626(15)，A.678(16)，A.736(18)，A.910(22)，A.1004(25)和 A.1085(28)号大会决议修正]

A 部分 总 则

第 1 条 适 用 范 围

（a）本规则条款适用于在公海和连接公海可供海船航行的一切水域中的一切船舶。

（b）本规则条款不妨碍有关主管机关为连接公海且可供海船航行的任何港外锚地、港口、江河、湖泊或内陆水道所制定的特殊规定的实施。这种特殊规定,应尽可能符合本规则条款。

（c）本规则条款不妨碍各国政府为军舰及护航下的船舶所制定的关于额外的队形灯、信号灯、号型或笛号,或者为结队从事捕鱼的渔船所制定的关于额外的队形灯、信号灯或号型的任何特殊规定的实施。这些额外的队形灯、信号灯、号型或笛号,应尽可能不致被误认为本规则其他条文所规定的任何信号灯、号型或信号。

（d）为实施本规则,本组织可以采纳分道通航制。

（e）凡经有关政府确定,一特殊构造或用途的船舶,如不能完全遵守本规则任何一条关于号灯或号型的数量、位置、能见距离或弧度以及声号设备的配置和特性的规定,则应遵守其政府在号灯或号型的数量、位置、能见距离或弧度以及声号设备的布置和特性方面为之另行确定的、尽可能符合本规则所要求的规定。

第2条 责 任

（a）本规则条款不免除任何船舶或其所有人、船长或船员由于遵守本规则各条的任何疏忽，或者按海员通常做法或当时特殊情况所要求的任何戒备上的疏忽而产生的各种后果的责任。

（b）在解释和遵行本规则各条规定时，应充分考虑一切航行和碰撞的危险，以及包括当事船舶条件限制在内的任何特殊情况，这些危险和特殊情况可能需要背离规则条款以避免紧迫危险。

第3条 一 般 定 义

除其他条文另有解释外，在本规则中：

（a）"船舶"一词，指用作或者能够用作水上运输工具的各类水上船筏，包括非排水船筏、地效船和水上飞机。

（b）"机动船"一词，指用机器推进的任何船舶。

（c）"帆船"一词，指任何驶帆且没有机器动力推进的船舶，虽装有推进器但并未使用。

（d）"从事捕鱼的船舶"一词，指使用网具、绳钓、拖网或其他使其操纵性能受到限制的渔具捕鱼的任何船舶，但不包括使用曳绳钓或其他并不使其操纵性能受到限制的渔具捕鱼的船舶。

（e）"水上飞机"一词，包括为能在水面操纵而设计的任何航空器。

（f）"失去控制的船舶"一词，指由于某种异常的情况，不能按本规则条款的要求进行操纵，因而不能给他船让路的船舶。

（g）"操纵能力受到限制的船舶"一词,指由于工作性质,使其按本规则要求进行操纵的能力受到限制,因而不能给他船让路的船舶。

"操纵能力受到限制的船舶"一词应包括但不限于下列船舶：

（Ⅰ）从事敷设、维修或起捞助航标志、海底电缆或管道的船舶；

（Ⅱ）从事疏浚、测量或水下作业的船舶；

（Ⅲ）在航中从事补给或转运人员、食品或货物的船舶；

（Ⅳ）从事发射或回收航空器的船舶；

（Ⅴ）从事清除水雷作业的船舶；

（Ⅵ）从事拖带作业的船舶,该拖带作业使该拖船及其拖带物驶离其航向的能力严重受到限制者。

（h）"限于吃水的船舶"一词,指由于吃水与可航水域的可用水深和宽度的关系,致使其所驶航向的能力严重地受到限制的机动船。

（i）"在航"一词,指船舶不在锚泊、系岸或搁浅。

（j）船舶的"长度"和"宽度"是指其总长度和最大宽度。

（k）只有当两船中的一船能自他船以视觉被观察到时,才应认为两船是在互见中。

（l）"能见度不良"一词,指任何由于雾、霾、下雪、暴风雨、沙暴或任何其他类似原因而使能见度受到限制的情况。

（m）"地效船"一词,系指多式船艇,其主要操作方式是利用表面效应贴近水面飞行。

B部分　驾驶和航行规则

第Ⅰ节　船舶在任何能见度情况下的行动规则

第4条　适用范围

本节各条适用于任何能见度的情况。

第5条　瞭　望

每一船舶应在任何时候都使用视觉、听觉以及当时环境和情况下的一切可用的合适手段保持正规的瞭望,以便对局面和碰撞危险做出充分的估计。

第6条　安全航速

每一船舶在任何时候均应以安全航速行驶,以便能采取适当而有效的避碰行动,并能在适合当时环境和情况的距离以内把船停住。

在决定安全航速时,考虑的因素中应包括下列各点:

(a) 对所有船舶:

(Ⅰ) 能见度情况;

(Ⅱ) 通航密度,包括渔船或者任何其他船舶的密集程度;

(Ⅲ) 船舶的操纵性能,特别是在当时情况下的停船距离和旋回性能;

（Ⅳ）夜间的背景光线,例如来自岸上的灯光或本船灯
光的反向散射;

（Ⅴ）风、浪和流的状况以及与航行危险物的距离;

（Ⅵ）吃水与可用水深的关系。

（b）对备有可使用的雷达的船舶,还应考虑:

（Ⅰ）雷达设备的特性、效率和局限性;

（Ⅱ）所选用的雷达距离标尺带来的任何限制;

（Ⅲ）海况、天气和其他干扰源对雷达探测的影响;

（Ⅳ）在足够范围内,雷达对小船、浮冰和其他漂浮物
有探测不到的可能性;

（Ⅴ）雷达探测到的船舶数目、位置和动态;

（Ⅵ）当用雷达测定附近船舶或其他物体的距离时,可
能对能见度做出更确切的估计。

第 7 条　碰 撞 危 险

（a）每一船舶应使用当时环境和情况的一切可用的合适手
段判断是否存在碰撞危险,如有任何怀疑,则应认为存在这种
危险。

（b）如装有雷达设备并可使用,则应正确予以使用,包括远
距离扫描,以便获得碰撞危险的早期警报,并对探测到的物标
进行雷达标绘或与其相当的系统观察。

（c）不应当根据不充分的资料,特别是不充分的雷达观测
信息做出推断。

（d）在判断是否存在碰撞危险时,考虑的因素中应包括下
列各点:

（Ⅰ）如果来船的罗经方位没有明显的变化,则应认为
存在这种危险;

（Ⅱ）即使有明显的方位变化,有时也可能存在这种危
险,特别是在驶近一艘很大的船舶或拖带船时,
或是在近距离驶近他船时。

第 8 条　避免碰撞的行动

（a）为避免碰撞所采取的任何行动应符合本部分的规定,
如当时环境许可,应是积极的,应及早地进行并充分注意遵守
良好的船艺。

（b）为避免碰撞而做的航向和(或)航速的任何改变,如当
时环境许可,应大得足以使他船用视觉或雷达观察时容易察觉
到,应避免对航向和(或)航速做一连串的小改变。

（c）如有足够的水域,则单用转向可能是避免紧迫局面的
最有效行动,只要这种行动是及时的、大幅度的并且不致造成
另一紧迫局面。

（d）为避免与他船碰撞而采取的行动,应能导致在安全的
距离驶过。应认真核查避让行动的有效性,直到最后驶过让清
他船为止。

（e）如有必要为避免碰撞或留有更多时间来估计局面,船
舶应当减速或停止或倒转推进器把船停住。

（f）（Ⅰ）根据本规则任何规定,要求不得妨碍另一船通行
或安全通行的船舶应根据当时环境的需要及早
地采取行动以留出足够的水域供他船安全通行。

（Ⅱ）如果在接近他船致有碰撞危险时,被要求不得妨

碍另一船通行或安全通行的船舶并不解除这一
责任,且当采取行动时,应充分考虑到本部分条
款可能要求的行动。

（Ⅲ）当两船相互接近致有碰撞危险时,其通行不得被
妨碍的船舶仍有完全遵守本部分各条规定的
责任。

第 9 条　狭　水　道

（a）船舶沿狭水道或航道行驶时,只要安全可行,应尽量靠近本船右舷的该水道或航道的外缘行驶。

（b）帆船或者长度小于 20 米的船舶,不应妨碍只能在狭水道或航道以内安全航行的船舶通行。

（c）从事捕鱼的船舶,不应妨碍任何其他在狭水道或航道以内航行的船舶通行。

（d）船舶不应穿越狭水道或航道,如果这种穿越会妨碍只能在这种水道或航道以内安全航行的船舶通行。后者若对穿越船的意图有怀疑时,可以使用第 34(d)条规定的声号。

（e）（Ⅰ）在狭水道或航道内,如只有在被追越船必须采取行动以允许安全通过才能追越时,则企图追越的船,应鸣放第 34(c)(Ⅰ)条所规定的相应声号,以表示本船的意图。被追越船如果同意,应鸣放第 34(c)(Ⅱ)条所规定的相应声号,并采取使之能安全通过的措施。如有怀疑,则可以鸣放第 34(d)条所规定的声号。

（Ⅱ）本条并不解除追越船根据第 13 条所承担的

义务。

(f) 船舶在驶近可能有其他船舶被居间障碍物遮蔽的狭水道或航道的弯头或地段时,应特别机警和谨慎地驾驶,并鸣放第34(e)条规定的相应声号。

(g) 任何船舶,如当时环境许可,都应避免在狭水道内锚泊。

第10条 分道通航制

(a) 本条适用于本组织所通过的分道通航制,但并不解除任何船舶遵守任何其他各条规定的义务。

(b) 使用分道通航制的船舶应:

(Ⅰ) 在相应的通航分道内顺着该分道的交通流总向行驶;

(Ⅱ) 尽可能让开通航分隔线或分隔带;

(Ⅲ) 通常在通航分道的端部驶进或驶出,但从分道的任何一侧驶进或驶出时应与分道的船舶总流向形成尽可能小的角度。

(c) 船舶应尽可能避免穿越通航分道,但如不得不穿越时,应尽可能以与分道的交通总流向成直角的船首向穿越。

(d)(Ⅰ) 当船舶可安全使用临近分道通航制区域中相应的通航分道时,不应使用沿岸通航带。但长度小于20米的船舶、帆船和从事捕鱼的船舶可使用沿岸通航带。

(Ⅱ) 尽管有本条(d)(Ⅰ)项的规定,当船舶抵离港口、近岸设施或建筑物、引航站或位于沿岸通航带中的任何其他地方或为避免紧迫危险时,可使用沿岸通航带。

(e) 除穿越船或驶进或驶出通航分道的船舶外,船舶通常不应进入分隔带或穿越分隔线,除非:

　　（Ⅰ）在紧急情况下避免紧迫危险;

　　（Ⅱ）在分隔带内从事捕鱼。

(f) 船舶在分道通航制端部附近区域行驶时,应特别谨慎。

(g) 船舶应尽可能避免在分道通航制内或其端部附近区域锚泊。

(h) 不使用分道通航制的船舶,应尽可能远离该区。

(i) 从事捕鱼的船舶,不应妨碍按通航分道行驶的任何船舶的通行。

(j) 帆船或长度小于 20 米的船舶,不应妨碍按通航分道行驶的机动船的安全通行。

(k) 操纵能力受到限制的船舶,当在分道通航制区域内从事维护航行安全的作业时,在执行该作业所必需的限度内,可免受本条规定的约束。

(l) 操纵能力受到限制的船舶,当在分道通航制区域内从事敷设、维修或起捞海底电缆时,在执行该作业所必需的限度内,可免受本条规定的约束。

第Ⅱ节　船舶在互见中的行动规则

第 11 条　适 用 范 围

本节各条适用于互见中的船舶。

第 12 条 帆 船

(a) 两艘帆船相互驶近致有构成碰撞危险时,其中一船应按下列规定给他船让路:

> (Ⅰ)两船在不同舷受风时,左舷受风的船应给他船让路;

> (Ⅱ)两船在同舷受风时,上风船应给下风船让路;

> (Ⅲ)如左舷受风的船看到在上风的船而不能断定究竟该船是左舷受风还是右舷受风,则应给该船让路。

(b) 就本条规定而言,船舶的受风舷侧应认为是主帆被吹向的一舷的对面舷侧;对于方帆船,则应认为是最大纵帆被吹向的一舷的对面舷侧。

第 13 条 追 越

(a) 不论 B 部分第Ⅰ节和第Ⅱ节的各条规定如何,任何船舶在追越任何他船时,均应给被追越船让路。

(b) 一船正从他船正横后大于 22.5 度的某一方向赶上他船时,即该船对其所追越的船所处位置,在夜间只能看见被追越船的尾灯而不能看见它的任一舷灯时,应认为是在追越中。

(c) 当一船对其是否在追越他船有任何怀疑时,该船应假定是在追越,并应采取相应行动。

(d) 随后两船间方位的任何改变,都不应把追越船作为本规则条款含义中所指的交叉相遇船,或者免除其让开被追越船的责任,直到最后驶过让清为止。

第 14 条　对 遇 局 面

（a）当两艘机动船在相反的或接近相反的航向上相遇致有构成碰撞危险时，各应向右转向，从而各自从他船的左舷驶过。

（b）当一船看见他船在正前方或接近正前方，在夜间能看见他船的前后桅灯成一直线或接近一直线和（或）两盏舷灯，在白天能看到他船的上述相应形态时，则应认为存在这样的局面。

（c）当一船对是否存在这样的局面有任何怀疑时，该船应假定确实存在这种局面，并应采取相应的行动。

第 15 条　交叉相遇局面

当两艘机动船交叉相遇致有构成碰撞危险时，有他船在本船右舷的船舶应给他船让路，如当时环境许可，还应避免横越他船的前方。

第 16 条　让路船的行动

须给他船让路的船舶，应尽可能及早采取大幅度的行动，宽裕地让清他船。

第 17 条　直航船的行动

（a）（Ⅰ）两船中的一船应给另一船让路时，另一船应保持航向和航速。

（Ⅱ）然而，当保持航向和航速的船一经发觉规定的让路船显然没有遵照本规则条款采取适当行动时，该船即可立即独自采取操纵行动，以避免碰撞。

（b）当规定保持航向和航速的船，发觉本船不论由于何种原因逼近到单凭让路船的行动不能避免碰撞时,也应采取最有助于避碰的行动。

(c) 在交叉相遇局面下,机动船按照本条(a)(Ⅱ)项采取行动以避免与另一艘机动船碰撞时,如当时环境许可,不应对在本船左舷的船采取向左转向。

(d) 本条并不解除让路船的让路义务。

第18条 船舶之间的责任

除第9、10和13条另有规定外。

(a) 机动船在航时应给下述船舶让路:

(Ⅰ) 失去控制的船舶;

(Ⅱ) 操纵能力受到限制的船舶;

(Ⅲ) 从事捕鱼的船舶;

(Ⅳ) 帆船。

(b) 帆船在航时应给下述船舶让路:

(Ⅰ) 失去控制的船舶;

(Ⅱ) 操纵能力受到限制的船舶;

(Ⅲ) 从事捕鱼的船舶。

(c) 从事捕鱼的船舶在航时,应尽可能给下述船舶让路:

(Ⅰ) 失去控制的船舶;

(Ⅱ) 操纵能力受到限制的船舶。

(d) (Ⅰ) 除失去控制的船舶或操纵能力受到限制的船舶外,任何船舶,如当时环境许可,应避免妨碍显示第28条规定信号的限于吃水的船舶的安全通行;

（Ⅱ）限于吃水的船舶应充分注意到其特殊条件,特别
谨慎地驾驶。

（e）在水面的水上飞机,通常应宽裕地让清所有船舶并避
免妨碍其航行。然而在有碰撞危险的情况下,则应遵守本章各
条的规定。

（f）（Ⅰ）地效船在起飞、降落和贴近水面飞行时应宽裕地
让清所有其他船舶并避免妨碍他们的航行;

（Ⅱ）在水面上操作的地效船应作为机动船遵守本章
各条。

第Ⅲ节　船舶在能见度不良时的行动规则

第19条　船舶在能见度不良时的行动规则

（a）本条适用于在能见度不良的水域中或在其附近航行时
不在互见中的船舶。

（b）每一船舶应以适合当时能见度不良的环境和情况的安
全航速行驶,机动船应将机器作好随时操纵的准备。

（c）在遵守本部分第Ⅰ节各条时,每一船舶应充分考虑当
时能见度不良的环境和情况。

（d）一船仅凭雷达测到他船时,应判定是否正在形成紧迫
局面和（或）存在着碰撞危险。若是如此,应及早地采取避让行
动,这种行动如包括转向,则应尽可能避免如下各点:

（Ⅰ）除对被追越船外,对正横前的船舶采取向左转向;

（Ⅱ）对正横或正横后的船舶采取朝着它转向。

（e）除已断定不存在碰撞危险外,每一船舶当听到他船的

雾号在本船正横以前,或者与正横以前的他船不能避免紧迫局面时,应将航速减到能维持其航向的最小速度。必要时,应把船完全停住,而且,无论如何,应极其谨慎地驾驶,直到碰撞危险过去为止。

C 部分　号灯和号型

第 20 条　适 用 范 围

(a) 本章各条在各种天气中都应遵守。

(b) 有关号灯的各条规定,从日没到日出时都应遵守。在此期间不应显示别的灯光,但那些不会被误认为本规则各条款订明的号灯,或者不会削弱号灯的能见距离或显著特性,或者不会妨碍正规瞭望的灯光除外。

(c) 本规则各条所规定的号灯,如已设置,也应在能见度不良的情况下从日出到日没时显示,并可在一切其他认为必要的情况下显示。

(d) 有关号型的各条规定,在白天都应遵守。

(e) 本规则条款订明的号灯和号型,应符合本规则附件Ⅰ的规定。

第 21 条　定　　义

(a)"桅灯"是指安置在船的首尾中心线上方的白灯,在225度的水平弧内显示不间断的灯光,其安装要使灯光从船的正前方到每一舷正横后 22.5 度内显示。

(b)"舷灯"是指右舷的绿灯和左舷的红灯,各在 112.5 度的水平弧内显示不间断的灯光,其安装要使灯光从船的正前方到各自一舷的正横后 22.5 度内分别显示。长度小于 20 米的船舶,其舷灯可以合并成一盏,装设于船的首尾中心线上。

(c)"尾灯"是指安置在尽可能接近船尾的白灯,在 135 度的水平弧内显示不间断的灯光,其装置要使灯光从船的正后方到每一舷 67.5 度内显示。

(d)"拖带灯"是指具有与本条(c)项所述"尾灯"相同特性的黄灯。

(e)"环照灯"是指在 360 度的水平弧内显示不间断灯光的号灯。

(f)"闪光灯"是指每隔一定时间以频率为每分钟闪 120 次或 120 次以上的号灯。

第 22 条　号灯的能见距离

本规则条款规定的号灯,应具有本规则附件Ⅰ第 8 条订明的发光强度,以便在下列最小距离上能被看到。

(a) 长度为 50 米或 50 米以上的船舶:

桅灯,6 海里;

舷灯,3 海里;

尾灯,3 海里;

拖带灯,3 海里;

白、红、绿或黄色环照灯,3 海里。

(b) 长度为 12 米或 12 米以上但小于 50 米的船舶:

桅灯,5 海里;但长度小于 20 米的船舶,3 海里;

舷灯,2海里;

尾灯,2海里;

拖带灯,2海里;

白、红、绿或黄色环照灯,2海里。

(c) 长度小于 12 米的船舶:

桅灯,2海里;

舷灯,1海里;

尾灯,2海里;

拖带灯,2海里;

白、红、绿或黄色环照灯,2海里。

(d) 不易察觉的、部分淹没的被拖带船舶或物体:

白色环照灯,3海里。

第 23 条　在航机动船

(a) 在航机动船应显示:

（Ⅰ）在前部一盏桅灯;

（Ⅱ）第二盏桅灯,后于并高于前桅灯;长度小于 50 米
的船舶,不要求显示该桅灯,但可以这样做;

（Ⅲ）两盏舷灯;

（Ⅳ）一盏尾灯。

(b) 气垫船在非排水状态下航行时,除本条(a)（Ⅰ）项规定
的号灯外,还应显示一盏环照黄色闪光灯。

(c) 除本条(a)项规定的号灯外,地效船只有在起飞、降落
和贴近水面飞行时,才应显示高亮度的环照红色闪光灯。

(d)（Ⅰ）长度小于 12 米的机动船,可以显示一盏环照白

灯和舷灯以代替本条(a)项规定的号灯；

（Ⅱ）长度小于 7 米且其最高速度不超过 7 节的机动船，可以显示一盏环照白灯以代替本条(a)项规定的号灯，如可行，也应显示舷灯；

（Ⅲ）长度小于 12 米的机动船的桅灯或环照白灯，如果不可能装设在船的首尾中心线上，可以离开中心线显示，条件是其舷灯合并成一盏，并应装设在船的首尾中心线上或尽量装设在桅灯或环照灯所在首尾线的附近。

第 24 条　拖带和顶推

(a) 机动船当拖带时应显示：

（Ⅰ）垂直两盏桅灯，以取代第 23(a)（Ⅰ）条或(a)（Ⅱ）条规定的号灯，当从拖船船尾至被拖物体后端的拖带长度超过 200 米时，垂直显示三盏这样的号灯；

（Ⅱ）两盏舷灯；

（Ⅲ）一盏尾灯；

（Ⅳ）一盏拖带灯位于尾灯垂直上方；

（Ⅴ）当拖带长度超过 200 米时，在最易见处显示一个菱形体号型。

（b）当一顶推船和一被顶推船牢固地连接成为一组合体时，则应作为一艘机动船，显示第 23 条规定的号灯。

（c）机动船当顶推或旁拖时，除组合体外，应显示：

（Ⅰ）垂直两盏桅灯，以取代第 23(a)（Ⅰ）条或(a)（Ⅱ）

条规定的号灯；

（Ⅱ）两盏舷灯；

（Ⅲ）一盏尾灯。

　　(d) 适用本条(a)或(c)项的机动船,还应遵守第 23(a)(Ⅱ)
条的规定。

　　(e) 除本条(g)项所述外,一被拖船或被拖物体应显示:

　　　　（Ⅰ）两盏舷灯；

　　　　（Ⅱ）一盏尾灯；

　　　　（Ⅲ）当拖带长度超过 200 米时,在最易见处显示一个
　　　　　　菱形体号型。

　　(f) 任何数目的船舶如作为一组被旁拖或顶推时,应作为
一艘船来显示号灯:

　　　　（Ⅰ）一艘被顶推船,但不是组合体的组成部分,应在
　　　　　　前端显示两盏舷灯；

　　　　（Ⅱ）一艘被旁拖的船应显示一盏尾灯,并在前端显示
　　　　　　两盏舷灯。

　　(g) 一艘不易觉察的、部分淹没的被拖船舶或物体或者这
类船舶或物体的组合体应显示:

　　　　（Ⅰ）除弹性拖曳体不需要在前端或接近前端处显示
　　　　　　灯光外,如宽度小于 25 米,在前后两端或接近前
　　　　　　后两端处各显示一盏环照白灯；

　　　　（Ⅱ）如宽度为 25 米或 25 米以上时,在两侧最宽处或
　　　　　　接近最宽处,另加两盏环照白灯；

　　　　（Ⅲ）如长度超过 100 米,在(g)(Ⅰ)项和(Ⅱ)项规定

的号灯之间,另加若干环照白灯,使得这些灯之间的距离不超过 100 米;

(Ⅳ) 在最后一艘被拖船舶或物体的末端或接近末端处,显示一个菱形体号型,如果拖带长度超过 200 米时,在尽可能前部的最易见处另加一个菱形体号型。

(h) 凡由于任何充分理由,一被拖船舶或物体不可能显示本条(e)项或(g)项规定的号灯或号型时,应采取一切可能的措施使被拖船舶或物体上有灯光,或者至少能表明这种船舶或物体的存在。

(i) 凡由于任何充分理由,使得一艘通常不从事拖带作业的船舶不可能按本条(a)项或(c)项的规定显示号灯,这种船舶在从事拖带另一遇险或需要救助的船舶时,就不要求显示这些号灯,但应采取如第 36 条所准许的一切可能措施来表明拖带船与被拖船之间关系的性质,尤其应将拖缆照亮。

第 25 条　在航帆船和划桨船

(a) 在航帆船应显示:

　　(Ⅰ) 两盏舷灯;

　　(Ⅱ) 一盏尾灯。

(b) 在长度小于 20 米的帆船上,本条(a)项规定的号灯可以合并成一盏,装设在桅顶或接近桅顶的最易见处。

(c) 在航帆船,除本条(a)项规定的号灯外,还可在桅顶或接近桅顶的最易见处,垂直显示两盏环照灯,上红下绿。但这些环照灯不应和本条(b)项所允许的合色灯同时显示。

(d)（Ⅰ）长度小于 7 米的帆船,如可行,应显示本条(a)项
或(b)项规定的号灯。但如果不这样做,则应在
手边备妥白光的电筒一个或点着的白灯一盏,及
早显示,以防碰撞。

（Ⅱ）划桨船可以显示本条为帆船规定的号灯,但如不
这样做,则应在手边备妥白光的电筒一个或点着
的白灯一盏,及早显示,以防碰撞。

(e) 用帆行驶同时也用机器推进的船舶,应在前部最易见
处显示一个圆锥体号型,尖端向下。

第 26 条 渔　　船

(a) 从事捕鱼的船舶,不论在航还是锚泊,只应显示本条规
定的号灯和号型。

(b) 船舶从事拖网作业,即在水中拖曳爬网或其他用作渔
具的装置时,应显示:

（Ⅰ）垂直两盏环照灯,上绿下白,或一个由上下垂直、
尖端对接的两个圆锥体所组成的号型;

（Ⅱ）一盏桅灯,后于并高于那盏环照绿灯;长度小于
50 米的船舶,则不要求显示该桅灯,但可以这
样做;

（Ⅲ）当对水移动时,除本款规定的号灯外,还应显示
两盏舷灯和一盏尾灯。

(c) 从事捕鱼的船舶,除拖网作业者外,应显示:

（Ⅰ）垂直两盏环照灯,上红下白,或一个由上下垂直、
尖端对接的两个圆锥体所组成的号型;

（Ⅱ）当有外伸渔具,其从船边伸出的水平距离大于150 米时,应朝着渔具的方向显示一盏环照白灯或一个尖端向上的圆锥体号型;

（Ⅲ）当对水移动时,除本款规定的号灯外,还应显示两盏舷灯和一盏尾灯。

(d) 本规定附件Ⅱ所述的额外信号,适用于在其他捕鱼船舶附近从事捕鱼的船舶。

(e) 船舶不从事捕鱼时,不应显示本条规定的号灯或号型,而只应显示为其同样长度的船舶所规定的号灯或号型。

第 27 条　失去控制或操纵能力受到限制的船舶

（a）失去控制的船舶应显示:

（Ⅰ）在最易见处,垂直两盏环照红灯;

（Ⅱ）在最易见处,垂直两个球体或类似的号型;

（Ⅲ）当对水移动时,除本款规定的号灯外,还应显示两盏舷灯和一盏尾灯。

（b）操纵能力受到限制的船舶,除从事清楚水雷作业的船舶外,应显示:

（Ⅰ）在最易见处,垂直三盏环照灯,最上和最下者应是红色,中间一盏应是白色;

（Ⅱ）在最易见处,垂直三个号型,最上和最下者应是球体,中间一个应是菱形体;

（Ⅲ）当对水移动时,除本款（Ⅰ）项规定的号灯外,还应显示桅灯、舷灯和尾灯;

（Ⅳ）当锚泊时,除本款（Ⅰ）项和（Ⅱ）项规定的号灯或号型外,还应显示第 30 条规定的号灯号型。

(c) 从事一项使拖船和被拖物双方在驶离其航向的能力上受到严重限制的拖带作业的机动船,除显示第 24(a)条规定的号灯或号型外,还应显示本条(b)(Ⅰ)和(Ⅱ)项规定的号灯或号型。

(d) 从事疏浚或水下作业的船舶,当其操纵能力受到限制时,应显示本条(b)(Ⅰ)(Ⅱ)和(Ⅲ)项规定的号灯和号型。此外,当存在障碍物时,还应显示:

> （Ⅰ）在障碍物存在的一舷,垂直两盏环照红灯或两个球体;

> （Ⅱ）在他船可以通过的一舷,垂直两盏环照绿灯或两个菱形体;

> （Ⅲ）当锚泊时,应显示本款规定的号灯或号型以取代第 30 条规定的号灯或号型。

(e) 当从事潜水作业的船舶其尺度使之不可能显示本条(d)项规定的号灯和号型时,则应显示:

> （Ⅰ）在最易见处垂直三盏环照灯,最上和最下者应是红色,中间一盏应是白色;

> （Ⅱ）一个国际信号旗"A"的硬质复制品,其高度不小于 1 米,并应采取措施以保证周围都能见到。

(f) 从事清除水雷作业的船舶,除显示第 23 条为机动船规定的号灯或第 30 条为锚泊船规定的号灯或号型外,还应显示三盏环照绿灯或三个球体。这些号灯或号型之一应在接近前桅桅顶处显示,其余应在前桅桁两端各显示一个。这些号灯或号型表示他船驶近至清除水雷船 1 000 米以内是危险的。

(g) 除从事潜水作业的船舶外,长度小于 12 米的船舶,不要求显示本条规定的号灯和号型。

(h) 本条规定的信号不是船舶遇险求救的信号。船舶遇险求救的信号载于本规则附件Ⅳ内。

第 28 条　限于吃水的船舶

限于吃水的船舶,除第 23 条为机动船规定的号灯外,还可在最易见处垂直显示三盏环照红灯,或者一个圆柱体。

第 29 条　引 航 船 舶

(a) 执行引航任务的船舶应显示:

（Ⅰ）在桅顶或接近桅顶处,垂直两盏环照灯,上白下红;

（Ⅱ）当在航时,外加舷灯和尾灯;

（Ⅲ）当锚泊时,除本条(a)（Ⅰ）项规定的号灯外,还应显示第 30 条对锚泊船规定的号灯或号型。

(b) 引航船当不执行引航任务时,应显示为其同样长度的同类船舶规定的号灯或号型。

第 30 条　锚泊船舶和搁浅船舶

(a) 锚泊中的船舶应在最易见处显示:

（Ⅰ）在船的前部,一盏环照白灯或一个球体;

（Ⅱ）在船尾或接近船尾并低于本条(a)（Ⅰ）项规定的号灯处,一盏环照白灯。

(b) 长度小于 50 米的船舶,可以在最易见处显示一盏环照白灯,以取代本条(a)项规定的号灯。

(c) 锚泊中的船舶,还可以使用现有的工作灯或同等的灯照明甲板,而长度为 100 米及 100 米以上的船舶应当使用这类灯。

(d) 搁浅的船舶应显示本条(a)项或(b)项规定的号灯,并在最易见处外加:

(Ⅰ) 垂直两盏环照红灯;

(Ⅱ) 垂直三个球体。

(e) 长度小于 7 米的船舶,不在狭水道、航道、锚地或其他船舶通常航行的水域中或其附近锚泊时,不要求显示本条(a)和(b)项规定的号灯或号型。

(f) 长度小于 12 米的船舶搁浅时,不要求显示本条(d)(Ⅰ)项和(Ⅱ)项规定的号灯或号型。

第31条　水 上 飞 机

当水上飞机或地效船不可能显示按本章各条规定的各种特性或位置的号灯和号型时,则应显示尽可能近似于这种特性和位置的号灯和号型。

D 部分　声响和灯光信号

第32条　定　　义

(a)"号笛"一词,指能够发出规定笛声并符合本规则附件

Ⅲ所载规格的任何声响信号器具。

(b)"短声"一词,指历时约一秒的笛声。

(c)"长声"一词,指历时四到六秒的笛声。

第 33 条 声 号 设 备

(a)长度为 12 米或 12 米以上的船舶,应配备一个号笛;长度为 20 米或 20 米以上的船舶,除了号笛以外,还应配备一个号钟;长度为 100 米或 100 米以上的船舶,除了号笛和号钟以外,还应配备一面号锣。号锣的音调和声音不可与号钟相混淆。号笛、号钟和号锣应符合本规则附件Ⅲ所载规格。号钟、号锣或二者均可用与其各自声音特性相同的其他设备代替,但任何时候都要能以手动鸣放规定的声号。

(b)长度小于 12 米的船舶,不要求备有本条(a)项规定的声响信号器具。如不备有,则应配置能够鸣放有效声号的其他设备。

第 34 条 操纵和警告信号

(a)当船舶在互见中,在航机动船按本规则准许或要求进行操纵时,应用号笛发出下列声号表明之:

一短声 表示"我船正在向右转向";

二短声 表示"我船正在向左转向";

三短声 表示"我船正在向后推进"。

(b)在操纵过程中,任何船舶均可用灯号补充本条(a)项规定的笛号,这种灯号可根据情况予以重复。

(Ⅰ)这些灯号应具有以下意义:

一闪 表示"我船正在向右转向";

二闪 表示"我船正在向左转向";

三闪 表示"我船正在向后推进"。

（Ⅱ）每闪历时应约一秒,各闪应间隔约一秒,前后信
号的间隔应不少于十秒;

（Ⅲ）如设有用作本信号的号灯,则应是一盏环照白
灯,其能见距离至少为 5 海里,并应符合本规则
附件一所载规定。

(c) 在狭水道或航道内互见时：

（Ⅰ）一艘企图追越他船的船舶应遵照第 9(e)（Ⅰ)条
的规定,以号笛发出下列声号表示其意图：

二长声继以一短声,表示"我船企图从你船的右舷
追越";

二长声继以二短声,表示"我船企图从你船的左舷
追越"。

（Ⅱ）将要被追越的船舶,当按照第 9(e)（Ⅰ)条行动
时,应以号笛依次发出下列声号表示同意：

一长、一短、一长、一短声。

(d) 当互见中的船舶正在互相驶近,并且不论由于何种原
因,任何一船无法了解他船的意图或行动,或者怀疑他船是否
正在采取足够的行动以避免碰撞时,存在怀疑的船应立即用号
笛鸣放至少五声短而急的声号以表示这种怀疑。该声号可以
用至少五次短而急的闪光来补充。

(e) 船舶在驶近可能被居间障碍物遮蔽他船的水道或航道

的弯头或地段时,应鸣放一长声。该声号应由弯头另一面或居间障碍物后方可能听到它的任何来船回答一长声。

(f) 如船上所装几个号笛,其间距大于 100 米,则只应使用一个号笛鸣放操纵和警告声号。

第 35 条　能见度不良时使用的声号

在能见度不良的水域中或其附近时,不论白天还是夜间,本条规定的声号应使用如下。

(a) 机动船对水移动时,应以每次不超过 2 分钟的间隔鸣放一长声。

(b) 在航机动船但已停车并且不对水移动时,应以每次不超过 2 分钟的间隔连续鸣放二长声,二长声间的间隔约 2 秒钟。

(c) 失去控制的船舶、操纵能力受到限制的船舶、限于吃水的船舶和帆船、从事捕鱼的船舶,以及从事拖带或顶推他船的船舶,应以每次不超过 2 分钟的间隔连续鸣放三声,即一长声继以二短声,以取代本条(a)项或(b)项规定的声号。

(d) 从事捕鱼的船舶锚泊时,以及操纵能力受到限制的船舶在锚泊中执行任务时,应当鸣放本条(c)项规定的声号以取代本条(g)项规定的声号。

(e) 一艘被拖船或者多艘被拖船的最后一艘,如配有船员,应以每次不超过 2 分钟的间隔连续鸣放四声,即一长声继以三短声。当可行时,这种声号应在拖船鸣放声号之后立即鸣放。

(f) 当一顶推船和一被顶推船牢固地连接成为一个组合体时,应作为一艘机动船,鸣放本条(a)项或(b)项规定的声号。

(g) 锚泊中的船舶,应以每次不超过 1 分钟的间隔急敲号钟约 5 秒。长度为 100 米或 100 米以上的船舶,应在船的前部敲打号钟,并应在紧接钟声之后,在船的后部急敲号锣约 5 秒钟。此外,锚泊中的船舶,还可以连续鸣放三声,即一短、一长和一短声,以警告驶近的船舶注意本船位置和碰撞的可能性。

(h)搁浅的船舶应鸣放本条(g)项规定的钟号,如有要求,应加发该款规定的锣号。此外,还应在紧接急敲号钟之前和之后各分隔而清楚地敲打号钟三下。搁浅的船舶还可以鸣放合适的笛号。

(i)长度为 12 米或 12 米以上但小于 20 米的船舶,不要求鸣放本条(g)项和(h)项规定的声号。但如不鸣放上述声号,则应鸣放他种有效的声号,每次间隔不超过 2 分钟。

(j)长度小于 12 米的船舶,不要求鸣放上述声号,但如不鸣放上述声号,则应以每次不超过 2 分钟的间隔鸣放其他有效的声号。

(k)引航船当执行引航任务时,除本条(a)项、(b)项或(g)项规定的声号外,还可以鸣放由四短声组成的识别声号。

第 36 条 招引注意的信号

如有必要招引他船注意,任何船舶可以发出灯光或声响信号,但这种信号应不致被误认为本规则其他条款所准许的任何信号,或者可用不致妨碍任何船舶的方式把探照灯的光束朝着危险的方向。任何招引他船注意的灯光,应不致被误认为是任何助航标志的灯光。为此目的,应避免使用诸如频闪灯这样高亮度的间歇灯或旋转灯。

第 37 条 遇 险 信 号

船舶遇险并需要救助时,应使用或显示本规则附件Ⅳ所述的信号。

E 部分 免 除

第 38 条 免 除

在本规则生效之前安放龙骨或处于相应建造阶段的任何船舶(或任何一类船舶)只要符合 1960 年《国际海上避碰规则》的要求,则可:

(a) 在本规则生效之日后四年内,免除安装达到第 22 条规定能见距离的号灯。

(b) 在本规则生效之日后四年内,免除安装符合本规则附件Ⅰ第 7 条规定的颜色规格的号灯。

(c) 永远免除由于从英制单位变换为米制单位以及丈量数字凑整而产生的号灯位置的调整。

(d)(Ⅰ) 永远免除长度小于 150 米的船舶由于本规则附件Ⅰ第 3(a)条规定而产生的桅灯位置的调整;

(Ⅱ) 在本规则生效之日后九年内,免除长度为 150 米或 150 米以上的船舶由于本规则附件Ⅰ第 3(a)条规定而产生的桅灯位置的调整。

(e) 在本规则生效之日后九年内,免除由于本规则附件Ⅰ第 2(b)条规定而产生的桅灯位置的调整。

（f）在本规则生效之日后九年内，免除由于本规则附件Ⅰ第2(g)条和第3(b)条规定而产生的舷灯位置的调整。

（g）在本规则生效之日后九年内，免除本规则附件Ⅲ对声号器具所规定的要求。

（h）永远免除由于本规则附件Ⅰ第9(b)条规定而产生的环照灯位置的调整。

第39条　定　　义

（a）审核，系指一套系统的、独立的和有文件记录的程序以获取审核证据，以及客观地对其评价以确定达到审核标准的程度。

（b）审核机制，系指本组织建立的、考虑到本组织制订的各项导则的国际海事组织会员国审核机制。

（c）文书实施规则，系指本组织经第A.1070(28)号决议通过的《国际海事组织文书实施规则》(《文书实施规则》)。

（d）审核标准，系指《文书实施规则》。

第40条　应用范围

缔约国在履行本公约所含的其义务和责任时须采用《文书实施规则》的规定。

第41条　核证遵守

（a）每一缔约国均须按照审核标准接受本组织的定期审核，以核证遵守和实施本公约的情况。

（b）本组织秘书长须依据本组织制订的各项导则为管理

(i) 当本规则规定垂直装设两盏或三盏号灯时,这些号灯的间距如下:

（Ⅰ）长度为 20 米或 20 米以上的船舶,这些号灯的间距应不小于 2 米,而且除需要拖带号灯的情况外,这些号灯的最低一盏,应装设在船体以上高度不小于 4 米处;

（Ⅱ）长度小于 20 米的船舶,这些号灯的间距应不小于 1 米,而且除需要拖带号灯的情况外,这些号灯的最低一盏,应装设在舷边以上高度不小于 2 米处;

（Ⅲ）当装设三盏号灯时,其间距应相等。

(j) 为从事捕鱼的船所规定的两盏环照灯的较低一盏,在舷灯以上的高度应不小于这两盏号灯垂向间距的两倍。

(k) 当装设两盏锚灯时,第 30(a)（Ⅰ）条规定的前锚灯应高于后锚灯不小于 4.5 米。长度为 50 米或 50 米以上的船舶,前锚灯应装设在船体以上高度不小于 6 米处。

3. 号灯的水平位置和间距

(a) 当机动船按规定有两盏桅灯时,两灯之间的水平距离应不小于船长的一半,但不必大于 100 米。前桅灯应安置在离船首不大于船长的 1/4 处。

(b) 长度为 20 米或 20 米以上的机动船,舷灯不应安置在前桅灯的前面。这些舷灯应安置在舷侧或接近舷侧处。

(c) 当第 27(b)（Ⅰ）条或第 28 条规定的号灯设置在前桅灯和后桅灯垂向之间时,这些环照灯应安置在与该首尾中心线正交的横向水平距离不小于 2 米处。

(d) 当机动船按规定仅有一盏桅灯时,该灯应在船中之前显示;长度小于 20 米的船舶不必在船中之前显示该灯,但应在尽可能靠前的位置上显示。

4. 渔船、疏浚船及从事水下作业船舶的示向号灯的位置细节

(a) 从事捕鱼的船舶,按照第 26(c)(Ⅱ)条规定用以指示船边外伸渔具的方向的号灯,应安置在离开那两盏环照红和白灯不小于 2 米但不大于 6 米的水平距离处。该号灯的安置应不高于第 26(c)(Ⅰ)条规定的环照白灯但也不低于舷灯。

(b) 从事疏浚或水下作业的船舶,按照第 27(d)(Ⅰ)和(Ⅱ)条规定用以指示有障碍物的一舷和(或)能安全通过的一舷的号灯和号型,应安置在离开第 27(b)(Ⅰ)项和(Ⅱ)条处,但决不应小于 2 米。这些号灯或号型的上面一个的安置高度决不高于第 27(b)(Ⅰ)和(Ⅱ)条规定的三个号灯或号型中的下面一个。

5. 舷灯遮板

长度在 20 米或 20 米以上的船舶的舷灯,应装有无光黑色的内侧遮板,并符合本附件第 9 条的要求。长度小于 20 米的船舶的舷灯,如需为符合本附件第 9 条的要求,应装设无光黑色的内侧遮板。用单一直立灯丝并在绿色和红色两部分之间有一条很窄分界线的合座灯,可不必装配外部遮板。

6. 号型

(a) 号型应是黑色并具有以下尺度：

（Ⅰ）球体的直径应不小于 0.6 米；

（Ⅱ）圆锥体的底部直径应不小于 0.6 米，其高度应与直径相等；

（Ⅲ）圆柱体的直径至少为 0.6 米，其高度应两倍于直径；

（Ⅳ）菱形体应由两个本条(a)(Ⅱ)项所述的圆锥体以底相合组成。

(b) 号型间的垂直距离应至少为 1.5 米。

(c) 长度小于 20 米的船舶，可用与船舶尺度相称的较小尺度的号型，号型间距亦可相应减少。

7. 号灯的颜色规格

所有航海号灯的色度应符合下列标准，这些标准是包括在国际照明委员会(CIE)为每种颜色所规定的图解区域界限以内的。

每种颜色的区域界限是用折角点的坐标表示的。这些坐标如下：

（Ⅰ）白色

x	0.525	0.525	0.452	0.310	0.310	0.443
y	0.382	0.440	0.440	0.348	0.283	0.382

（Ⅱ）绿色

x	0.028	0.009	0.300	0.203

y 0.385	0.723	0.511	0.356

（Ⅲ）红色

x 0.680	0.660	0.735	0.721
y 0.320	0.320	0.265	0.259

（Ⅳ）黄色

x 0.612	0.618	0.575	0.575
y 0.382	0.382	0.425	0.406

8. 号灯的发光强度

（a）号灯的最低发光强度应用下述公式计算：

$$I = 3.43 \times 10^6 \times T \times D^2 \times K^{-D}$$

式中：I——在使用情况下，以堪（Candelas）为单位计算的发光强度；

T——临阈系数 2×10^{-7} 勒克司；

D——号灯的能见距离（照明距离），以海里计算；

K——大气透射率。

用于规定的号灯，K 值应是 0.8，相当于约 13 海里的气象能见度。

（b）从上述公式导出的数值选例如下：

以海里为单位的号灯能见距离 （照明距离） D	以堪为单位的号灯发光强度 $K=0.8$ I
1	0.9
2	4.3
3	12

(续表)

以海里为单位的号灯能见距离 （照明距离） D	以堪为单位的号灯发光强度 $K=0.8$ I
4	27
5	52
6	94

注：航海号灯的最大发光强度应予限制，以防止过度的眩光，但不应该使用发光强度可变控制的办法。

9. 水平光弧

(a)（Ⅰ）船上所装的舷灯，在朝前的方向上，应显示最低要求的发光强度，发光强度在规定光弧外的 1 度至 3 度之间，应减弱以达到切实断光；

（Ⅱ）尾灯和桅灯，以及舷灯在正横后 22.5 度处，应在水平弧内保持最低要求的发光强度，直到第 21 条规定的光弧界限内 5 度。从规定的光弧内 5 度起，发光强度可减弱 50%，直到规定的界限；然后，发光强度应不断减弱，以达到在规定光弧外至多 5 度处切实断光。

(b)（Ⅰ）环照灯应安置在不被桅、顶桅或建筑物遮蔽大于 6 度角光弧的位置上，但第 30 条规定的锚灯除外，锚灯不必安置在船体以上不切实际的高度。

（Ⅱ）如果仅显示一盏环照灯无法符合本段第(b)（Ⅰ）项的要求，则应使用两盏环照灯，固定于适当位置或用挡板遮挡，使其在 1 海里距离上尽可能像是一盏灯。

10. 垂向光弧

(a) 所装电气号灯的垂向光弧,除在航帆船的号灯外,应保证:

> (Ⅰ) 从水平上方5度到水平下方5度的所有角度内,至少保持所要求的最低发光强度;
>
> (Ⅱ) 从水平上方7.5度到水平下方7.5度,至少保持所要求的最低发光强度的60%。

(b) 在航帆船所装电气号灯的垂向光弧,应保证:

> (Ⅰ) 从水平上方5度到水平下方5度的所有角度内,至少保持所要求的最低发光强度;
>
> (Ⅱ) 从水平上方25度到水平下方25度,至少保持所要求的最低发光强度的50%。

(c) 电气号灯以外的灯应尽可能符合这些规格。

11. 非电气号灯的发光强度

非电气号灯应尽可能符合本附件第8条表中规定的最低发光强度。

12. 操纵号灯

尽管有本附件第2(f)条规定,第34(b)条所述的操纵号灯应安置在一盏或多盏桅灯的同一首尾垂直面上,如可行,并且操纵号灯高于或低于后桅灯的距离不小于2米,则操纵号灯应高于前桅灯的垂向距离至少为2米。只装设一盏桅灯的船舶,如装有操纵号灯,则应将其装设在与桅灯的垂向距离不小于2米的最易见处。

13. 高速船 *

（a）高速船的桅灯可装设在相应于船的宽度、低于本附件第 2(a)（Ⅰ）条规定的高度上，其条件是由两盏舷灯和一盏桅灯形成的等腰三角形的底角，在正视时不应小于 27°角。

（b）长度为 50 米或 50 米以上的高速船上，本附件第 2(a)（Ⅱ）条规定的前桅灯和主桅灯之间 4.5 米的垂向距离可以修改，但此距离应不少于下列公式规定的数值：

$$y = \frac{(a + 17\Psi)C}{1\,000} + 2$$

式中：y ——主桅灯高于前桅灯的高度（米）；

a ——航行状态下前桅灯高于水面的高度（米）；

Ψ ——航行状态下的纵倾（度）；

C ——桅灯之间的水平距离（米）。

14. 认可

号灯和号型的构造以及号灯在船上的安装，应符合船旗国的有关主管机关的要求。

附件Ⅱ 在相互邻近处捕鱼的渔船的额外信号

1. 通则

本附件中所述的号灯，如为履行第 26(d)条而显示时，应安

---

* 参照 1994 年国际高速客船安全规则和 2000 年国际高速客船安全规则。

置在最易见处。这些号灯的间距至少应为 0.9 米,但要低于第
26(b)(Ⅰ)条和 c(Ⅰ)条规定的号灯。这些号灯,应能在水平四
周至少 1 海里的距离上被见到,但应小于本规则为渔船规定的
号灯的能见距离。

2. 拖网渔船的信号

(a) 长度等于或大于 20 米的船舶在从事拖网作业时,不论
使用海底还是深海渔具,应显示:

　　　　(Ⅰ) 放网时:垂直两盏白灯;

　　　　(Ⅱ) 起网时:垂直两盏灯,上白下红灯;

　　　　(Ⅲ) 网挂住障碍物时:垂直两盏红灯。

(b) 长度等于或大于 20 米、从事对拖网作业的每一船应
显示:

　　　　(Ⅰ) 在夜间,朝着前方并向本对拖网中另一船的方向
　　　　　　 照射的探照灯;

　　　　(Ⅱ) 当放网或起网或网挂住障碍物时,按求附件第 2
　　　　　　 (a)条规定的号灯。

(c) 长度小于 20 米、从事拖网作业的船舶,不论使用海底
或深海渔具还是从事对拖网作业,可视情显示本段(a)项或(b)
项中规定的号灯。

3. 围网船的信号

从事围网捕鱼的船舶,可垂直显示两盏黄色号灯。这些号
灯应每秒钟交替闪光一次,而且明暗历时相等。这些号灯仅在
船舶的行动为其渔具所妨碍时才可显示。

附件Ⅲ 声号器具的技术细节

1. 号笛

(a) 频率和可听距离

笛号的基频应在 70～700 赫兹的范围内。笛号的可听距离应通过其频率来确定,这些频率可包括基频和(或)一种或多种较高的频率,并具下文第 1(c)条规定的声压级。对于长度为 20 米或 20 米以上的船舶,频率范围为 180～700 赫兹(±1%)对于长度为 20 米以下的船舶,频率范围为 180～2 100 赫兹(±1%)。

(b) 基频的界限

为保证号笛的多样特性,号笛的基频应介于下列界限以内:

> (Ⅰ) 70～200 赫兹,用于长度 200 米或 200 米以上的船舶;
>
> (Ⅱ) 130～350 赫兹,用于长度 75 米或 75 米以上但小于 200 米的船舶;
>
> (Ⅲ) 250～700 赫兹,用于长度小于 75 米的船舶。

(c) 笛号的声强和可听距离

船上所装的号笛,在其最大声强方向上,距离 1 米处,在频率为 180～700 赫兹(±1%)(长度 20 米或 20 米以上的船舶)或 180～2 100赫兹(±1%)(长度 20 米以下的船舶)范围内的至少每个 1/3 倍频程带宽中,应具有不小于下表所订相应数值的声压。

船舶长度 （米）	1/3倍频程带宽声压相对值，距离 1米，相对于2×10^{-5}牛/米²·分贝	可听距离 （海里）
200或200米以上	143	2
75或75米以上 但小于200米	138	1.5
20或20米以上 但小于75米	130	1
小于20米	120[1] 115[2] 111[3]	0.5

注：① 当量测频率在180～450赫时；
    ② 当量测频率在450～800赫时；
    ③ 当量测频率在800～2 100赫时。

上表中的可听距离是参考性的而且是在号笛的前方轴线上，于无风条件下，有90％的概率可在有一般背景噪声（用中心频率为250赫兹的倍频程带宽时取68分贝，用中心频率为500赫兹的倍频程带宽时取63分贝）的船上收听点听到的大约距离。

实际上，号笛的可听距离极易变化，而且主要取决于天气情况。所订数值可作为典型值，但在强风或在收听点周围有高背景噪声的情况下，可听距离可大大减小。

（d）方向性

方向性号笛的声压值，在轴线±45°内的任何水平方向上，比轴线上的规定声压级至多只应低4分贝，在任何其他水平方向上的声压相对值，比轴线上的规定声压值至多只应低10分贝，以使任何方向上的可听距离至少是轴线前方上可听距离的一半。声压值应在决定可听距离的那个1/3倍频带中测定。

（e）号笛的安装

当方向性号笛作为船上唯一的号笛使用时，其安装应使最大声强朝着正前方。

号笛应安置在船上尽可能高的地方，使发出的声音少受遮蔽物的阻截，并使人员听觉受损害的危险降到最低程度。在船上收听点听到本船声号的声压值不应超过 110 分贝（A），并应尽可能不超过 100 分贝（A）。

（f）一个以上号笛的安装

如各号笛配置的间距大于 100 米，则应做出安排使其不致同时鸣放。

（g）组合号笛系统

如果由于遮蔽物的存在，以致单一号笛或第 1(f)条所指号笛之一的声场可能有一个声压值大为减低的区域时，建议用一组合号笛系统以克服这种减低。就本规则而言，组合号笛系统作为单一号笛。组合系统中各号笛的间距应不大于 100 米，并应做出安排使其同时鸣放。任一号笛的频率应与其他号笛频率至少相差 10 赫兹。

2. 号钟和号锣

（a）声号的强度

号钟、号锣或其他具有类似声音特性的器具所发出的声压值，在距它 1 米处，应不少于 110 分贝。

（b）构造

号钟和号锣应用抗蚀材料制成，其设计应能使之发出清晰的音调。长度为 20 米或 20 米以上的船舶,号钟口的直径应不小于 300 毫米。如可行,建议用一个机动钟锤,以保证敲力稳定,但仍应可能用手操作,钟锤的质量应不小于号钟质量的 3%。

3. 认可

声号器具的构造性能及其在船上的安装,应符合船旗国的有关主管机关的要求。

附件Ⅳ 遇 险 信 号

1. 下列信号,不论是一起或分别使用或显示,均表示遇险需要救助:

(a) 每隔约 1 分钟鸣炮或燃放其他爆炸信号一次。

(b) 以任何雾号器具连续发声。

(c) 以短的间隔,每次放一个抛射红星的火箭或信号弹。

(d) 任何其他通信方法发出莫尔斯码···—···(SOS)的信号。

(e) 无线电话发出"MAYDAY"语音信号。

(f)《国际简语信号规则》中表示遇险的信号 N.C.。

(g) 由一个球体或任何类似球体的物体及在其上方或下方的一面方旗所组成的信号。

(h) 船上的火焰(如从燃着的柏油桶、油桶等发出的火焰)。

(i) 火箭降落伞式或手持式的红色突耀火光。

(j) 放出橙色烟雾的烟雾信号。

（k）两臂侧伸，缓慢而重复地上下摆动。

（l）通过数字选择性呼叫（DSC）在以下频道上发送的遇险报警：

    （Ⅰ）VHF70 频道，或

    （Ⅱ）MF/HF，频率为 2 187.5 kHz、8 414.5 kHz、4 207.5 kHz、6 312 kHz、12 577 kHz 或 16 804.5 kHz。

（m）通过国际海事卫星（Inmarsat）站或其他移动卫星服务供应商提供的船舶地面站发送的遇险报警。

（n）由无线电应急示位标发出的信号。

（o）无线电通信系统发出的经认可的信号，包括救生艇筏雷达应答器。

2. 除为表示遇险需要救助外，禁止使用或显示上述任何信号以及可能与上述任何相混淆的其他信号。

3. 应注意《国际信号规则》《国际航空及海上搜救手册》第Ⅲ卷的有关部分，以及下述的信号：

（a）一张橙色帆布上带有一个黑色正方形和圆圈或者其他合适的符号（供空中识别）；

（b）海水染色标志。

参考文献

中文文献

专著类

［1］毕玉谦：《民事证据法及其程序功能》,法律出版 1997 年版。

［2］贺卫方：《司法的理念与制度》,中国政法大学出版社 1998 年版。

［3］谢佑平、万毅：《论程序法定原则——兼评公、检、法机关的诉法解释权》,樊崇义主编：《诉讼法学研究》,中国检察出版社 2002 年版。

［4］吴宏耀、魏晓娜：《诉讼证明原理》,法律出版社 2002 年版。

［5］张卫平：《诉讼构架与程式——民事诉讼的法理分析》,清华大学出版社 2000 年版。

［6］黄继伟：《认证中裁判者的自由裁量权》,毕玉谦主编：《司法审判动态与研究》(第 1 卷第 3 辑),法律出版社 2000 年版。

［7］何家弘：《证据学论坛》(第四卷),中国检察出版社 2002 年版。

［8］杨成哲：《论认证》，王丽明、江伟、黄松有：《中国民事证据的立法研究与应用》，人民法院出版 2000 年版。

［9］蔡斌：《认证论》，吴家有主编：《裁判者论证据》，法律出版社 2002 年版。

［10］毕玉谦：《民事证据法判例实务研究》（修订版），法律出版社 2001 年版。

［11］占云发、王纳新：《论词法认证》，曹建明主编：《诉讼证据制度研究》，人民法院出版社 2001 年版。

［12］程春华：《民事证据法专论》，厦门大学出版社 2002 年版。

［13］常怡：《论认定证据》，陈光中、江伟主编：《诉讼法论丛》（第 1 卷），法律出版社 1998 年版。

［14］艾军：《论裁判者认证规制》，吴家友主编：《法庭论证据》（第一辑），法律出版社 2002 年版。

［15］王利明、杨立新：《侵权行为法》，法律出版社 1996 年版。

［16］傅廷中：《海商法律与实务丛谈》，大连海事大学出版社 2001 年版。

［17］司玉琢、胡正良、傅廷中等：《新编海商法学》，大连海事大学出版社 1999 年版。

［18］司玉琢、吴兆麟：《船舶碰撞法》，大连海事大学出版社 1995 年版。

［19］何家弘、高憬宏：《刑事审判认证指南》，法律出版社 2002 年版。

［20］张卫平、陈刚：《法国民事诉讼法导论》，中国政法大学出版社 1997 年版。

［21］刘金友：《证据法学》（第 1 版），中国政法大学出版社 2001 年版。

［22］杨荣新：《民事诉讼法学》，中国政法大学出版社 1997 年版。

［23］樊崇义：《证据法学》，法律出版社 2000 年版。

［24］沈达明：《英明证据法》，中信出版社 1996 年版。

［25］李守芹、李洪积：《中国的海事审判》，法律出版社 2002 年版。

[26] 华尔兹:《刑事证据法大全》,何家弘译,中国人民公安大学出版社 1993 年版。

[27] 金正佳主编:《海事诉讼法论》,大连海事大学出版社 2001 年版。

[28] 刑海宝:《海事诉讼特别程序研究》,法律出版社 2002 年版。

[29] 陈刚:《证明责任法研究》,中国政法大学出版社 2000 年版。

[30] 黄栋培:《民事诉讼法释论》,台湾五南图书出版公司 1982 年版。

[31] 张贤伟:《论船舶碰撞案件中港监调解权能的废除与司法程序的完善》,金正佳主编:《中国海事审判年刊》,人民交通出版社 1999 年版。

[32] 杨良宜:《海事法》,大连海事大学出版社 1999 年版。

[33] 齐树洁:《英国证据法》,厦门大学出版社 2002 年版。

[34] G.吉尔摩、C.L 布莱克:《海商法》,杨召南、毛俊纯等译,中国大百科全书出版社 2000 年版。

[35] 吴焕宁主编:《海商法学》(第二版),法律出版社 1996 年版。

[36] 金正佳主编:《中国典型海事案例评析》,法律出版社 1998 年版。

[37] 陆陈明:《略论民事诉讼中裁判者对事实的推定及其制约》,乔宪志主编:《中国证据制度与司法运用》,法律出版社 2002 年版。

[38] 司玉琢主编:《中国海商法年刊》,大连海事大学出版社 1997 年版。

[39] 叶自强:《民事证据研究》,法律出版社 2002 年版。

[40] 毕玉谦:《民事证据原理与实务研究》,人民法院出版社 2003 年版。

[41] 何家宏主编:《电子证据法研究》,法律出版社 2002 年版。

[42] 杨钧、吴签楼、陆卫民:《专家证人制度研究》,上海市高级人民法院编:《中国证据制度与司法运用》,法律出版社 2002 年版。

[43] 徐伟、陆千晓:《诉讼心理学》,人民法院出版社 2002 年版。

[44] 樊崇义主编:《刑事诉讼法学研究综述与评价》,中国政法大学出版社 1991 年版。

[45] 谭兵主编:《民事诉讼法学》,法律出版社 1997 年版。

[46] 毕玉谦：《论心证规则主义的塑构》，毕玉谦主编：《中国司法审判论坛》（第二卷），法律出版社2002年版。

[47] 肖建国、肖建华：《民事诉讼证据操作指南》，中国民主法制出版社2002年版。

[48] 中岛弘道：《举证责任研究》（6版），有斐阁1957年版。

[49] 吴东辉：《试论以"规范自由心证"支持证明标准》，乔宪志主编：《中国证据制度与司法运用》，法律出版社2002年版。

[50] 李浩：《我国民事证据制度的问题与成因》，王利明等主编：《中国民事证据的立法研究与应用》，人民法院出版社2002年版。

[51] 孟广钜主编：《国际海事条约汇编》（第6卷），大连海事大学出版社1994年版。

[52] 中国国际法学会：《南海仲裁案裁决之批判》，外文出版社2018年版。

[53] 李浩培：《条约法概论》，法律出版社2003年版。

[54] 卡尔·拉伦茨：《法学方法论》，陈爱娥译，商务印书馆2003年版。

[55] 孙立文：《海洋争端解决机制与中国政策》，法律出版社2016年版。

期刊类

[1] 闵春雷：《证据概念的反思与重构》，《法制与社会发展》2003年第1期。

[2] 于海防、姜沐格：《数字证据的程序法定》，《法律科学》2002年第5期。

[3] 李学军、陈霞：《鉴定结论的证据地位及其质证、认证》，《诉讼法学》2002年第12期。

[4] 吴兆麟：《论确定过失与碰撞因果关系的原则》，《大连海运学院学报》（15卷），第1期。

[5] 肖建民：《论船舶碰撞案件中要素过失举证法》，北京大学法学院海商法研究中心主编：《海商法研究》2001年第4辑。

[6] 黄贤福：《新民事诉讼证据司法解释中的电子证据问题研究》，《科技

与法律》2002 年第 2 期。

[7] 海事局事故调查组：《中国海事》2002 年第 12 期。

[8] 朱军：《碰撞危险与避碰规则的应用时机》，《大连海事学院学报》1989
年第 3 期。

[9] 陆春学：《船舶碰撞案件的计算机辅助审理》，《大连海事学院学报》
1989 年第 2 期。

[10] 熊勇先：《争议专属经济区内适度性执法研究》，《中国法学》2016 年
第 9 期。

[11] 王阳：《全球海洋治理：历史演进、理论基础与中国的应对》《河北法
学》2019 年第 7 期。

[12] 赵建文：《条约法上的善意原则》，《当代法学》2013 年第 4 期。

[13] 曲波、梁赟：《海洋维权执法下〈联合国海洋法公约〉的适用——南海
仲裁案第 13 项仲裁请求裁决评析》，《太平洋学报》2017 年第 2 期。

[14] 廖诗评：《条约冲突的基本问题及其解决方法》，《法学家》2010 年第
1 期。

[15] 张铎：《避碰规则的宗旨、立法模式及其行动规则的选择》，《世界航
运》2019 年第 6 期。

[16] 梁迎修：《权利冲突的司法化解》，《法学研究》2014 年第 2 期。

[17] 张晏瑲：《争议海域执法的法律问题研究》，《比较法研究》2018 年第
1 期。

[18] 冯寿波：《论海洋法中"历史性所有权"的构成要件》，《河北法学》2018
年第 2 期。

[19] 张念宏：《中国海警船冲撞方式执法问题探究》，《中国海商法研究》
2018 年第 2 期。

[20] 王大鹏、陈琳琳：《论海洋行政体制改革中海事与海警执法权责的划
分》，《河北法学》2015 年第 8 期。

［21］董加伟：《中国海洋执法体制重构路径探析》，《公安海警学院学报》2018 年第 1 期。

外文文献

［1］Alan M. Gabtan, *Electronic Evidence*. The Thomson Professional Publishing，1999.

［2］A. N. Cockcroft and J. N. F. Lameijer, *A Guide to the Collision Avoidance Rules：International Regulations for Preventing Collisions at Sea.6th Edition*，p.xiv.

［3］Bernard H. Oxman，"The Territorial Temptation：A Siren Song at Sea," *The American Journal of International Law*，2006.

［4］C. Wilfred Jenks，"The Conflict of Law-Making Treaties," *British Year Book of International Law*，1953.

［5］George C. Kasouldes，"Jurisdiction of the Coastal State and Regulation of Shipping," *Revue Hellenique de Droit International*，1992.

［6］Ulrich Drobnig，"The International Encyclopedia of Comparative Law：Efforts Toward A Worldwide Comparison of Law," *Cornell International Law Journal*，*Vol.5*，1972，Number 2.

［7］Ignacio Arroyo. eds., *Year book Maritime Law（Volume 5）*. London：Kluwer Law and Taxation Publishers，1998.

［8］Joost Pauwelyn, *Conflicts of Norms in Public International Law：How WTO Law Relates to Other Rules of International Law*. Cambridge University Press,2003.

［9］"Note Verbale from the Embassy of the People's Republic of China in Manila to the Department of Foreign Affairs," *Republic of the*

Philippines, May 25,2012, No.(12).

[10] Peter Murpby, *Murpby on Evidence*. Blackstone Press Limited, 2000.

[11] Robert T. Lemon, "The Mississippi River Point-bend custom," *Journal of Maritime Law and Commence 19*. No.July 3, 1988.

[12] R. H. B. Sturt, *International Convention on Civil Liability for Oil Pollution Damaage, 1969*. Lloyd's Press Ltd., London, 1984.

[13] Roscoe Pound, Interpretations of Legal History, Harold Dexter Hazeltine Litt. D. eds, *Cambridge Studies in English Legal History*, Cambridge: Cambridge University Press, 1923.

[14] Shigeru Oda, "Dispute Settlement Prospects in the Law of the Sea," *The international and Comparative Law Quarterly*, 1995.

[15] UN General Assembly Doc.A/CN.4/L.682.

[16] Wilson, Brian, and James Kraska, "American Security and Law of the Sea," *Ocean Development and International Law*, 2009.